教育部人文社会科学重点研究基地
华东师范大学中国现代城市研究中心 主办

中国城市研究（第十六辑）

曾　刚　主编

科学出版社

北京

内 容 简 介

本辑刊由教育部人文社会科学重点研究基地华东师范大学中国现代城市研究中心主办，以中国城市科学理论创新和城市治理体系优化为使命。第十六辑共收录 12 篇论文，聚焦城市创新、城市创业等议题，具体涉及城市创新空间、创新街区、创新主体、创新文化、创新合作、创业意愿、创业效率，以及长三角、东北地区、重庆市产业与生态发展问题等。

本书力求讲好中国城市研究故事，对国内外城市科学研究和城市管理工作者都有参考价值。

图书在版编目（CIP）数据

中国城市研究. 第十六辑 / 曾刚主编. —北京：科学出版社，2021.6
ISBN 978-7-03-068902-3

Ⅰ.①中… Ⅱ.①曾… Ⅲ.①城市发展-研究-中国 Ⅳ.①F299.2

中国版本图书馆 CIP 数据核字（2021）第 099280 号

责任编辑：杨婵娟 / 责任校对：郑金红
责任印制：徐晓晨 / 封面设计：黄华斌

科学出版社 出版
北京东黄城根北街 16 号
邮政编码：100717
http://www.sciencep.com

北京建宏印刷有限公司 印刷
科学出版社发行 各地新华书店经销

*

2021 年 6 月第 一 版 开本：720×1000 1/16
2021 年 6 月第一次印刷 印张：13 1/4
字数：239 000
定价：108.00 元
（如有印装质量问题，我社负责调换）

《中国城市研究》编辑委员会

前　言

　　放眼全球，我国正经历着世界上规模最大、速度最快的城镇化进程，我国常住人口城镇化率从 1949 年的 10.64%跃升到了 2020 年的 63.89%。《中华人民共和国国民经济和社会发展第十四个五年规划和 2035 年远景目标纲要》提出，2025 年我国常住人口城镇化率将提高到 65%，城镇化质量将大幅提升，创新作为发展第一动力的引擎作用将更加凸显。贯彻落实以国内大循环为主体、国内国际双循环相互促进的战略布局，优化协同联动机制，发展壮大城市群和都市圈，是推进城市创新、城市创业的必然要求。

　　华东师范大学中国现代城市研究中心（简称中心）于 2004 年 11 月被教育部批准为我国普通高等学校人文社会科学重点研究基地，2016 年入选中国智库索引（Chinese Think Tank Index，CTTI）来源智库，2018 年入选 CTTI 高校智库百强。中心依托学校人文地理学国家重点学科以及社会学、经济学等主要学科，开展城市地理、城市社会等方面的研究。目前中心设有城市地理与城市规划、城市社会与城乡人口、城市经济与历史、城市管理与社区四个研究室。中心成员承担了包括国家社会科学基金重大项目和重点项目、国家科技重大专项、国家自然科学基金重点项目和国际合作项目、教育部哲学社会科学研究重大课题攻关项目等重要科研项目，取得了一批具有重要影响力的标志性成果。中心时刻牢记中国城市科学理论创新和城市治理优化的使命，负责编撰出版《中国城市研究》辑刊，并主办了一系列重要国际学术会议，在国内外产生了广泛的影响。

　　《中国城市研究（第十六辑）》共 12 篇论文。其中，赵红军和陶欣洁的论文在分析了创新要素在空间上的集聚与溢出效应后指出，我国区域经济增长以及创新要素在空间上存在明显的空间依赖性以及相关性，且呈现出东部地区高值集聚、中西部地区低值集聚的特征。尹应凯和吴舟洋的论文从金融合作的角度，探究了长三角金融合作发展现状及其对长三角高质量一体化的影响与优化路径。陈玉娇和邓智团的论文利用 CiteSpace 分析工具，梳理了 2008~2018 年国内外创新街区研究的发展演化过程，构建了创新街区领域的科学知识图谱。孙斌栋、朱盼和李婉的论文指出，城市文化多样性水平越高，新创私营企业越活跃，文化多样性对制造业领域的创业和新创小企业的促进作用更加突出。孔翔、文英姿和卓方勇的论文基于大众点评数据，利用实地调研、空间文本分析等多源数据分析，得出都市消费空间的营造需要适应不同区位中目标消费群体的差异性需求。金晓溪和孙斌栋的论文指出集聚经济程度越高的城市，自雇创业者的创业活动越不活跃。唐锦玥、李婉、钱肖颖和孙斌栋的论文基于上海 13 所高校大学生的问卷调查数据，从个人特质、外部环境两个层面对影响大学生创业意愿的主要因素进行分析。丁嵩的论文指出市场潜能对创业活动的影响具有显著的地理衰减效应。王秋玉、曾刚和曹贤忠的论文指出上海电气机械产业创新网络呈现明显的层级式和模块化结构，研发共性技术、制定行业标准、创造临时性集聚平台，有助于行业技术研发与创新合作。郎悦岑和孙斌栋的论文通过定量分析后指出，沈阳经济区和辽宁沿海经济带核心城市的辐射和带动作用不足，一般地级市对周围小城市经济增长存在积极溢出效应。殷为华、曾刚和栾雨慧的论文对 2005～2014 年重庆市制造业及其主要行业的竞争力进行分析后指出，重庆市制造业总体竞争力呈现上升趋势，但其稳定性和结构尚待优化。曾明星和曾群的论文指出，太湖流域水环境压力指数较高，且呈上升态势，产业结构优化和限排控制势在必行。

城市创新和城市创业直接关系到中国发展模式的内涵及其国际影响力。作为教育部人文社会科学重点研究基地，中心长期聚焦城市创新与治理等重要议题。因此，中心恳请各位读者继续关注和支持《中国城市研究》的编辑和出版工作。让我们携起手来，为了中国城市科学创新发展，为了中国城市的美好未来，共同努力！

中国现代城市中心主任　曾刚

2021 年 5 月 30 日 于丽娃河畔

目　录

创新的空间集聚、溢出与区域经济增长

——基于全国 31 个省份空间面板模型的实证分析

赵红军　陶欣洁

摘　要　本文通过空间自相关以及空间高低值聚类分析，检验了经济增长以及创新要素在空间上的集聚与溢出，并用 2003～2015 年全国 31 个省份的空间面板数据进行了实证分析。结果表明：我国区域经济增长以及创新要素在空间上存在明显的空间依赖性以及相关性，且呈现出东部地区高值集聚、中西部地区低值集聚的特征。资本存量对经济增长的影响依然是最大的，但创新要素投入也有明显的推动作用，并且其空间溢出效应显著，因此，推动地区创新要素的集聚和溢出，将变得日益重要。

关键词　科技创新；经济增长；空间自相关；空间杜宾模型（SDM）

1 引言

党的十九大报告提出"加快建设创新型国家"，明确"创新是引领发展的第一动力，是建设现代化经济体系的战略支撑"。最近一段时间以来，各国对经济发展中关键知识、关键技术的竞争变得日益激烈，技术创新在提升国家和区域竞争力、

作者简介：赵红军，1970 年生，教授，上海师范大学商学院副院长，经济学博士。陶欣洁，1994 年生，上海师范大学商学院区域经济学硕士研究生。联系方式：上海市徐汇区桂林路 100 号上师大商学院 B320，电子邮件：hjzhao2002@163.com。

基金项目：本文研究得到 2018 年国家社会科学基金一般项目"改革开放四十年中国发展治理经验的经济理论贡献"（18BJL003）、2014 年国家社会科学基金中华学术外译项目"中国的长期经济发展：政府治理与制度演进的视角（英文版）"（14WJL008）、2017 年上海市哲学社会科学规划课题"'中国经济奇迹'的政府治理作用研究：从 1949 到 2020"（2017BHB016）的资助。

促进经济增长方面的作用变得比以往任何时候都更加重要。在此背景下，研究创新对于区域经济增长的作用，特别是，通过分析创新要素在空间的集聚及溢出效应就显得很有价值。因为清楚地掌握创新要素分布的基本规律，有助于高效配置创新要素，并以此来解决我国面临的地区、城乡经济发展不平衡问题。

在新古典经济增长模型中，技术创新一开始是索洛经济增长模型中的外生变量。后来，罗默将其内生化并纳入经济增长模型中，这就是所谓的内生经济增长理论。该理论将创新看作"知识溢出促进创新，创新促进经济增长"过程中的一个关键环节[1]。新经济增长理论表明，经济增长的动力主要来源于技术的知识溢出，而知识溢出则通过提升资本生产率以及劳动力素质而带动经济增长。与内生增长理论有所不同的是，新经济地理学理论强调技术创新的空间效应，认为一个地区的经济增长不仅受到本地区增长要素的影响，而且还会受到邻近地区经济增长的影响，其中，该地区隐性知识溢出的存在便使得人力资本等要素及产业在该地区内集聚。这意味着，该地区知识、人力资本、产业的集聚不仅有利于自身，而且还能使得邻近地区成为受益者，从而让创新成为一个影响较大区域的重要因素。

有关技术创新、知识溢出对经济增长的贡献，学者们从不同的角度进行了研究。一类文献是在传统的内生经济增长理论框架内，研究技术创新对经济增长的影响。比如，Bilbao-Osorio 和 Rodríguez-Pose 强调了创新投入的影响，认为研发投资可以转化为创新，而创新则可以转化为经济增长[2]。Crescenzi 认为创新对经济增长的作用在不同地区存在较大不同，还阐明了地理可及性和人力资本积累在塑造区域创新体系与当地创新活动中的复杂作用[3]。严成樑将社会资本积累内生化到经济增长模型中，发现社会资本对知识生产具有促进作用，有利于提升创新的效率，因而也会对经济增长产生显著的促进作用[4]。白俊红和王林东[5]、黄志基和贺灿飞[6]、唐未兵等[7]强调创新对经济增长的驱动作用，认为技术进步能提升劳动生产率，带来经济增长质量的跃升，并且从长期看，技术创新还可能促进经济增长方式的转变。

另一类文献主要讨论了知识溢出对区域间经济增长的影响。例如，部分学者以中国省级区域（不含港澳台地区）为研究对象，对知识溢出效应与区域经济增长关系进行了实证研究，结果发现知识溢出是经济增长的原动力，且它会在长期促进经济增长，其直观的表现是中国省际人均 GDP 增长与相邻区域的知识溢出之间存在显著的正相关关系，并且随着经济发展，区域间知识溢出效应的差距会逐渐缩小[8-11]。还有学者实证研究了空间知识溢出促进区域经济增长的事实及其空间分布特征，在此基础上发现，知识的空间溢出对经济增长具有显著的正向影响，且省域间的知识溢出在我国东部、中部、西部地区存在显著的俱乐部收敛特征[12, 13]。

综合上述文献研究可以发现，大多数学者将关注点放在创新、知识溢出对经济增长的促进作用上，而较少关注创新与经济增长的空间集聚及溢出效应。本文将在空间计量模型的基础上，讨论创新要素与经济增长的空间集聚及溢出效应，并通过对比不同的空间计量模型，来研究我国创新的集聚与溢出对不同区域经济增长的促进作用。

本文的结构安排是：第一部分为引言；第二部分为模型构建、变量及数据说明；第三部分是实证检验结果；第四部分是区域差异与稳健性检验；第五部分为结论。

2 模型构建、变量及数据说明

2.1 基本模型

假定国内 i 地区的生产函数形式为科布-道格拉斯（Cobb-Douglas，C-D）生产函数形式，技术进步为希克斯中性。i 地区在 t 时刻的产出为 Y_{it}，投入的劳动力为 L_{it}、物质资本为 K_{it}、知识资本为 S_{it}，A 为技术进步参数，α、β、γ 分别代表生产的劳动、资本与知识弹性系数，生产函数的形式如下：

$$Y_{it} = AL_{it}^{\alpha} K_{it}^{\beta} S_{it}^{\gamma} \tag{1}$$

同时，基于 Griliches-Jaffe 知识生产函数①，将知识资本用如下的知识生产函数来表示：$S_{it} = P_{it}^{\theta_1} \mathrm{RD}_{it}^{\theta_2} \mathrm{FDI}_{it}^{\theta_3}$。其中，$P$ 代表专利授权量，RD 代表该省的 R&D 经费投入，FDI 代表外商直接投资，意味着该地区的知识资本分别来自研发、专利以及外资的知识溢出。将知识生产函数代入式（1）中得到式（2）：

$$Y_{it} = L_{it}^{\alpha} K_{it}^{\beta} P_{it}^{\gamma_1} \mathrm{RD}_{it}^{\gamma_2} \mathrm{FDI}_{it}^{\gamma_3} \tag{2}$$

对式（2）两边同时除以劳动力 L_{it} 后再取对数，可以得到式（3）：

---

① Griliches-Jaffe 知识生产函数：$Q_i = AK_i^{\alpha} L_i^{\beta}$，其中，$Q$ 代表研发活动强度，K 和 L 分别代表研发经费投入和人力资本投入，α 和 β 分别为研发的经费和人力资本的投入弹性。

$$\ln y_{it} = \beta_0 + \beta_1 \ln k_{it} + \beta_2 \ln pat_{it} + \beta_3 \ln rd_{it} + \beta_4 \ln fdi_{it} \qquad (3)$$

式中，y_{it}、k_{it}、pat_{it}、rd_{it}、fdi_{it} 分别代表相应变量的人均指标，而不再是总量指标。

2.2 空间计量模型的设定

Anselin 指出几乎所有的空间数据都有空间依赖性或空间自相关的特性[14]，创新与经济增长的关系也不例外。由于不同的空间计量模型所反映的经济含义存在着差异，所以，本文将分别建立空间滞后模型（SLM）、空间误差模型（SEM）、空间杜宾模型（SDM）三种空间计量模型，然后通过对比，选择拟合效果最优的空间计量模型作为本文实证研究的模型。同时，本文还会建立没有考虑区域间空间相关性的 OLS 模型进行对比。各种模型的回归形式如下：

$$\ln y_{it} = \beta_0 + \beta_1 \ln k_{it} + \beta_2 \ln pat_{it} + \beta_3 \ln rd_{it} + \beta_4 \ln fdi_{it} + \beta_5 X + \varepsilon_{it} \qquad (4)$$

$$\ln y_{it} = \beta_0 + \rho W \ln y_{it} + \beta_1 \ln k_{it} + \beta_2 \ln pat_{it} + \beta_3 \ln rd_{it} + \beta_4 \ln fdi_{it} + \beta_5 X + \varepsilon_{it} \qquad (5)$$

$$\begin{cases} \ln y_{it} = \beta_0 + \beta_1 \ln k_{it} + \beta_2 \ln pat_{it} + \beta_3 \ln rd_{it} + \beta_4 \ln fdi_{it} + \beta_5 X + \varepsilon_{it} \\ \mu_{it} = \lambda W \mu_{it} + \varepsilon_{it} \end{cases} \qquad (6)$$

$$\begin{cases} \ln y_{it} = \beta_0 + \rho W \ln y_{it} + \beta_1 \ln k_{it} + \beta_2 \ln pat_{it} + \beta_3 \ln rd_{it} + \beta_4 \ln fdi_{it} + \beta_5 X \\ \quad + \theta_1 W \ln k_{it} + \theta_2 W \ln pat_{it} + \theta_3 W \ln rd_{it} + \theta_4 W \ln fdi_{it} + \theta_5 WX + \mu_{it} \\ \mu_{it} = \lambda W \mu_{it} + \varepsilon_{it} W \end{cases} \qquad (7)$$

式（4）～式（7）分别代表普通最小二乘法（OLS）模型、SLM、SEM 和 SDM。其中，y_{it} 为人均经济增长，根据实际 GDP/各省份就业人数得到，k_{it} 为各省份资本存量/就业人数，pat_{it} 为各省份专利申请授权数/就业人数，rd_{it} 为 R&D 经费支出/就业人数，fdi_{it} 为外商直接投资/就业人数，X 为影响经济增长的控制变量组，包括政府支出投入（gov）、人力资本（edu）以及基础设施建设（road）等。

计量模型中的空间权重矩阵 W 表示空间单元之间的相互依赖程度和关联程度，分为基于邻接概念的空间权重矩阵和基于距离概念的空间权重矩阵。李婧等认为在区域创新经济研究中仅用邻接矩阵似乎并不合理[15]，比如，与"上海和安徽不相邻"类似的是"上海与西藏不相邻"，其空间的权重都为 0，但我们不能认为上海对安徽的影响与上海对西藏的影响是一样的。另外，经济活动的空间效应不只局限于相邻地区，其经济空间影响强度会随着地理距离的增加而减小[11]。鉴于此，本文选用地理距离空间权重矩阵：$W = \begin{cases} 1/d^2 & i \neq j \\ 0 & i = j \end{cases}$，其中，$d$ 为地区 i 和

地区 j 的地理中心位之间的距离。

2.3 变量及数据说明

本文使用的是 2003~2015 年全国 31 个省（自治区、直辖市）（不含港澳台）的面板数据，数据主要来源于 2004~2016 年的《中国统计年鉴》《中国科技统计年鉴》，变量具体设定如下。

（1）经济增长：y，即 Y/L，选用各省份实际 GDP/就业人数来衡量，实际 GDP 以 2002 年为基期进行物价平减，以消除价格波动带来的影响。

（2）创新及知识溢出：pat，以每万就业人数拥有的专利授权量来表示，衡量创新的产出水平；rd 为各省份的 R&D 经费支出/就业人数，以衡量创新的投入水平，其中 R&D 经费支出已通过居民消费价格指数平减；fdi 为各省份外商直接投资/就业人数。其中，FDI 为 2003~2015 年外商直接投资，已通过人民币与美元汇率折算，并通过 CPI 平减指数折算为以 2002 年为基期的价值。

（3）资本：k 为 K/L，即资本存量/就业人数。其中，资本存量采用永续盘存法进行估算。需要说明的是，2003 年各省份资本存量直接借用了单豪杰计算得到的数据[16]，其中的重庆和四川数据是合并在一起的，但现在如此处理，就显得非常不合理，因此，我们根据 1998 年估算的资本存量数据，按照当时四川和重庆的经济规模进行了 1998 年资本存量划分，然后再以 1998 年为基期计算了四川和重庆其余年份的资本存量。

（4）控制变量：gov 为财政支出占地区生产总值的比重，以控制政府在经济发展中的作用。edu 为受教育程度或人力资本，根据现有文献的处理方法，通常用地区受教育水平（E_{it}）与地区总人口（P_{it}）的比值来衡量人力资本。其中，P_{it} 表示地区 i 第 t 年的总人口数，E_{it} 表示地区 i 第 t 年的受教育水平。在这里，地区受教育水平采用如下公式计算，即 $E_{it}=6e_{it1}+9e_{it2}+12e_{it3}+16e_{it4}$，其中，$e_{it1}$、$e_{it2}$、$e_{it3}$ 和 e_{it4} 分别表示地区 i 第 t 年的小学毕业生数、初中毕业生数、高中毕业生数和大专及以上毕业生数（包括大专、本科、研究生及以上的毕业生），而系数 6、9、12 和 16 分别表示小学、初中、高中和大专及以上毕业生的平均受教育年限[17-19]。这样，人力资本的表达式就为 $H_{it}=E_{it}/P_{it}$。road，为人均道路长度，是基础设施的代理变量。新古典经济增长理论认为，基础设施作为一种投资要素，其建设过程将形成资本积累，因此建设基础设施可以提高社会生产力，进而直接拉动经济增长[20]。

表1是所有变量的描述性统计信息。同时需要说明的是，为保证实证结果的稳健性，消除异方差，我们对除 gov 以外的变量均进行取对数处理。

表1　变量的描述性统计

变量	定义	观测值	均值	标准差	最小值	最大值
y	劳动力平均生产总值（元/人）	403	38 937.77	24 287.91	6 082.65	134 715
pat	每万就业人数拥有的专利授权量（件/万人）	403	7.59	11.97	0.12	79.28
rd	劳动力平均 R&D 经费支出（元/人）	403	883.72	1 481.79	20.85	10 915.52
fdi	劳动力平均直接对外投资（元/人）	403	1 447.31	2 030.99	1.82	13 547.95
k	劳动力平均资本存量（元/人）	403	34 251.93	33 858.02	2 238.06	169 736.2
gov	财政支出占 GDP 比重（%）	403	32.37	25.87	8.42	194.68
edu	人均受教育年限（年）	403	8.41	1.19	3.74	12.15
road	人均道路长度（千米/人）	403	64.65	61.78	7.58	353.19

3　实证检验结果

3.1　空间集聚分析

在使用空间计量模型之前，需要检验我国各省（自治区、直辖市）的实际 GDP 是否具有空间相关性。从度量范围上来说，空间自相关的度量可以分为全局空间自相关和局部空间自相关。对全局空间自相关，本文采用莫兰指数（Moran's I）来检验，其计算公式如下：

$$I = \frac{\sum_{i=1}^{n}\sum_{j=1}^{n}w_{ij}(Y_i-\bar{Y})(Y_j-\bar{Y})}{S^2\sum_{i=1}^{n}\sum_{j=1}^{n}W_{ij}} \tag{8}$$

需要说明的是，Moran's I 的值位于（−1，1），若大于 0 表示存在空间正相关，越接近于 1 表示正相关的程度越强；小于 0 表示存在空间负相关；等于 0 表示空间无关。对我国 31 个省（自治区、直辖市）2003～2015 年的实际地区生产总值进行空间自相关检验的结果如表2所示。

表2 空间自相关检验的 Moran's I 值

年份	y			pat		
	Moran's I	Z	P 值	Moran's I	Z	P 值
2003	0.4489***	4.4989	0.001	0.1732**	1.732	0.028
2004	0.4558***	4.5366	0.001	0.1954**	1.954	0.028
2005	0.4694***	4.66	0.001	0.2009**	2.009	0.027
2006	0.4721***	4.6707	0.001	0.1491**	1.491	0.04
2007	0.4664***	4.6282	0.001	0.1909**	1.909	0.027
2008	0.4634***	4.5944	0.001	0.1968**	1.968	0.03
2009	0.4562***	4.5297	0.001	0.2534**	2.534	0.014
2010	0.4539***	4.5016	0.001	0.2624**	2.624	0.013
2011	0.4479***	4.4574	0.001	0.2838***	2.838	0.008
2012	0.4366***	4.3694	0.001	0.2732**	2.732	0.013
2013	0.4351***	4.3039	0.002	0.2606**	2.606	0.015
2014	0.4497***	4.4582	0.001	0.2501**	2.501	0.016
2015	0.4437***	4.3943	0.001	0.2483**	2.483	0.015

***、**分别表明在 1%、5%的水平下显著

从表2中可以发现，我国实际 GDP 的空间分布并非处于随机状态，而是受到相邻省份影响，各年度 Moran's I 的值均大于 0，表明全国的经济增长指标在分布上存在明显的空间依赖与空间集聚现象。

除此之外，我们还对专利授权量进行了自相关检验。结果表明，其 Moran's I 的值也均大于 0，证明专利的空间分布同样呈现出显著的正相关性，且 2003～2015 年，专利数量的 Moran's I 呈现出上升趋势，说明其空间集聚和依赖性不断加强，各省（自治区、直辖市）的总体差异在缩小。

对于局部空间自相关，本文采用 *Getis-Ord Gi**统计量来衡量，其计算公式如式（9）所示：

$$Gi^* = \frac{\sum_j^n w_{ij} Y_j}{\sum_j^n Y_j} \qquad (9)$$

局部 *Gi** 是一种基于距离权重矩阵的局部空间自相关指标，通过如下 Z 得分公式表示：

$$Z_{Gi^*} = \frac{Gi^* - E(Gi^*)}{\sqrt{Var(Gi^*)}} \qquad (10)$$

本文运用 ArcGIS13.0 计算了各省（自治区、直辖市）实际 GDP 和专利授权量的局部空间自相关指标，并将除港澳台以外的 31 个省（自治区、直辖市）根据 Z_{Gi} 得分划分为空间集聚的不同区域，见表 3 和表 4。从表 3 中可以明显看出，对于实际 GDP 来说，长江三角洲地区各省（直辖市）及其邻近的福建等东部沿海地区处于高值集聚区域，而西部地区明显处于低值集聚区域，其余省份则处于二者之间的过渡地带。

表 3   实际 GDP 的局部空间集聚区域划分

高值空间集聚	一般高值集聚	随机区域	一般低值集聚	低值空间集聚
江苏、上海、浙江、安徽、福建、江西、湖北	北京、天津、河北、山东、河南、湖南、辽宁	吉林、山西、陕西、贵州、广西、广东、海南	黑龙江、内蒙古、重庆、宁夏、云南	新疆、西藏、青海、甘肃、四川

资料来源：作者根据数据运用 ArcGIS13.0 计算整理得到，下同

从表 4 中可以发现，创新要素的空间分布也呈现出类似状态，即我国的经济发展和创新能力都呈现出明显的空间分布差异，且经济发达地区和高创新能力是集聚在一起的，而经济较落后的地区也和它们相对欠缺的创新能力集聚在一块。

表 4   专利授权量的局部空间集聚区域划分

高值空间集聚	一般高值集聚	随机区域	一般低值集聚	低值空间集聚
上海、浙江、安徽、福建、江西、湖北、湖南	山东、江苏、河南、广东	北京、天津、河北、辽宁、山西、陕西、贵州、广西、海南	黑龙江、吉林、内蒙古、重庆、云南、新疆	西藏、青海、甘肃、宁夏、四川

3.2 空间计量结果

基于本文的模型设定，通过 Stata15.1 软件进行面板数据的空间计量分析，并经过 Hausman 检验（检验结果 P 值为 0.002），本文确定选用空间面板固定效应计量模型，分别对 OLS、SLM、SEM、SDM 进行估计。相关模型回归结果见表 5。

表 5   相关模型回归结果

变量	OLS	SLM	SEM	SDM
lnpat	0.048*** （4.98）	0.037*** （4.23）	0.047*** （4.92）	0.043*** （4.7）
lnrd	0.102*** （9.2）	0.071*** （6.75）	0.064*** （5.52）	0.055*** （5.14）

续表

变量	OLS	SLM	SEM	SDM
lnfdi	0.011* （1.87）	0.010* （1.92）	0.003 （0.63）	0.011** （2.11）
ln$k$	0.345*** （23.22）	0.298*** （21.05）	0.324*** （18.81）	0.318*** （19.39）
gov	0.002*** （7.1）	0.00025*** （3.92）	0.0003*** （4.98）	0.000*** （5.38）
lnedu	0.181** （2.18）	0.121* （1.64）	0.187** （2.71）	0.142* （1.74）
lnroad	0.098*** （7.86）	0.084*** （7.55）	0.081*** （4.61）	0.065*** （3.87）
$W \times$ lnpat	/	/	/	−0.030 （−1.13）
$W \times$ lnrd	/	/	/	0.076* （1.75）
$W \times$ lnfdi	/	/	/	0.186*** （5.66）
$W \times$ ln$k$	/	/	/	−0.014 （−0.2）
$W \times$ gov	/	/	/	−0.0002 （−0.05）
$W \times$ lnedu	/	/	/	−0.358** （−2.33）
$W \times$ lnroad	/	/	/	−0.066*** （−2.58）
ρ 或 λ	/	0.228*** （9.50）	0.877*** （13.86）	0.035*** （2.41）
R^2	0.982	0.985	0.981	0.987
Log-likelihood	/	687.292	668.115	712.732

注：括号内数字为 t 值；"/" 表示此项为空（根据前文模型设定，仅 SDM 中有空间交互项系数）
*、**、***分别表明在 10%、5%、1%的水平下显著

  OLS 回归表明，相关的解释变量均显著，但无法得知相关变量与经济增长之间是否存在空间相互作用；SLM 的经济增长空间滞后项 ρ 在 1%的显著性水平下显著大于 0，说明地理上邻近对经济增长具有显著的正向空间效应；SEM 的误差系数 λ 在 1%的显著性水平下显著为正，且系数更大，也印证了各省份间地理上的邻近对经济增长的正向促进作用；在 SDM 中，该空间项的系数在 1%的水平下也是显著为正的，给出了完全类似的结论。

从拟合优度和对数似然函数值（Log-likelihood）来看，SDM 优于其他模型。为了进一步确定模型形式，按照 Anselin 等提出的判断依据[21]，我们进行了 Wald 检验和 LR 检验，相应检验的 P 值均在 1%的水平下显著为零，因此，可以认为 SDM 要优于 SLM 或者 SEM。

在对经济增长的影响因素分析中，在 SDM 中，人均资本存量（ln$k$）的系数显著为正，与前面各模型完全一致，其系数相对其他影响因素均为最大，说明在诸多影响因素中，资本存量仍是中国经济增长的主要驱动因素。人力资本（lnedu）的系数均显著为正，系数大小排名第二，说明人力资本较高地区的劳动力具有较高的受教育水平和技术水平，对推动该地区经济的发展起到关键作用。

除此之外，在 SDM 中，代表创新要素的专利授权量（lnpat）对经济增长具有显著的正向促进作用，说明创新能力是经济持续增长的不竭源泉[22]。R&D 经费支出（lnrd）对区域经济增长的影响显著为正，且其作用要大于专利授权量，可能是由于 R&D 投入通过提升本地人力资本水平及生产效率而促进了经济增长[23]。外商直接投资（lnfdi）对经济增长的影响也显著为正，说明外商直接投资所形成的技术外溢效应明显，一定程度上能促进地区知识和技术的积累，促进了地区经济增长。

在 SDM 中，交互项的系数在一定程度上衡量了相关解释变量对经济增长的空间溢出效应。其中，专利授权量的空间交互项（$W \times$ lnpat）的估计系数为正但不显著，说明本地区的专利发明可能会影响相邻省份的专利发明，进而推动相邻省份的经济增长，这与李晓飞等得出的结论基本一致[9]。R&D 投入空间交互项（$W \times$ lnrd）、FDI 空间交互项（$W \times$ lnfdi）的估计系数显著为正，因此，在相邻区域间也存在显著的正向空间溢出效应，说明周边省份的 R&D 投入和 FDI 可以有效地促进本地的经济增长。值得注意的是，相邻省份的人力资本空间交互项（$W \times$ lnedu）和交通基础设施空间交互项（$W \times$ lnroad）的估计系数为负，存在着显著的空间负向相互作用，这表明，相邻省份高的人力资本水平和好的交通基础设施，往往会对本省的经济增长造成负面影响。这主要是因为这些条件会吸引企业从本省迁入相邻省份。但资本存量空间交互项（$W \times$ ln$k$）与政府财政支出比重空间交互项（$W \times$ gov）的系数并不显著，表明这两个变量不会对邻省的经济增长产生空间溢出。

3.3 效应分解

值得注意的是，仅仅依赖上述空间权重与相关解释变量的交互项判断相关变量是否对解释变量存在空间溢出，仍可能会造成一定偏差。为此，我们参考 LeSage和 Pace 的思路[24]，进一步将相关影响分解为直接效应、间接效应（溢出效应）和总效应。其中，间接效应指的是，解释变量通过空间交互作用对被解释变量的影响，具体结果见表 6。研究发现，专利授权量、R&D 投入以及 FDI 的直接效应和间接效应均显著为正，表明创新要素的空间流动不仅对经济增长具有明显的直接效应，而且其所引致的空间溢出效应对其他省份的经济增长也具有显著的促进作用。

另外，政府支出比重、人力资本与道路基础设施，也存在显著的直接和间接效应，表明本省这些条件的改善也会对邻省的经济增长产生正向溢出效应；但是资本存量只有显著的直接效应，说明本省资本存量对邻省的经济增长并没有空间溢出。

表 6 SDM 模型的直接效应、间接效应和总效应

变量	lnpat	lnrd	lnfdi	ln$k$	gov	lnedu	lnroad
直接效应	0.037*** (0.009)	0.071*** (0.102)	0.011*** (0.005)	0.318*** (0.016)	0.0003*** (0.006)	0.125* (0.073)	0.084*** (0.017)
间接效应	0.010*** (0.003)	0.019*** (0.004)	0.003*** (0.001)	−0.006 (0.045)	0.00007** (0.002)	0.035* (0.005)	0.024*** (0.028)
总效应	0.047*** (0.011)	0.090*** (−0.014)	0.014** (0.006)	0.312*** (0.041)	0.0003*** (0.0007)	0.160*** (0.009)	0.108*** (0.015)

注：括号内数字为 Z 值
*、**、***分别表明在 10%、5%、1%的水平下显著

4 区域差异与稳健性检验

4.1 区域差异分析

不同省份发展程度不同，会导致创新对经济增长的影响程度不同，因此本文将使

用 SDM，按照传统的东部、中部、西部三个区域做进一步分析①，结果如表 7 所示。

表 7 东部、中部、西部区域差异分析

变量	东部	中部	西部
lnpat	0.049***	0.021	0.020*
	（3.90）	（1.16）	（1.68）
lnrd	0.051***	0.025	0.008
	（3.59）	（0.38）	（0.61）
lnfdi	0.063***	−0.037	0.019***
	（5.49）	（−2.81）	（3.04）
ln$k$	0.307***	0.392***	0.313***
	（13.86）	（8.57）	（12.50）
gov	0.002***	0.009***	0.0001**
	（4.76）	（3.81）	（1.97）
lnedu	−0.059*	0.179*	0.132
	（−0.60）	（1.04）	（1.64）
lnroad	0.144***	0.142***	0.099***
	（7.36）	（4.10）	（4.84）
$W \times$ lnpat	0.471	−0.106***	−0.070**
	（1.62）	（−2.58）	（−2.00）
$W \times$ lnrd	0.083*	−0.032	0.061
	（1.73）	（−0.34）	（1.61）
$W \times$ lnfdi	0.066**	0.082**	0.108***
	（2.2）	（2.18）	（4.83）
$W \times$ ln$k$	−0.281***	0.173*	0.169*
	（−5.72）	（1.66）	（1.85）
$W \times$ gov	0.0004	0.006	−0.002
	（0.51）	（1.12）	（−0.69）
$W \times$ lnedu	−0.234	−0.411	−0.255*
	（−1.46）	（−1.64）	（−1.67）
$W \times$ lnroad	−0.70*	−0.114***	−0.038
	（−1.64）	（−1.64）	（−1.32）
ρ 或 λ	0.331***	0.022	0.061
	（2.84）	（0.13）	（0.43）
R^2	0.988	0.991	0.993
Log-likelihood	269.016	199.719	307.933

注：括号内数字为 t 值

*、**、***分别表明在 10%、5%、1%的水平下显著

---

① 对东部、中部、西部的划分如下：东部地区包括北京、天津、河北、辽宁、上海、江苏、浙江、福建、山东、广东、海南 11 个省（直辖市）；中部地区包括山西、吉林、黑龙江、安徽、江西、河南、湖北、湖南 8 个省；西部地区包括内蒙古、广西、重庆、四川、贵州、云南、西藏、陕西、甘肃、青海、宁夏、新疆 12 个省（自治区、直辖市）。

从创新与研发能力来看，在东部地区，专利授权量（lnpat）和 R&D 经费支出（lnrd）对本地区的经济增长具有显著的正向促进作用，但在中西部地区，创新和研发对经济增长的推动作用均不明显；从以外商直接投资衡量的技术外溢的角度看，外商直接投资（lnfdi）对东部地区和西部地区的经济增长的影响显著为正，但在中部地区却不显著，说明外商直接投资通过技术外溢带来的经济增长效应更多地体现在东部和西部。人均资本存量（lnk）对三个地区的经济增长均产生比较显著的正向促进作用，基础设施（lnroad）也对三个地区的经济增长的作用显著。

从空间溢出的角度看，专利授权量的空间交互项（$W \times$ lnpat）的估计系数在东部不显著，但在中西部地区显著为负，说明在中西部地区中的专利发明会影响相邻省份的专利发明，会抑制相邻省份的经济增长，可能是因为创新要素在本地区的集中导致周边省份的相关要素向省内集中。东部地区的 R&D 投入空间交互项（$W \times$ lnrd）在 10%显著性水平下为正，对相邻省份的经济增长会带来促进作用，三个地区的外商直接投资也对区域内省份具有较强的正向溢出效应。

4.2 稳健性检验

本文主要基于地理距离的权重矩阵对 31 个省（自治区、直辖市）的创新、知识溢出对经济增长的作用进行空间计量估计。由于经济水平与区域的创新活动，必然会受到许多非地理邻近因素的影响，因此将在地理距离的基础上加入人均实际 GDP 作为衡量依据，构造能表征地理距离和经济发展水平的经济距离空间权重矩阵，以检验模型结果是否稳健。将构造的经济距离权重矩阵代入空间模型中，通过 Hausman 检验，确定三个模型均选择固定效应空间计量模型，结果如表 8 所示。

表 8 基于经济距离权重矩阵的稳健性检验结果

变量	SLM	SEM	SDM
lnpat	0.031*** （3.75）	0.056*** （5.89）	0.032*** （3.73）
lnrd	0.038*** （3.54）	0.093*** （8.18）	0.038*** （3.58）
lnfdi	0.008* （1.74）	0.010* （1.84）	0.022** （4.13）
lnk	0.285*** （21.25）	0.359*** （23.42）	0.288*** （19.32）

续表

变量	SLM	SEM	SDM
gov	0.00019*** （3.09）	0.0004*** （6.30）	0.0001** （1.96）
lnedu	0.108 （1.56）	0.273*** （3.10）	0.113 （1.39）
lnroad	0.096*** （9.20）	0.081*** （5.26）	0.089*** （6.12）
$W \times$ lnpat	/	/	0.011 （0.62）
$W \times$ lnrd	/	/	0.083*** （3.45）
$W \times$ lnfdi	/	/	0.044*** （3.81）
$W \times$ ln$k$	/	/	−0.007 （−0.18）
$W \times$ gov	/	/	−0.001*** （−5.04）
$W \times$ lnedu	/	/	−0.114 （−0.91）
$W \times$ lnroad	/	/	−0.032 （−1.61）
ρ 或 λ	0.321*** （12.24）	0.281*** （4.79）	0.215*** （2.93）
R^2	0.986	0.982	0.988
Log-likelihood	709.148	657.231	730.401

注：括号内数字为 t 值；"/"表示此项为空

*、**、***分别表明在10%、5%、1%的水平下显著

从表 8 的结果可以看出，采用经济距离权重矩阵后，仍然显示 SDM 的拟合效果最优。通过 Wald 检验和 LR 检验，也得出选择 SDM 的结果。而且虽然估计结果的系数大小有差异，但其方向和显著性水平并没有发生根本改变。这也表明研究结果是稳健可靠的。

同时对使用经济距离权重矩阵后的 SDM 进行效应分析，结果如表 9 所示。可以发现，在使用经济距离权重以后，创新要素所带来的空间溢出效应对经济增长的贡献仍显著为正，因此，可以认为上述结果十分稳健。

表 9　基于经济距离权重矩阵的效应分解结果

变量	lnpat	lnrd	lnfdi	ln$k$	gov	lnedu	lnroad
直接效应	0.032*** （0.009）	0.038*** （0.011）	0.009* （0.005）	0.290*** （0.013）	0.0002*** （0.00006）	0.113 （0.070）	0.097*** （0.011）
间接效应	0.014*** （0.004）	0.017*** （0.004）	0.004* （0.002）	0.129*** （0.014）	0.00008*** （0.00003）	0.050 （0.031）	0.044*** （0.007）
总效应	0.046*** （0.012）	0.055*** （0.015）	0.014* （0.007）	0.419*** （0.020）	0.0003*** （0.00008）	0.163 （0.100）	0.141*** （0.017）

注：括号内数字为 Z 值

*、**、***分别表明在 10%、5%、1%的水平下显著

5　结论

本文通过 2003～2015 年全国 31 个省（自治区、直辖市）的面板数据，将 Griliches-Jaffe 知识生产函数纳入 C-D 生产函数中，构造了扩展的生产函数，在此基础上分析了省域创新空间集聚、溢出效应对地区经济增长的效应。获得以下几点结论：

第一，通过空间自相关分析以及高低值聚类分析发现，我国各地区的经济增长存在着明显的空间依赖性与空间相关性；而且在空间上呈现出东部地区高值集聚、西部地区低值集聚的特点。

第二，专利授权量、R&D 经费支出、外商直接投资作为创新要素均对区域经济增长产生显著的正向影响，说明创新要素的投入、产出等对区域经济增长有显著促进作用。其中，R&D 投入对于经济增长的影响最大，因此，加大对科技研发的投入，可以有效地将人力资本及物质资本转化为创新产出，进而推动地区经济增长。除此之外，人力资本、基础设施建设以及政府的支出对于经济增长均有显著的正向影响。

第三，考虑空间效应后，R&D 投入在相邻区域间存在显著的正向空间溢出效应，可以通过本地的人力资本和科研机构组织，形成区域与地方性的知识资本，并能够引起相邻区域的知识资本增加，有利于区域经济增长。FDI 也有明显的正向空间溢出效应，外商投资的流入可以促进国内技术进步与管理创新，并有助于

外部技术的溢出与扩散，从而促进邻近省份创新水平的提升，推动经济持续增长。人力资本与基础设施则存在着显著负向的空间溢出，意味着相邻省份高的人力资本与好的基础设施往往会对本省的经济增长产生负向影响。

第四，进一步分区域来分析创新对于经济增长的影响，结果发现专利创新对东部和西部地区的经济增长具有显著的正向促进作用；外商直接投资的技术外溢更多地体现在东部和西部。中西部地区的专利发明会负向影响相邻省份的专利发明，会抑制相邻省份的经济增长，东部地区的创新要素投入对相邻省份的经济增长会带来正的促进作用。

以经济距离权重矩阵代替地理距离权重矩阵进行稳健性检验，结果发现模型选择以及核心解释变量的系数正负不变，且对 SDM 的效应分解后对经济增长的贡献也基本不变，说明了模型的稳健、可靠。

综上，创新要素的空间流动不仅能促进经济增长，其所引致的空间溢出效应对经济增长亦具有显著促进作用。创新要素的增加不仅能促进本地区的经济增长，而且能通过空间范围内的知识溢出效应推动邻近地区的经济发展。但人力资本与基础设施却存在着负向的空间溢出。因此，有效地配置创新要素对于我国解决地区经济发展不平衡、缩小地区差距，促进地区经济增长有重要意义。

参考文献

[1] 赵勇，白永秀. 知识溢出：一个文献综述. 经济研究，2009，44（1）：144-156.

[2] Bilbao-Osorio B, Rodríguez-Pose A. From R&D to innovation and economic growth in the EU. Growth & Change, 2004, 35（4）: 27-54.

[3] Crescenzi R. Innovation and regional growth in the enlarged Europe: the role of local innovative capabilities, peripherality, and education. Growth & Change, 2010, 36（4）: 471-507.

[4] 严成樑. 社会资本、创新与长期经济增长. 经济研究，2012，47（11）：48-60.

[5] 白俊红，王林东. 创新驱动是否促进了经济增长质量的提升？科学学研究，2016，34（11）：1725-1735.

[6] 黄志基，贺灿飞. 制造业创新投入与中国城市经济增长质量研究. 中国软科学，2013（3）：89-100.

[7] 唐未兵，傅元海，王展祥. 技术创新、技术引进与经济增长方式转变. 经济研究，2014，49（7）：31-43.

[8] 李标，宋长旭，吴贾. 创新驱动下金融集聚与区域经济增长. 财经科学，2016（1）：88-99.

[9] 李晓飞，赵黎晨，候璠，等. 空间知识溢出与区域经济增长——基于 SDM 及 GWR 模型的实证分析. 软科学，2018（4）：16-19.

[10] 任保平. 新常态要素禀赋结构变化背景下中国经济增长潜力开发的动力转换. 经济学家，2015（5）：13-19.

[11] 白俊红，王钺，蒋伏心，等. 研发要素流动、空间知识溢出与经济增长. 经济研究，2017，52（7）：109-123.

[12] 徐盈之，朱依曦，孙剑. 知识溢出与区域经济增长：基于空间计量模型的实证研究. 科研管理，2010，31（6）：105-112.

[13] 聂飞，刘海云. 自主 R&D、国际技术溢出与经济增长——基于知识溢出模型的实证分析. 华东经济管理，2015，29（4）：83-89.

[14] Anselin L. Spatial Economics：Methods and Models. Dordrecht：Kluwer Academic Publishers，1988.

[15] 李婧，谭清美，白俊红. 中国区域创新生产的空间计量分析——基于静态与动态空间面板模型的实证研究. 管理世界，2010（7）：43-55.

[16] 单豪杰. 中国资本存量 K 的再估算：1952～2006 年. 数量经济技术经济研究，2008，25（10）：17-31.

[17] 陈钊，陆铭，金煜. 中国人力资本和教育发展的区域差异：对于面板数据的估算. 世界经济，2004（12）：25-31.

[18] 盛斌，毛其淋. 贸易开放、国内市场一体化与中国省际经济增长：1985～2008 年. 世界经济，2011（11）：44-66.

[19] 熊灵，魏伟，杨勇. 贸易开放对中国区域增长的空间效应研究：1987—2009. 经济学（季刊），2012，11（3）：1037-1058.

[20] 郑世林，周黎安，何维达. 电信基础设施与中国经济增长. 经济研究，2014，49（5）：77-90.

[21] Anselin L，Florax R J G M，Rey S J. Econometrics for Spatial Models：Recent Advances. Advances in Spatial Econometrics. Berlin，Heidelberg：Springer，2004：1-24.

[22] 苏治，徐淑丹. 中国技术进步与经济增长收敛性测度——基于创新与效率的视角. 中国社会科学，2015（7）：4-25.

[23] 谢兰云. 中国省域 R&D 投入对经济增长作用途径的空间计量分析. 中国软科学，2013（9）：37-47.

[24] LeSage J，Pace R K. Introduction to Spatial Econometrics. New York：CRC Press，Taylor & Francis Group，2009.

Innovative Spatial Agglomeration, Spillover and Regional Economic Growth —An Empirical Study Based on Spatial Panel Model

Zhao Hongjun, Tao Xinjie

（School of Business, Shanghai Normal University, Shanghai 200234, China）

Abstract This paper examines the economic growth, the agglomeration, and spillover of innovation elements in space through spatial autocorrelation and spatial high-low value clustering analysis. The paper also uses the spatial panel data of 31 provinces from 2003 to 2015 for empirical analysis. The results show that there are obvious spatial dependence and correlations between regional economic growth and innovation elements in China, and they also show the characteristics of high value clustering in the eastern region and low value clustering in the central and western regions. The impact of capital stock on economic growth is still the largest, and the input of innovation factors also has a significant driving effect, and its spatial spillover effect is significant. Therefore, it will become increasingly important to promote the agglomeration and spillover of regional innovation.

Keywords technological innovation; economic growth; spatial autocorrelation; Spatial Dubin Model（SDM）

长三角高质量一体化与金融合作路径研究

尹应凯　吴舟洋

摘　要　长三角区域一体化发展已有一段时间，其发展成果获得国内外广泛认同。2018 年 11 月 5 日，习近平主席在首届中国国际进口博览会开幕式上宣布："决定将长江三角洲区域一体化发展上升为国家战略。"本文首先解读长三角高质量一体化的内涵，测算近年来长三角的发展效率；接着，从金融合作的角度，分析长三角金融合作发展现状及其对长三角高质量一体化的影响；其次，从欧洲一体化进程中寻求经验借鉴，得到加快一体化进程的支持手段；最后，分析金融合作与长三角高质量一体化的关系，得到长三角高质量一体化与金融合作发展路径图，进而提出推动长三角高质量一体化的金融合作路径。

关键词　长三角高质量一体化；金融合作；欧盟

长江三角洲（简称长三角）区域是我国重要的经济区域之一，自 1992 年发展至今已有 26 个城市加入，其经济一体化程度在全国一直处于领先地位。2018 年 6 月，长三角三省一市迈向高质量一体化发展，从各个层面开展进一步合作。区域金融合作是经济发展的重要环节，区域金融合作可促进区域内资源自由流动和有效配置，实现长三角区域经济与金融的联动发展。目前，区域金融协调发展的作用还没有完全显现，在区域金融合作进程中，仍存在金融联系程度不高、合作项目少和监管制度不完善等问题。

作者简介：尹应凯，男，1976 年生，湖南邵东人，上海大学经济学院教授，博士生导师，研究方向为金融科技、新结构经济学等；吴舟洋，女，1996 年生，安徽合肥人，上海大学经济学院 2018 级金融学硕士研究生，研究方向为长三角高质量一体化发展。

基金项目：国家社会科学基金项目（17BJY062）。

1 文献综述

金融发展是经济社会发展的重要基础，经济发展为金融合作提供环境保障。金融发展与经济增长之间的关系在不同区域表现是不一样的，有些经济学家认为金融发展可以推动地区经济的发展，是经济发展的内生动力，还有些经济学家将金融发展视作经济发展的必然趋势，认为金融与经济没有必然联系。

有些学者认为经济发展与金融发展相互促进。Demirguc-Kunt 和 Maksimovic 认为股票市场流动性与经济增长存在正相关关系[1]。谈儒勇实证证明我国金融中介与经济增长之间有正相关关系[2]。韩廷春发现经济增长可使收入、储蓄增多进而推动金融发展，金融发展又使储蓄率、储蓄投资转化率提高，促进经济发展形成循环[3]。周立和王子明证明了提高金融发展水平对经济增长有促进作用[4]。戈德史密斯认为金融发展促进资本形成和经济增长[5]。胡坚和杨素兰以上海为例构建了国际金融中心评估指标体系，论证经济快速发展，人们对金融产品的需求也会增大，因而促进金融市场的发展[6]。潘英丽阐明金融制度变革是提高我国竞争力的关键[7]。周天芸等构建区域金融中心发展指标衡量区域金融中心发展程度，研究发现，长期来看金融中心发展对区域经济的增长具有相互促进作用[8]。

有些学者认为经济发展与金融发展负相关或不相关。古典经济学家提出货币中性理论，认为货币量的增减只会带动一般物价水平按比例变化，不会导致经济的变化。新古典经济学家认为使用货币交易让商品交换与流通更便利，但对经济增长没有实质性的影响。Patrick 提出金融发展仅是经济发展的被动反应[9]。麦金农提出"金融抑制"论，认为金融可能对经济增长有阻滞作用，金融对经济存在制约关系[10]。Lucas 研究发现经济单向促进金融发展[11]。毛秋蓉和李萍论述了金融中介发展导致的流动性约束放松不利于经济增长[12]。王晋斌将区域按不同金融控制强度划分，认为不论金融控制强度如何，对经济增长都没有促进作用[13]。

另外，全球一体化方面，Baumol 最先提出不发达国家不存在趋同效应[14]。Ben-David 阐明欧共体国家比非成员国经济发展更快[15]。Sachs 和 Warner 认为经济开放程度是经济增长的重要因素[16]。冯学钢以欧盟一体化发展为基础对长三角发展提出建议，包括促进文化整合、扶持落后地区发展、减少地区间不平衡等[17]。谢世清和向南展望了欧元区的发展趋势，肯定了其创新性的制度安排[18]。

2 长三角高质量一体化的发展现状

2.1 长三角高质量一体化内涵分析

在党的十八届五中全会上，习近平总书记系统地论述了"创新、协调、绿色、开放、共享"五大发展理念。长三角高质量一体化进程严格遵循五大发展理念，即随着社会主要矛盾发生转变，通过经济高质量发展满足人民高品质生活需要，不断提高全要素生产率。长三角地区基本形成经济充满活力、创新能力跃升、空间利用高效、高端人才汇聚、资源流动畅通、绿色美丽共享的世界级城市群框架。

2.1.1 高质量一体化发展需要区域创新

目前我国由要素、投资驱动的经济高速增长已呈现边际效应递减的趋势，长三角经济未来的发展模式亟待转变为创新驱动模式以维持可持续发展。长三角在中国的东部沿海地区，地理位置优越、资源丰富，包含了特大城市上海和大城市杭州、南京、宁波、合肥等，拥有较完备的基础设施和丰富的人才资源，具备很强的创新能力和国内前沿科学技术。上海作为龙头城市可以运用其金融科技的优势改造金融体系，提高金融效率，积极在监管、法制、产品等方面改革创新，最终服务大众，落实到实体经济。其他省市作为腹地为上海提供资源支持，打造长三角创新科技链、资金链。

2.1.2 高质量一体化发展需要区域协调联动

交通基础设施建立与完善是区域协调联动的保证。完善的交通基础设施可以消除省与省之间、城市与城市之间的物理隔阂，形成物流、资金流、信息流，共同促进区域经济一体化。2018 年 6 月，江浙沪皖四地交通运输部门联合签订《长三角地区打通省际断头路合作框架协议》，并将其纳入《长三角地区一体化发展三年行动计划（2018—2020 年）》，其目标是解决省际"断头路"问题，基本消除省界处 1~2 千米范围的断头路现象。

长三角区域协调联动还包括交通全面提速。苏州正在推进地铁 S1 线与上海 11 号地铁线的连接、沿江高速二期等项目，完工后可减少苏州和上海两地之间的交通成本。在建的沪嘉甬高铁，横跨杭州湾，建成后可大大缩短宁波至长三角的时空距离。长三角正在构建高效安全的现代化交通网络，各省市协力加快推进区域交通一体化进程。

区域协调联动也包括区内的产业融合与升级。随着全球化进程加深，我国原有的低成本生产优势已不再明显，逐渐出现产能过剩的情况。因此，我国迫切需要提升在国际产业分工中的地位，提供更多高质量产品。长三角产业结构呈现出互补的特点，上海以金融服务为主，IT产业发展迅速，江苏批发、零售业占优势，浙江纺织业、机械产业、石化和冶金产业发展较快，安徽以制造业为基础。各省市发挥自身要素禀赋优势共同推进长三角高新技术发展，避免过度竞争，加快了发展效率，使区域内资源配置效率不断提高。长三角不断优化地区内产业结构，致力于打造全新的长三角产业链。

2.1.3 高质量一体化发展必须坚持绿色发展

长三角区域一体化发展的同时，城市空气污染逐年加重，区域环境污染同质化现象日益明显。长三角高质量一体化的重大项目是解决跨区污染问题，实现江浙沪皖三省一市生态环境共同治理，推进碳排放权、排污权交易机制建设，完善环境保护制度。

2018年6月，上海市、浙江省、江苏省、安徽省相关环保部门签署《长三角地区环境保护领域实施信用联合奖惩合作备忘录》，包括促进长三角环境服务机构信息共享，公开环保企业严重失信名单并统一惩戒方案，建立跨区域的信用信息联合系统，将营造良好的长三角环境保护氛围。根据工业和信息化部发布的《中国工业绿色发展报告（2017）》，长三角单位增加值污染物排放水平显著低于全国水平，清洁生产水平较高，能源效率高于全国平均水平，同时也反映了区域内工业结构不断优化，长三角环境保护机制已经有初步成果。

2.1.4 高质量一体化发展是开放的发展

长三角是一个高度开放的区域，上海建立自由贸易区，以开放促进改革，成为全国改革开放的领先者。根据上海市统计局发布的数据，中国（上海）自由贸易试验区（简称上海自由贸易区）2017年企业数量较2016年增加50 000多家，外贸进出口总额较上年增长14.7%。随着自由贸易账户（free trade account，FTA）的推广、外商投资负面清单不断减少、与"一带一路"沿线国家积极合作，上海自由贸易区不断扩大开放，吸引外商直接投资金额占全上海的42%。浙江自由贸易区可以借鉴上海自由贸易区成功经验，打造大宗商品贸易中心。下一步上海自由贸易区可将改革成果推广到长三角其他自由贸易试验区，建设开放联动、可持续发展的信用长三角。

2.1.5 高质量一体化发展必须是共享的发展

长三角高质量一体化需要在信息、技术、医疗、教育、要素流动等多方面实现共享，已有一些初步实践。在医疗方面，长三角实现医疗信息资源共享机制，打造以互联网为基础的远程医疗、县乡医疗共建体系、城市优质医疗资源区域共享等四种模式的医联体，长三角其他省市也可以享受到上海发达的医疗资源，促进长三角"互联网+医联体"建设，推动医疗信息、资源共享。

2.2 长三角高质量一体化的效率体现

2.2.1 长三角高质量一体化的效率体现：区域层面

本文将全国分成长三角、东部、中部、西部、东北地区，分别计算2009～2018年各地区的人均GDP，具体信息如图1和图2所示。

图1 2009～2018年长三角三省一市人均GDP

数据来源：国家统计局

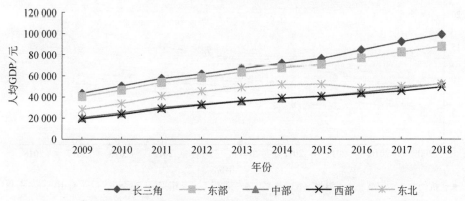

图2 2009～2018年中国长三角东部、中部、西部、东北地区人均GDP

数据来源：国家统计局

为科学比较，上海、浙江、江苏三省全员劳动生产率不计入东部地区，安徽省工业增加值和城镇单位就业人口计入长三角而不计入中部地区。

长三角人均 GDP 近十年不断上升，发展态势良好，具体来看上海最高，江苏次之，浙江第三，安徽最后。长三角人均 GDP 整体高于东部、中部、西部和东北，并且一直保持上升态势。

2.2.2 长三角高质量一体化的效率体现：城市层面

基于 2019 年的《长江三角洲区域一体化发展规划纲要》[19]，从数据的可得性出发，本文选取的长三角城市群包括江苏南京、无锡、常州、苏州、南通、盐城、扬州、镇江、泰州，浙江杭州、宁波、温州、绍兴、湖州、嘉兴、金华、舟山、台州，安徽滁州、池州、合肥、芜湖、马鞍山、铜陵、安庆、宣城 26 个城市，通过计算它们的全员劳动生产率来分析生产效率（图 3～图 5）。

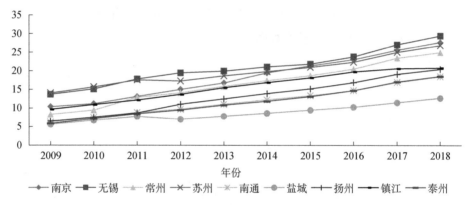

图 3　2009～2018 年江苏省 9 个地级市全员劳动生产率
数据来源：wind 数据库

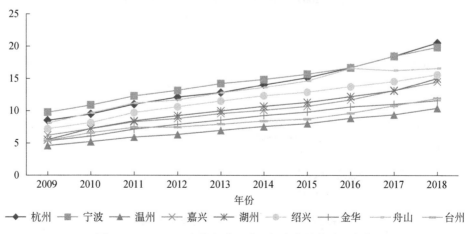

图 4　2009～2018 年浙江省 9 个地级市全员劳动生产率
数据来源：wind 数据库

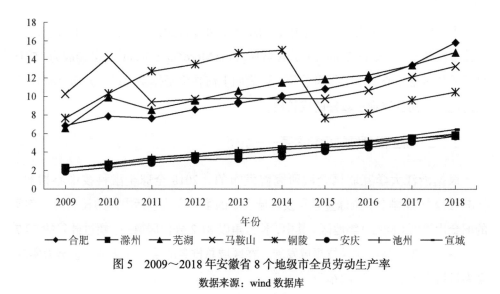

图 5　2009～2018 年安徽省 8 个地级市全员劳动生产率
数据来源：wind 数据库

江苏省和浙江省共 18 个城市全员劳动生产率在 2008～2017 年的 10 年间持续提高。江苏省全员劳动生产率位于三省领先水平，10 年来各城市全员劳动生产率增长近两倍；浙江省各城市全员劳动生产率翻一番；安徽省自加入长三角以来全员劳动生产率大幅提高，除铜陵和马鞍山明显波动外，大部分地级市生产效率明显提升，长三角辐射效应显著。

3　长三角金融合作现状

3.1　长三角金融发展成果

3.1.1　传统金融领域的龙头代表——上海

上海具有相对较好的金融生态环境，在上海国际金融中心建设过程中，上海在传统金融领域形成了明显优势，发挥了龙头作用。据 2019 年第 26 期全球金融中心指数①报告（GFCI 26）[20]，在 GFCI 24 评分和排名中，上海金融中心评分大幅上升 24 分，已经取代东京进入全球金融中心前五行列，与第四名新加坡的评分差距缩短为 3 分。在此后的 GFCI 25、GFCI 26 中，上海持续位居全球第五位，这

---

① 全球金融中心指数（global financial centers index，GFCI）是全球最具权威的国际金融中心地位衡量指数。

显示出国际社会对上海国际金融中心的总体认可度持续提升。此外，上海近几年连续多次位于"The 15 Centres Likely to Become More Significant"（可能成为 15 个最重要的金融中心城市）排名首位。这表明上海在金融体系建设等方面具有较明显的优势，而且体现了较好的成长性。

3.1.2 新金融领域的后起之秀——杭州

根据浙江大学互联网金融研究院发布的《2018 全球金融科技中心指数①（GFHI）》[21]总排名，全球金融科技区域发展的第一梯队包括中国的长三角、美国的旧金山湾区（硅谷）等地区。其中，长三角以 81.2 分位居第一，超过硅谷的 79.7 分。中国引领全球金融科技领域发展，在区域总排名的第一梯队中，正努力实现金融科技发展的"换道超车"。

近年来，杭州的电子商务、移动支付迅速发展，在金融科技等新金融领域形成了明显优势。全球顶级金融科技峰会 Money20/20 作为全球规模最大的金融科技创新大会，中国会址永久落户杭州。杭州还提出了打造全球金融科技中心的目标，这和上海打造国际金融中心的目标并不冲突，两者之间是协同合作的关系，而不是简单的竞争关系。

3.1.3 长三角区域金融百花齐放

在长三角其他城市中，形成了以区域性城市商业银行为主的金融服务格局。根据上市企业金融交易数据的分析，长三角区域金融流动网络密度不断增强，跨省金融流动增多，除上海金融中心作用明显，南京、杭州、宁波也成为金融流动网络中的重要空间节点[22]。

3.2 长三角亟待金融合作

尽管长三角地区在传统金融领域形成了上海的"龙头优势"、在新型金融领域出现了以杭州为代表的"后起之秀"，在服务地方经济的金融领域形成了"百花齐放"态势。但总的来看，目前长三角金融发展还有缺乏整体设计、碎片化等不足，长三角的协同效应还没有能够很好地得到发挥，资源配置没有达到最优化[23]。地

---

① 　全球金融科技中心指数（global fintech hub index，GFHI）是以金融科技产业、金融科技体验、金融科技生态等维度构建的指标体系。

区仍存在金融联系程度不均衡、行政体制和监管制度不完善等短板，制约长三角一体化的发展。

4 欧洲经济一体化与金融合作的国际经验

4.1 欧洲经济一体化

1951 年欧洲开始一体化进程，1991 年欧盟正式成立。为建立统一市场、促进商品贸易，欧盟在政策、技术、贸易等多方面采取一系列措施推动一体化进程。欧盟制定了严格的财政纪律，实行政策一体化。1991 年签订《欧洲联盟条约》（通称《马斯特里赫特条约》），该条约对成员国在财政状况、价格、利率等方面都有规定，要求成员国削减财政赤字、降低政府债务率，各项财政指标达到欧盟标准范围，以保持物价稳定。之后出台的《关于过度赤字程序议定书》《稳定与增长公约》针对各国财政赤字和债务建立总量约束，经过各国协商后，建立了惩罚机制，二者与《欧洲联盟条约》共同组成欧盟的财政纪律。在严格财政纪律下，各国内部进行政策协调，不断优化欧盟的发展。

欧盟执行统一的财政制度。欧盟征收各成员国的一部分财政收入，并且设立合作基金作为行政资金，之后欧盟统一进行财政调节，将此基金用于支持各国发展农业、扶持贫困地区、兴办教育等方面。同时，政策一体化推动新成员国政治经济制度改革，欧盟在吸纳成员国时将经济制度建设作为标准要求成员国进行改革，促使成员国的宏观经济达到欧盟平均水平。

欧盟经济一体化还包括内部商品自由流动，以实现贸易一体化。欧盟建立了关税同盟，取消成员国之间的所有关税，随后简化海关程序，实行统一的海关规则，这一举措大大减少成员国间商品流动的交易成本，打破原有的国家间的贸易壁垒，促进了成员国的贸易往来，加速商品流动，使成员国发挥各自比较优势，发掘出经济落后国家的潜力。

欧盟十分注重绿色发展。面对全球气候变暖的问题，欧盟率先实行低碳经济，以可持续发展理念为核心，积极调整能源结构，将传统能源转化为可再生的清洁能源。另外，欧盟还创立了碳排放交易体系，建立碳排放市场交易规则和低碳税制体制，积极探索绿色经济发展战略。

4.2 欧盟的金融合作

欧盟金融合作主要是共同货币和汇率合作。

欧洲货币联盟的建立以及欧元的推出极大推动了欧洲的金融合作。欧元启用后，代替了成员国本国货币，各国的货币政策由欧洲中央银行统一制定。这让各国保持较低的通货膨胀率，为欧洲经济一体化提供了良好的内部环境，使得欧洲地区打破地域货币限制，金融资产收益率以无套利定价为基础，消除了欧盟境内跨国投资的汇率风险，促进欧盟各成员国的价格稳定。欧元推广以来，以欧元计价的证券产品和投资活动不断涌现，欧盟发行了多种多样的债券、股票及证券组合。欧元的国际影响力也因此不断加大，国际地位不断提高。目前，欧盟地区跨境实时结算系统已经形成，欧元区成为仅次于美元区的第二货币区。

欧盟在汇率方面有三次正式合作。第一次汇率合作提出了"蛇行于洞"的汇率合作机制，规定欧洲货币兑美元汇率在一个很小的范围内波动，以促进成员国的市场发展。第二次建立了欧洲汇率机制，实施双重汇率干预机制，使成员国货币汇率保持稳定。第三次合作推出了第二汇率机制，该机制以欧元为中心，其他货币汇率在欧元汇率的波动范围内调整，鼓励各成员国与其他国家进行汇率合作。

欧盟一体化进程取得巨大成效，欧盟成为目前全世界区域一体化的成功典型。

4.3 欧盟金融合作取得的成效

欧元的推出加速了欧盟金融结构调整的进程。

由图 6 可知，2000～2007 年欧洲银行同业拆借利率在 0.5%～2%，这表明欧盟金融合作的推行使欧元区资金供给大于需求，市场流动性增强。2008年由于全球遭遇金融危机，欧洲银行同业拆借利率攀升，到 2014 年情况有所好转。

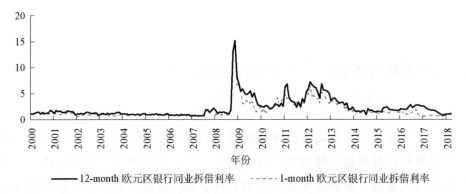

图 6　2000～2018 年欧元区银行同业拆借利率

数据来源：European Central Bank

　　将欧盟成员国意大利（图 7）和同为发达国家的非欧盟成员国澳大利亚（图 8）进行对比，发现意大利的银行同业拆借利率在 1999～2019 年明显呈下降趋势，从 6%降为-0.4%，而澳大利亚虽总体上也呈下降趋势但在同一时间段内银行同业拆借利率比意大利高，并且有阶段性上升趋势，利率在 2%～8%。总体来看，欧盟的成立使欧洲金融市场从各国独立分割到逐步变得统一，欧盟各国经济整体实力得到稳步提升。欧盟的一体化效果显著，为长三角在财政政策、科技共享、绿色发展、管理模式等方面提供参考依据。

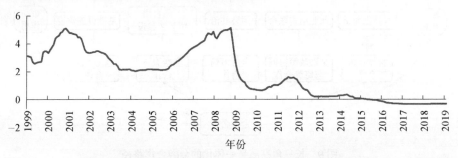

图 7　欧盟成员国意大利 1999～2019 年银行同业拆借利率

数据来源：Trading Economics

图 8　澳大利亚 1999～2019 年银行同业拆借利率

数据来源：Trading Economics

5 长三角高质量一体化的金融合作路径

长三角高质量一体化围绕区域创新、区域协调、绿色发展、开放发展、共享发展展开。高质量一体化以科技创新链、产业结构融合、污染共治、上海自由贸易区建设、基础设施建设等为支持手段。目前，金融合作包括科技金融合作、金融政策协调与监管合作、金融市场合作、金融服务合作、金融产品合作等。长三角高质量一体化带动金融合作的发展，而金融合作推动长三角高质量一体化进程。由此我们构建如图 9 所示的"长三角高质量一体化的金融合作路径"。

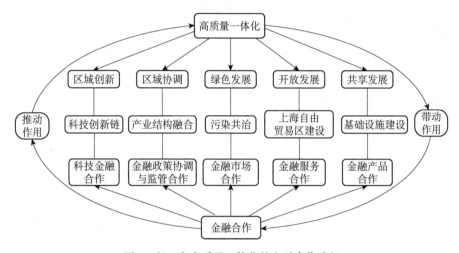

图 9 长三角高质量一体化的金融合作路径

5.1 科技金融合作

科技金融是提升长三角金融服务实体经济的内生动力。促进科技金融在长三角的均衡发展，需要打造标准化的科技金融服务体系，建立长三角科技金融服务平台。该平台可以为区域内科技企业创新发展提供金融支持，为创新科技金融理论体系和金融产品提供实践基地，更能促使长三角成为汇聚全球金融资源的重要枢纽。例如，2018 年 9 月 21 日，上海市浦东科技金融服务联合会在上海市浦东新区金融服务局、浙江清华长三角研究院、上海市浦东新区工商业联合会（总商会）的支持下，在上海市浦东新区科技金融服务中心成功举办"2018年长三角科技金融发展论坛——协同构建长三角一体化、专业化、国际化的科技金融综合服务体系"。会上，三省一市的专家分享了各自在科技金融领域的探索研究与实践经验，为各地科技金融发展建言献策。又如，2019年5月11日，2019长三角科技金融产业发展峰会暨第四届阿尔山金融科技论坛在苏州市相城区举行，约300名专家学者及业内人士，共同探讨科技金融创新、应用与趋势，推进长三角科技金融合作一体化发展。

5.2　金融政策协调与监管合作

金融政策协调方面，长三角可以加强金融政策协调力度，打破地域限制，形成涉及金融政策规划、社会保险、金融服务、金融资源共享等多维度的长三角通用体系。同时要注重政策实施效果，及时收集反馈信息，确保金融政策协调的可持续发展。

例如，2019年4月26日，中国人民银行上海总部牵头筹备建立了"金融服务长三角高质量一体化发展合作机制"，江苏、浙江、安徽和上海的中国人民银行分支行将更加紧密地进行区域金融合作，会议内容涉及货币信贷、征信、外汇管理、金融稳定、金融消费权益保护、金融统计、金融研究等多个领域，加强各地银行的合作和区域协调。2019年8月1日，中国银行与长三角区域合作办公室签署《推进长三角一体化建设合作协议》，与区域内24家企业分别签署《长三角一体化金融合作备忘录》。中国银行表示计划未来五年在长三角新增10 000亿元信贷资源，用于满足政府、企业、金融同业等机构和居民的多层次金融需求，推动长三角实现高质量一体化发展。

另外，长三角各地可以加强监管联手，探索研究金融跨区域体制创新。打破地区界限、统一金融产品标准，建立风险联防联控机制，有效防范和化解金融风险。推进金融纠纷多元化解决机制，加强长三角人才交流，完善人才激励保障政策。例如，2018年1月17日，由南京市金融办和南京市建邺区人民政府联合主办的"泛长三角区域金融合作与发展峰会"在南京成功举办。峰会以"防范化解金融风险，服务实体经济发展"为主题，会上泛长三角10个城市金融办负责人签署《泛长三角区域联盟城市防范化解区域金融风险合作备忘录》，在共同完善地方金融监管体制、加强地方金融监管合作等方面达成共识。

5.3 金融市场合作

长三角资金实力雄厚，企业众多，企业直接融资成本低、融资效率高，2017 年，长三角三省一市总融资规模超过 4.7 万亿元，占全国总融资规模的 18%。进一步推动长三角地区金融市场间的合作，可以提升金融服务能级，增强金融市场间的要素流动和资源共享。

例如，在碳交易市场方面开展合作。环境整治联防联控是《长三角地区一体化发展三年行动计划（2018—2020 年）》覆盖的一个重点领域，碳交易是其中的一个重要支撑手段。上海碳排放权交易市场于 2013 年 11 月正式启动，在碳金融领域进行了一些探索创新。根据中国碳排放交易网数据统计，截止到 2019 年上半年，共有近 700 家单位在上海碳排放权交易市场开户，市场参与度显著上升。现货市场上，二级市场所有品种累计成交量达 1.2 亿吨，累计成交额达 12.47 亿元。远期市场上，各协议累计成交量达 421.08 万吨，累计成交额达 1.51 亿元。上海碳排放权交易市场处在全国领先水平，在现货、远期、金融创新上平稳有序发展。

长三角可以建立以上海为中心的区域碳交易市场，深化上海碳交易市场建设，带动长三角绿色环保发展，大力发展碳金融，推出与碳有关的期权期货和抵押、碳回购、碳指数等衍生品。此外，可以建立绿色金融创新服务体系，设立绿色协同发展专项基金，促使资金投向绿色经济、绿色产业。建立政府间的工作协调机制，统一绿色金融相关的标准体系。加强上海绿色金融中心建设，推动长三角绿色金融合作区域一体化进程。

关于其他金融市场合作，以中国国际进口博览会为例来分析。2018 年 11 月 5 日，首届中国国际进口博览会在上海举办。据中国国际进口博览会统计，首届展会有 130 多个国家（地区）参展，逾 3000 家企业参与，提高了医疗器械、电子产品、食品服装、服务等产业出口量，促进了中国产业结构升级，发挥了上海的辐射作用。当前，长三角已启动"环沪护城河"行动，搭建"6 天+365 天"常年交易展示平台，推动会展商品通关便利，加强与品牌展会联动，打造长三角会商旅文体品牌项目，开展经贸对接活动，合作深化进口博览会数据挖掘，推动形成商机共同开发机制。

5.4　金融服务合作

长三角要加强自由贸易区之间相互借鉴和合作互补，为长三角争取到更多金融改革开放创新试点。注重区域重点金融改革的经验分享与跨区域推广应用[23]。FTA 是上海自由贸易区金融的重要内容。FTA 允许上海自由贸易区内机构、自然人和区内境外自然人在经常项目和直接投资项目的跨境资金结算，为各类机构与境外账户、境内区外机构账户，以及其他 FTA 之间的资金流转提供便利。浙江自由贸易区可以借鉴上海自由贸易区经验，推出 FTA，当监管机制和相应法律法规成熟时，可以将 FTA 在整个长三角进行推广，将 FTA 应用于长三角的各中小港口，带动长三角协同发展。上海传统金融与基础设施建设发展已经较为成熟，在未来，上海可以推出配套的航运金融创新服务和相应融资支持，以适应快速发展的需要。

上海可以通过全国金融专业法院平台，为长三角其他地区提供金融法律方面的专业指导，不断完善金融仲裁机制。支持上海证券交易所建设区域内服务基地，搭建企业上市服务咨询平台。推动长三角信用体系建设，提高信息采集覆盖面，扩大信用产品应用领域。

5.5　金融产品合作

长三角可加强金融产品与金融机构之间的合作，支持金融人才联合培养交流培训，促进金融要素在城市间自由流动优化配置，实现共同发展[24]。例如，积极发挥城市商业银行资金清算中心作用，进一步提升长三角城市商业银行之间清算效率。

长三角协同优势产业基金已签署投资意向协议，助力长三角打造世界级产业发展集群。此协议是以"母基金"为基础，下设三个子基金，选择有基础技术、应用场景及产业配套设施并且具有规模经济的产业进行投资，如物联网、人工智能、生物科技。利用"母基金"的杠杆作用，推动长三角完善产业链，发挥上海支撑作用和龙头优势，深化合作，帮助优质企业发展，加速长三角区域经济要素流动，实现金融资源利用的帕累托最优，形成优势产业集群。

长三角三省一市还签署了《组建长三角一体化发展投资基金合作框架协议》，

三省一市将联合相关金融机构，共同发起长三角一体化发展投资基金。基金重点投向跨区域重大基础设施、生态环境治理等领域，充分发挥基金对一体化发展的促进作用。

此外，三省一市还可以考虑联合发行长三角地方政府债券，用于长三角跨省的基础设施建设等项目；支持发起设立主要投资长三角一体化发展的股权投资基金。当前，长三角发行多只长三角联合债券指数，为长三角金融合作提供资金支持。2019 年 6 月 20 日，中债金融估值中心有限公司发布基期为 2016 年 5 月 31 日（基期指数为 100）5 只中债长三角系列债券指数。债券指数的发行一方面为长三角债券投资者提供了较好的信息数据参照，另一方面也增加了投资品种和范围，促进了长三角区域金融市场建设和产品创新。

长三角高质量一体化发展正在稳步推进，深化长三角金融合作与协同，提升服务实体经济水平，构建协同化服务体系，将有力助推长三角高质量一体化发展。与此同时，长三角金融合作对内可加强与京津冀、珠三角等城市群的协调联动，对外可增加与五大世界级城市群的合作交流，提升长三角的全球影响力和国际竞争力。

参考文献

［1］Demirguc-Kunt A，Maksimovic V. Stock market development and firm financing choices. World Bank Economic Review，1996，10：341-370.

［2］谈儒勇. 中国金融发展和经济增长关系的实证研究. 经济研究，1999（10）：53-61.

［3］韩廷春. 金融发展与经济增长：基于中国的实证分析. 经济科学，2001（3）：31-40.

［4］周立，王子明. 中国各地区金融发展与经济增长实证分析：1978—2000. 金融研究，2002（10）：1-13.

［5］戈德史密斯 R W. 金融结构与金融发展. 周朔，郝金城，肖远企，等译. 上海：上海三联书店，上海人民出版社，1994.

［6］胡坚，杨素兰. 国际金融中心评估指标体系的构建——兼及上海成为国际金融中心的可能性分析. 北京大学学报（哲学社会科学版），2003（5）：40-47.

［7］潘英丽. 制度变革：提高我国金融体系竞争力的关键. 华东师范大学学报（哲学社会科学版），2003（1）：5-9.

［8］周天芸，岳科研，张幸. 区域金融中心与区域经济增长的实证研究. 经济地理，2014，34（1）：114-120.

［9］Patrick H T. Financial development and economic growth in undeveloped countries.Economic Development and Cultural Change，1966，34：174-189.

［10］麦金农 R I. 经济发展中的货币与资本. 卢骢译. 上海：上海人民出版社，1997：154-168.

［11］Lucas R. On the mechanics of economic development. Journal of Monetary Economic Growth，1988，22（1）：3-42.

［12］毛秋蓉，李萍. 金融发展与经济增长关系的理论综述. 特区经济，2005（10）：351-352.

［13］王晋斌. 金融控制政策下的金融发展与经济增长. 经济研究，2007，42（10）：95-104.

［14］Baumol W J. Productivity growth，convergence，and welfare：what the long-run data show. Amercian Economic Review，1986，76（5）：1072-1085.

［15］Ben-David D. Equalizing exchange：trade liberalization and income convergence. The Quarterly Journal of Economics，1993，108（3）：653-679.

［16］Sachs J D，Warner A. Economic reform and the process of global integration. Brookings Papers on Economics Activity，1995，1：11-46.

［17］冯学钢. 欧盟一体化及其对中国"长三角"地区旅游业联动发展的启示. 世界经济研究，2004（4）：83-88.

［18］谢世清，向南. 从欧债危机的影响看欧元区的发展趋势. 宏观经济研究，2018（1）：156-163.

［19］中共中央，国务院. 长江三角洲区域一体化发展规划纲要. 北京：人民出版社，2019.

［20］Z/Yen，China Development Institute. The Global Financial Centres Index 26.London，2019：1-5.

［21］浙江大学互联网金融研究院. 2018 全球金融科技中心指数（GFHI）. 阿姆斯特丹，2018.

［22］季菲菲，陈雯，魏也华，等. 长三角一体化下的金融流动格局变动及驱动机理——基于上市企业金融交易数据的分析. 地理学报，2014，69（6）：823-837.

［23］徐明棋. 推进自贸区建设 构筑全面开放新格局. 上海证券报，2018-05-04，8 版.

High-quality Integration and Financial Cooperation in the Yangtze River Delta

Yin Yingkai，Wu Zhouyang

（School of Economics，Shanghai University，Shanghai 201800，China）

Abstract　The regional integration of the Yangtze river delta has been developing for a while，and the achievements have been widely recognized at home and abroad. In 2018，the government proposed a higher quality integrated development in the Yangtze river delta region. This paper attempts to interpret the connotation of higher quality integration in the Yangtze river delta，and observes the development efficiency of the Yangtze river delta in recent years. Secondly，we analyze the current development of financial cooperation and the impact on higher quality integration in the Yangtze river delta. Then we learn experience from the integration process of EU and get supporting ways to accelerate the integration process in the Yangtze river delta region. Finally, we put forward the functional relationship between financial cooperation and high-quality integration in the Yangtze river delta. Further, we drew a flow diagram of the development and put forward the financial cooperation path to promote high-quality integration in the Yangtze river delta region.

Keywords　higher quality integration in the Yangtze river delta region; financial cooperation; the European Union

近十年来创新街区的研究进展

——基于 CiteSpace 科学知识图谱的可视化分析

陈玉娇　邓智团

摘　要　创新街区是近年来在全世界范围内广泛兴起的一种新经济地理现象，也是"新常态"下我国城市建设的发展方向。本文利用 CiteSpace 分析工具，梳理了近十年（2008～2018 年）国内外创新街区研究的总体概况、区域分布特征、高共引文献、热点与趋势，并构建了创新街区领域的科学知识图谱。结果表明，创新街区研究近十年间发展态势良好；欧美发达国家相关研究较为成熟，中国也取得了明显成就；国际最新研究趋势是"城市发展"、"场所品质"和"智慧城市"等。

关键词　创新街区；CiteSpace；科学知识图谱；研究进展

1　引言

创新街区的兴起作为近年来在世界各地不断涌现的一种新经济地理现象，主要是指高科技企业和人才向各项基础设施完善的城市内部集聚的现象，这不同于以往以汽车通勤为主导、在偏远绿地大量开发郊区新城的"硅谷模式"，是在资源环境约束和环保主义盛行的后福特时代的新型产业发展模式。纽约的硅巷（Silicon Alley）、西雅图的南湖联盟（South Lake Union）、伦敦的硅环（Silicon Roundabout）、

作者简介：陈玉娇，1996 年生，女，重庆万州人，复旦大学社会发展与公共政策学院博士研究生；邓智团，1979 年生，男，四川达县人，经济学博士，上海社会科学院城市与人口发展研究所研究员，上海市曙光学者，研究方向为城市创新、城市更新与城市发展。

基金项目：本文是国家社会科学基金一般项目"创新街区的兴起动力、运行机制与推进路径研究"（18BJL088）、上海市"曙光计划"项目"有限理性、场所依赖与创新街区兴起的演化经济地理学研究"（17SG55）的阶段性成果。

新加坡的纬壹科学城（One-North）及巴塞罗那的 22@巴塞罗那（22@Barcelona）等都是创新街区的成功典范。从国内实践来看，以上海静安市北高新园区、北京中关村国家创新示范区、成都磨子桥创新创业街区、上海杨浦国家双创示范基地、杭州下沙高教园区等为代表的创新街区也已经建设多年。对于该概念较为权威的解释是 2014 年布鲁金斯学会（Brookings Institution）所提出的"那些汇聚领先的'锚机构'[①]、企业集群，以及初创企业、企业孵化器和加速器的地理区域。这些区域空间紧凑、交通便利、通信网络顺畅，并提供办公楼宇、商业公寓、居民住宅、零售中心等配套设施"[1]。新的现象需要新的解释，创新街区研究正是在各地城市建设实践不断兴盛的情况下发展而来的。作为一个新兴研究方向，其研究的总体概况和演进特征对于后来研究者具有至关重要的指导借鉴意义。本文从创新街区的"源头"——产业集群理论出发，引出创新街区概念[2,3]，并着重从近十年（2008～2018 年）间中外创新街区研究的总体概况、区域分布特征、高共引文献、热点与趋势等方面展开论述。科学知识图谱软件 CiteSpace 的应用，将更加直观地呈现出结果和重点，有助于对创新街区的研究形成深入了解。本文的研究方法，也有助于广大学者探索成熟学科或者新兴学科的最新发展趋势，进而把握研究的方向和重点。

2　数据来源和分析方法

事实上，创新街区概念源自经典的产业集群理论。历年来，随着学界研究方向的演变，研究重点逐步经历了从"industrial cluster""industrial district"到"innovation cluster""innovation district"的转变，究其本质，在于创新（innovation）要素对产业发展的重要性不断加强。

自 20 世纪末产业集群的概念开始回到主流经济学的研究范围以来，相关研究如雨后春笋般不断涌现，呈现出十分繁荣的发展局面[4]。但是，集群的概念一直没有得到统一，产业集群的界定更是愈加模糊，从起初的"industrial cluster""industrial district"到后来演变出的"innovation cluster""innovation network""innovation district"等，名称各不相同，含义也千差万别。通过 Google、Google Scholar、百度学术、中国知网（CNKI）和 Microsoft Academic 这五个文献搜索引擎进行搜索，得到的相关数据极多（表 1）。

表 1　不同搜索引擎搜索不同关键词得到的结果数量　　（单位：条）

关键词	Google*	Google Scholar**	百度学术**	CNKI**	Microsoft Academic**
industrial cluster	82 600 000	1 770 000	25 000	40 832	3 329
industrial district	830 000 000	1 610 000	23 600	11 245	3 070
innovation cluster	75 300 000	1 170 000	18 300	1 343	1 619
innovation network	800 000 000	1 820 000	49 200	3 350	13
innovation district	415 000 000	1 100 000	14 600	1 182	389
产业集群	17 300 000	85 800	57 000	37 506	81
创新集群	21 900 000	101 000	20 800	660	4
创新区	359 000 000	2 400	259 000	417	2
创新城区	59 500 000	35 300	10 400	404	3
创新街区	6 910 000	15 900	1 470	68	4

资料来源：作者搜集（截至 2018 年 12 月）

*表示全网搜索结果，**表示 1990～2018 年的文献

　　为了精准分析近十年间国内外有关创新街区研究的进展情况，进一步精确缩小文献研究范围，主要从 Web of Science（WoS）和 CNKI 上选取相关主题文献。首先，为了用数据证实创新街区与传统的产业集群概念之间的"源"与"流"关系，本文选取近十年（2008～2018 年）WoS 核心合集数据库中以"industrial district"或"industrial cluster"为主题的文献，共检索到文献 1429 篇。随后，对于国外有关创新街区的文献，本文选取近十年（2008～2018 年）WoS 核心合集数据库中以"innovation district"或"innovation cluster"为主题的文献，共检索到文献 105 篇。最后，由于创新街区的概念取自国外，并且翻译为中文时有"创新集群""创新区""创新城区""创新街区"等诸多表面不同但本质相同的名称[2]，故而，对于国内有关创新街区的文献，本文选取近十年（2008 - 2018 年）CNKI 上以"innovation district"或"innovation cluster"为关键词的文献，并在结果中仅筛选出了"核心期刊"和"CSSCI"两项，共检索到文献 124 篇。

　　对于检索出的文献，本文主要利用 CiteSpace 对相关结果进行科学知识图谱分析。2003 年，美国国家科学院首次提出科学知识图谱（mapping knowledge domains）概念，并在信息可视化技术背景下不断发展。科学知识图谱揭示了某一学科各知识单元之间的逻辑关系、内在结构与演化历程，并隐含潜在的新知识，是从主观判断转向客观计量的重大进步[5,6]。2005 年，美国德雷塞尔大学（Drexel University）信息科学与技术学院教授陈超美及其团队将科学知识图谱引入我国，

并创建了科学知识图谱可视化软件 CiteSpace，该软件迅速得到了学术界的广泛认可与运用[5-8]。本文结合聚类分析产生的结果，通过阅读相关文献的摘要筛选出重点文献，并进一步深入阅读，梳理出国内外近十年间创新街区研究的进展和前沿动态。

3 文献总体概况及演进特征

3.1 产业集群研究的总体概况

首先，本文对创新街区的"源"——产业集群进行了分析。近十年间，WoS上以"industrial district"或"industrial cluster"为主题的文献共 1429 篇。历年来文献数量在轻微波动中不断增加，由 2008 年的 90 篇增加至 2018 年的 191 篇，呈现出良好的增长态势。引文的作者所在国家/地区排名中，意大利以 232 篇文献、占比 16.2%位列第一；中国则以 228 篇文献、占比 16.0%位居第二；西班牙、美国和英国分别以 176、156、115 篇文献位列其后。可以看出，中国近年来对于产业集群的关注程度位居世界前列。

利用 CiteSpace 对以上文献进行分析发现，近十年有关产业集群的热点词汇中，排在首位的是"创新"（innovation），充分证实了世界各国在当下这个以知识和信息经济为主导的时代中，对于创新的重视程度达到了前所未有的高度。因此，本文进一步对直接以"创新"为主题的"创新街区"（innovation district、innovation cluster）研究进展进行探究具有十分深刻的现实意义。此外，除开主题词，其余排列在前位的热词主要有："网络"（network）、"知识"（knowledge）、"公司"（firm）、"表现"（performance）、"系统"（system）和"吸收能力"（absorptive capacity）。产业集群研究的相关文献主要刊登在《欧洲规划研究》（*European Planning Studies*）、《区域研究》（*Regional Studies*）、《创业与区域发展》（*Entrepreneurship and Regional Development*）和《经济地理学杂志》（*Journal of Economic Geography*）等期刊上（表 2）。以上都是具有显著国际影响力的有关城市与区域发展以及产业集群研究的重点期刊。期刊相关文献数量和综合影响因子显示出历年来各国学者对该主题的研究十分重视。

表 2　近十年来产业集群研究的主要期刊

序号	期刊名称	文献数量/篇	占比/%	综合影响因子（2018 年）
1	《欧洲规划研究》	76	5.32	1.863
2	《区域研究》	57	3.99	3.147
3	《创业与区域发展》	37	2.59	2.791
4	《经济地理学杂志》	29	2.03	3.453
5	《清洁生产杂志》	17	1.19	5.651
6	《政策研究》	17	1.19	4.661
7	《产业与创新》	14	0.98	1.338
8	《区域科学年鉴》	13	0.91	1.336
9	《工业史杂志》	13	0.91	0.254
10	《增长与变化》	12	0.84	1.193

资料来源：作者整理绘制

3.2　创新街区研究的总体概况

以产业集群为"源"，进一步探究作为"流"的新兴研究方向——创新街区。近十年间，国外有关创新街区研究的文献数量不断增加，从 2008 年的仅仅 3 篇，增加到 2017 年的 21 篇，2018 年数量稍有下降，但还是超过 2017 年以前的数量，为 18 篇。然而国内有关创新街区研究的文献数量则波动较大，2014 年为近年来数量最多的一年，为 20 篇（图 1）。总体而言，无论是 WoS 还是 CNKI，以"创新街区"为主题检索得到的文献，都要比以"产业集群"为主题检索得到的文献少一个数量级。出现这种巨大差异的可能原因，一方面是"创新街区"是一个新近发展起来的分支研究方向，"产业集群"则已有较长时间的发展；另一方面是国内外相当部分研究人员面对当下城市内部兴起的"创新街区"现象，研究依旧停留在"产业园区"、"高新技术园区"或"科学城"等传统概念上，缺少用新概念对新现象进行突破性审视的眼光。国内历年来创新街区研究的文献数量波动大、无规律的原因，在于"创新街区"的具体概念内涵尚未在学者之间达成统一，存在一定程度上的名词混用现象。

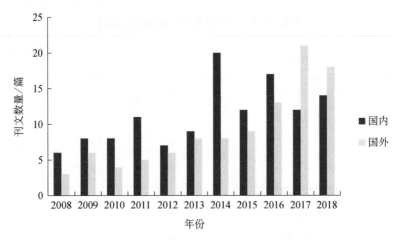

图 1 近十年来国内外创新街区论文刊文数量

资料来源：作者整理

对 WoS 上的百余篇文献进行分析，可以发现，有关创新街区的文章主要刊载在《竞争力评论》（*Competitiveness Review*）、《创新管理政策与实践》（*Innovation Management Policy & Practice*）、《技术管理研究》（*Research Technology Management*）、《技术预测与社会变革》（*Technological Forecasting and Social Change*）和《城市》（*Cities*）这五本期刊上。对 CNKI 的百余篇文献进行分析，可以发现，有关创新街区主题的文章主要刊载在《科技管理研究》《科技进步与对策》《科学学研究》《上海经济研究》和《科研管理》这五本期刊上（表 3）。以上都是国内外影响力较大的重点期刊，并且呈现出对与创新街区内部高科技产业相关的"技术"的重视。

表 3 近十年来国内外创新街区研究的主要期刊

	序号	期刊名称	文献数量/篇	占比*/%	综合影响因子（2018 年）
国外	1	《竞争力评论》	4	3.96	2.210
	2	《创新管理政策与实践》	3	2.97	0.915
	3	《技术管理研究》	3	2.97	1.796
	4	《技术预测与社会变革》	3	2.97	3.129
	5	《城市》	2	1.98	2.704
国内	1	《科技管理研究》	15	12.10	1.179
	2	《科技进步与对策》	8	6.45	1.825

	序号	期刊名称	文献数量/篇	占比*/%	综合影响因子（2018 年）
	3	《科学学研究》	5	4.03	3.855
国内	4	《上海经济研究》	4	3.23	1.994
	5	《科研管理》	4	3.23	3.586

资料来源：作者整理绘制

* 国外主要期刊文献来自 WoS，合计 101 篇；国内主要期刊来自 CNKI，合计 124 篇。分别计算国内与国外占比

3.3 创新街区研究的区域分布特征

区域分布特征可以直观显示出创新街区研究的热点地区（图 2）。对 WoS 上检索到的文献来源国进行分析，可以发现，美国明显是历年来研究创新街区最多的国家，由图 2 可见，与之相联系的加拿大和俄罗斯两国的研究数量紧随其后，但是来自加拿大的文献研究年份靠前，俄罗斯的研究则在近几年发展明显。紧接着是中国和澳大利亚，由图 2 可见，中国和澳大利亚的研究都相对独立，主要针对本国的创新街区进行实践和理论分析。此外，其他研究创新街区的文献的所属国大都位于欧洲，这与欧洲城市发展历史较为悠久，工业革命以来的城市更新脚步更加靠前不无关系。

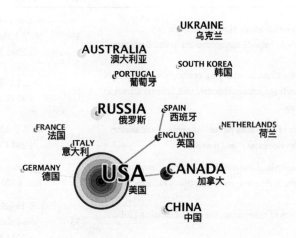

图 2 近十年来创新街区 WoS 上文献的主要来源国

资料来源：作者整理绘制

3.4　创新街区研究的高共引文献

将 WoS 上近十年间有关创新街区研究的检索文献按照被引次数排序，可以发现以下十篇最高被引论文（表 4）。Letaifa 和 Rabeau 研究了地理邻近性对于创新街区内部创新创业企业的促进作用[9]。Feldman 则认为，不同于传统上对于企业家精神的过分强调，事实上，创新街区内部的各种机构和人员的集聚，才是为区域带来就业、增长和繁荣的关键[10]。更多的文献则是结合本国科技创新企业对创新街区内部重点要素的探究——Li 等人基于中国 2005～2006 年 16 万家本土制造企业的数据信息，发现获取国外信息有助于产品创新，而创新街区则正好是获取国外信息的关键场所[11]；P. K. Ray 和 S. Ray 以印度的某远程信息处理发展中心为例，展示了在资源约束条件下，可持续的本土企业创新模式可以代替发达国家跨国企业主导的创新模式，而创新街区正好为本土创新提供了肥沃的土壤[12]；此外，还有以以色列、硅谷（美国）、法国、西班牙、安大略（加拿大）等国家或区域为主题对创新街区进行探讨的相关研究[13-16]。Lytras 和 Visvizi 认为创新街区有助于智慧城市的建设[17]。Moretti 和 Wilson 则研究了创新街区内部生物技术公司的发展具体会受到什么因素的激励[18]。

表 4　近十年排名前十的英文被引论文一览表

排序	题目	被引频次	作者（发表年）	核心内容
1	Too close to collaborate? How geographic proximity could Impede entrepreneurship and innovation	59	S. Ben Letaifa & Y. Rabeau（2013）	地理邻近性
2	Product innovations in emerging economies：the role of foreign knowledge access channels and internal efforts in Chinese firms	56	J. Li 等（2010）	产品创新
3	The character of innovative places：entrepreneurial strategy, economic development，and prosperity	55	M. P. Feldman（2014）	创新场所的特征
4	Resource-constrained innovation for emerging economies：the case of the Indian telecommunications industry	49	P. K. Ray & S. Ray（2010）	资源约束型创新
5	Global clusters of innovation：the case of Israel and Silicon Valley	35	J. S. Engel & I. del-Palacio（2011）	全球创新集群
6	Inter-organisational projects in French innovation clusters：the construction of collaboration	33	L. Calamel 等（2011）	机构间合作

续表

排序	题目	被引频次	作者（发表年）	核心内容
7	Innovation and industrial districts：a first approach to the measurement and determinants of the I-District effect	32	R. Boix & V. Galletto（2011）	创新产出
8	Applying an innovation cluster framework to a creative industry：the case of screen-based media in Ontario	27	C. H. Davis（2009）	概念框架
9	Who uses smart city services and what to make of it：toward interdisciplinary smart cities research	25	M. D. Lytras & A. Visvizi（2018）	智慧城市
10	State incentives for innovation，star scientists and jobs：evidence from biotech	24	E. Moretti & D. J. Wilson（2013）	政策激励

资料来源：作者整理绘制

国内有关创新街区主题共引频次最高的文献大都出版或发表于 2005 年之前（表5），而引用文献的主要研究内容也充分反映了国内学者在研究创新街区时的出发点——产业集群理论。20 世纪末期，美国商学院教授波特（Michael Porter）所著的《国家竞争优势》一书中正式提出了"集群"（cluster）的概念，并将其上升到了增强国家竞争力的高度，进而引发社会各界的广泛关注，也成为国内学者在研究"创新"和"集群"等主题时必定引用的重要文献之一[19]。国内研究集群的著名学者王缉慈教授所著的《创新的空间：企业集群与区域发展》和《超越集群：中国产业集群的理论探索》也是国内学者引用较多的文献[20,21]。然而《技术创新学》、《技术创新经济学》和《工业创新经济学》则均是以"技术创新"为出发点，探究其如何促进创新集群的经济发展，对于创新街区主题的研究具有深刻的借鉴指导意义[22-24]。Asheim 和 Isaksen 以挪威的三个工业产业集群为例，探讨企业如何利用本地资源和外部知识来增强集群的竞争力[25]。Etzkowitz 和 Leydesdorff 将创新体系升级为"大学-产业-政府"三螺旋模型，通过与其他模型进行比较彰显出该模型的优势[26]。事实上，国内的胡琳娜等人近年的研究将"大学-产业-政府"三螺旋模型应用在以肯德尔广场为代表的创新街区实践上，探究了三者之间如何交互作用并促进创新街区的繁荣兴盛[27]。Baptista 和 Swann 对1975~1982 年248 家制造企业的创新记录进行了分析，探究位于集群内部的企业是否比集群外的企业更具创新能力[28]。总体而言，国内学者在引用时选取的文献年份较为久远，优势在于经典理论能够在经历时间检验的基础上更加深刻地指导当下现实。当然，相关研究的最新动态也是学者们需要重点关注的。

表5　国内排名前十的最高共引文献

排序	题目	被引频次	作者（发表年）	类型	所属机构
1	国家竞争优势	14 846	迈克尔·波特（2002）	专著	哈佛大学
2	技术创新学	7 325	傅家骥（1998）	专著	清华大学
3	创新的空间：企业集群与区域发展	4 584	王缉慈等（2001）	专著	北京大学
4	技术创新经济学	1 716	柳卸林（1993）	专著	清华大学
5	工业创新经济学	824	克利斯·弗里曼，罗克·苏特（2004）	专著	萨塞克斯大学
6	Regional Innovation Systems：The Integration of Local 'Sticky' and Global 'Ubiquitous' Knowledge	773	B. T. Asheim，A. Isaksen（2002）	论文	奥斯陆大学
7	The dynamics of innovation：from National Systems and "Mode 2" to a Triple Helix of university–industry–government relations	665	H. Etzkowitz, L. Leydesdorff（2000）	论文	纽约州立大学
8	Do firms in clusters innovate more?	580	R. Baptista，P. Swann（1998）	论文	卡内基梅隆大学
9	创造知识的企业	536	野中郁次郎，竹内弘高（2006）	专著	一桥大学
10	超越集群：中国产业集群的理论探索	452	王缉慈等（2010）	专著	北京大学

资料来源：作者整理绘制

3.5　创新街区研究的热点与趋势

用 CiteSpace 对 WoS 上导出的 101 篇有关创新街区的文献进行可视化分析可以发现（图3），除开"创新"（innovation）、"集群"（cluster）和"街区"（district）之外，近十年来国外创新街区研究的主要热词为"公司"（firm）、"网络"（network）、"城市"（city）、"系统"（system）、"知识"（knowledge）、"科技"（technology）、"动态"（dynamics）、"政策"（policy）和"表现"（performance）等。最近两年，创新街区的研究趋势主要向"城市发展"（urban development）、"场所品质"（place quality）和"智慧城市"（smart city）等主题发展，在一定程度上不失为知识经济时代下对于新城市主义的呼应。

用 CiteSpace 对 CNKI 上导出的 124 篇有关创新街区的文献进行可视化分析可以发现（图4），近十年来国内创新街区研究的主要热点主题词为"创新集群""创新区""创新城区""产业集群"和"创新集聚"。根据时间线，可以发现，以"创新集群"为主题的分散研究历时最长、数量最多；以"创新区"为主题的研究数量也较多，

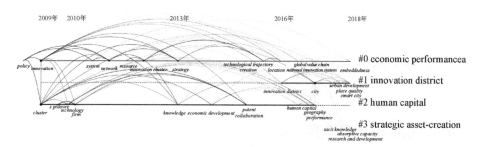

图 3　近十年来创新街区研究的关键词共现分布（国外）
资料来源：作者整理绘制

并且不断有新的研究产生；"创新城区"的概念则是近三年间开始兴起的，主要是以
2015 年李健和屠启宇的《创新时代的新经济空间：美国大都市区创新城区的崛起》
一文为源起[29]。但事实上，"创新街区"更加符合"innovation district"的内涵，国内
的相关研究者主要为邓智团③，其文章《创新街区研究：概念内涵、内生动力与建设
路径》和著作《卓越城市 创新街区》对相关概念进行了详细分析[2-3]。"创新街区"
作为一个新兴研究方向，将其与中国各大城市的具体实践案例结合进行深入的理论
分析，将会成为今后的发展趋势。

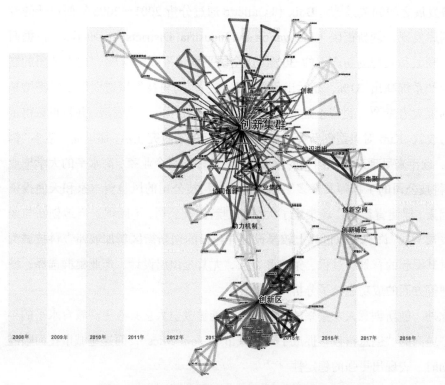

图 4　近十年来创新街区研究的关键词共现分布（国内）
资料来源：作者整理绘制

4 创新街区的主要观点

4.1 创新街区与经济发展

经济发展是城市和国家发展的最重要目标之一，创新街区作为集聚尖端科技、高等学府、充足高素质劳动力等诸多有利因素的区域，无疑对地区经济发展具有重要的促进作用。22@巴塞罗那创新街区，作为世界上第一个建设成功的创新街区，对它的研究历年来层出不穷。Leon 考察了巴塞罗那如何由一个破旧的老工业区升级成为国际创新中心，肯定了城市间的竞争是致力于吸引企业、FDI、高技能知识员工，以发展其社会资本和创新能力[30]。Battaglia 和 Tremblay 采用电话或面谈的方式对 13 位当地专家和政府代表进行采访，并详细分析有关文献资料，对巴塞罗那和蒙特利尔的创新街区进行对比研究，考察了在集群发展过程中城市复兴与经济发展之间的关系[31]。Boix 和 Galletto 通过分析 2001～2006 年西班牙的专利数据库发现，创新街区（Innovation and Industrial Districts，I-District）占据西班牙专利数和人均创新产出的 30%，比全国平均水平高出 47%，比大公司的制造业生产系统高出 31%，显示出创新街区在引领高科技发展进而带动经济增长方面的强大力量[32]。世界上还有许多创新街区也在不断建设发展，并且也取得了相当的成就。Kim 对典型创新街区剑桥肯德尔广场的研究显示，那里拥有诸多"锚机构"，近年来呈现出欣欣向荣的发展态势，诸多同行企业家、高水平的大学毕业生、高科技公司的工程师及众多愿意资助新兴科技公司的风险资本家和天使投资者等因素，促使肯德尔广场集聚了大量的创新创业公司，不断促进当地创新与经济的发展[33]。许超等以世界上较早设计并建设的创新街区新加坡纬壹科技城为例，对其崛起的背景、过程、策略和特点，尤其是顶层设计、产业集群选择、城市规划等方面的成功进行了分析[34]。

此外，创新创意人才集聚的创新街区，能够吸引大量具有更高教育水平的年轻人，更高的"创意指数"促成了"酷城市"（cool cities），而这些城市在面临经济波动时，表现出更强的稳定性[35-37]。

4.2　创新街区与社会融合

社会融合(social integration)已然成为当下社会各界广泛关注的一个课题。然而,知识经济被学者批评,认为其导致城市发展的"绅士化"(gentrification),以及经济、社会和种族两极分化[38-41]。创新街区的建设也被批评为缺乏民主、是仅有利于中上层阶级的城市发展政策[42-44]。但是,许多文献夸大了创新街区对于城市发展的负面影响,却并未提出更具包容性的政策建议。事实上,创新街区的建设,既有可能导致绅士化,也可以通过更加合理的政策方针,促进社会的融合。

Morisson 和 Bevilacqua 通过考察查塔努加(Chattanooga,美国田纳西州东南部城市)于 2015 年提出的创新街区项目,发现政府努力从社会经济、城市和住房三个层面做出举措,以避免城市发展的绅士化[45]。Tylor 对南波士顿海滨的创新街区进行考察分析,肯定了其对于本地经济的促进,但是同时也提出了当地面临严重的地租快速上升并且挤出许多企业的问题[46]。Tylor 提出的解决方案是通过分析创新街区的中心区域(波士顿大街)与周边区域的经济联系,进而构建巨大的创新网络,促使网络间高效联通[46]。Griffith 则通过对大量有关文献进行分析,研究了巴塞罗那是如何在不造成社会隔离的情况下成功建设创新街区和可持续的社会住房的经验,以期对美国各大城市更新提出政策建议。Griffith 发现,巴塞罗那主要从政府立法确保公民无论收入水平和种族都有权获得体面和舒适住房的权力,以及承诺防止城市的社会排斥并签署相关法律两个方面建设可持续的社会住房[47]。Pancholi 等在研究悉尼麦考瑞公园创新街区时发现,社会融合是创新街区建设中场所营造(place making)时战略制定的核心目标;而政治和经济进程的透明度,物质和社会文化领域的连通性,以及利益攸关方之间的协调三个方面,对于通过社会融合进行场所营造至关重要[48]。值得一提的是,雅各布斯作为城市多样性的忠实拥护者,提出的混合功能、短街道、建筑混合、高密度四项标准[49],完美契合当下的创新街区模式,她提出城市多样性是激发地方活力的关键因素,将其推广到创新街区无疑具有重大意义。

4.3　创新街区与场所营造

创新街区有助于促进社会融合，而场所营造则是创新街区成功建设的关键举措。Pancholi 所在的团队，也就是昆士兰理工大学土木工程与建筑环境学院，对于创新街区中的场所营造课题有着深入而广泛的研究，在教授 Yigitcanlar 的带领下，团队成员历年来在既有分析框架和考核表的基础上，对其不断完善，并且结合澳大利亚各创新街区和全世界范围内的其他各大创新街区，进行单个案例分析或者多个案例比较分析，系统完备地研究了为建设成功的创新街区需要营造的场所要素[48,50-54]。

Niusha Esmaeilpoorarabi 近年来的研究[51-54]认为，当下以知识为基础的城市发展（knowledge-based urban development）使得地方经济取得成功的关键因素不再仅限于吸引并发展众多产业集群，知识产业和工作者才是经济发展最重要的本质驱动力量。从而，培养、吸引并留住知识产业及人才的"地方品质"（place quality）成为影响创新街区发展的决定性因素。Esmaeilpoorarabi[53]通过分析澳大利亚布里斯班的三个具体案例④，首先确定了地方品质对于创新街区的影响，然后考察了创新街区的基本特征。她还在研究中提出了一个考察创新街区"地方品质"的概念框架模型，为后续的创新街区"地方品质"考察起到了奠定基础的作用；并且采用了访谈、实地考察、建立考核表等定性和定量相结合的方法，对创新街区及其地方品质进行了深入考察。同年，Esmaeilpoorarabi[54]在既有研究基础上，进一步考察了全球范围内的四个创新街区典范⑤，揭示了在规划、设计和管理创新集群时需要考虑的"地方品质"因素。

4.4　创新街区与智慧城市建设

创新街区建设的最终目的是促进城市和区域的繁荣，在后福特时代，科技创新的力量越来越强大，信息和通信技术（ICT）正在改变城市组织决策和城市增长的方式。智慧城市项目目前也已经在全世界的许多国家展开，其战略规划是在经济、环境、交通和治理等若干领域使用 ICT，以改造城市基础设施和服务。而创新街区，作为城市中的关键组成部分，对智慧城市的建设具有决定性作用。Cosgrave 等认为，通过在城市构建生活实验室（living labs）和创新街区，二者将协同作用，共同促进智慧城市的建设[55]。Bakici 等则以典例创新街区 22@巴塞罗那作为研究对象，分析其在智慧城市建设方面的政策规划、既有文献与建设现状等；案例研究分析结果表明，巴塞罗那一直在通过建设创新街区等方式，有效实施智慧城市战略，并且致力于成为世界典范[56]。Almirall 等的研究认为，智慧城市建设的关键在于探索新的治理模式、促进增长和复兴、共享经济三个方面，而创新街区则是达成以上目标进而成功建设智慧城市的关键举措[57]。三螺旋理论的创始人之一 Leydesdorff 将该理论引入智慧城市的研究范畴，试图探究智慧城市的动力机制，其研究结果表明，城市可以看作"大学-产业-政府"发生交互作用的介质，而当下兴盛的 ICT 技术进一步促进了交互强度增加[58]。

5 结论与研究展望

本文的分析表明，创新街区研究作为衍生于产业集群理论的一个新兴研究方向，近年来的发展态势良好，相关学者结合本国或本区域的具体实践，进行了定量或定性分析，从各个方面探究了创新街区建设的意义和重点。

和多数学科一样，国际上对创新街区研究较为前沿的是发达的欧美国家。美国作为单个国家的相关研究数量最多；欧洲各国也对该主题纷纷展开了相关研究，总体上数量也十分庞大；中国近年来的相关研究也在不断展开，在国际上占有一席之地。

目前，欧美国家对于创新街区研究的步伐较快，研究热点主要集中在"城市发展"、"场所品质"和"智慧城市"等主题；而国内的相关研究基本上还停留在旧有的"产业集群"视角上，呈现出国内理论明显落后于城市建设实践的现状。事实上，国内以成都磨子桥创新创业街区、上海杨浦国家双创示范基地、杭州下沙高教园区等为代表的创新街区已经展开了多年的建设[59]，他们都是不同于传统的高新技术园区的新型发展模式。但是，国内对"创新街区"新概念的引入和分析尚且处于起步阶段，现有研究也大都停留在定性的理论分析层面。结合具体案例，采用定量化的计量分析方法，从经济学的视角对诸多创新街区内部的重要因素进行剖析，是今后可以深入拓展的方向。

注释：

① "锚机构"（anchor institutions）是指一些大型的非营利性机构，主要包括大学、非营利性医院、图书馆等，一旦建成便很少迁移，对当地经济、就业具有重大影响。

② 本文对"innovation district"的译介选取邓智团研究员于 2017 年提出的"创新街区"概念，详见文

章《创新街区研究：概念内涵、内生动力与建设路径》和专著《卓越城市 创新街区》[2, 3]。

③ 邓智团研究员在 2018 年 3 月 29 日于杭州"新一轮城市总体规划系列论坛"第二场——产业创新发展专场中做了"城市发展新逻辑与创新街区建设"的报告，将"innovation districts"译介为"创新街区"，得到了杭州市规划局的赞同[60]。同时，创新街区这一翻译也得到了我国著名的产业集群专家王缉慈教授的认可，认为创新街区相比其他几个概念更能准确揭示创新创业企业在城市中集聚这一特定现象，也比较适合我国城市发展实际，而且在语义上也无较大歧义，更便于研究和沟通交流。

④ 凯文格罗夫城市村（Kelvin Grove Urban Village，KGUV），迪亚曼蒂纳知识区（Diamantina Knowledge Precinct，DKP），布里斯班科技园（Brisbane Technology Park，BTP）。

⑤ 新加坡纬壹科学城（One-North），赫尔辛基阿拉比阿海滨（Arabianranta），纽约曼哈顿桥下（Down Under the Manhattan Bridge Overpass，DUMBO），悉尼麦考瑞公园（Macquarie Park Innovation District，MPID）。

参考文献

[1] Katz B，Wagner J. The Rise of Innovation Districts：A New Geography of Innovation in America. Brookings Institution，2014：1-34.

[2] 邓智团. 创新街区研究：概念内涵、内生动力与建设路径. 城市发展研究，2017，24（8）：42-48.

[3] 邓智团. 卓越城市 创新街区. 上海：上海社会科学院出版社，2018.

[4] 徐康宁. 当代西方产业集群理论的兴起、发展和启示. 经济学动态，2003（3）：70-74.

[5] 李琬，孙斌栋. 西方经济地理学的知识结构与研究热点——基于 CiteSpace 的图谱量化研究. 经济地理，2014，34（4）：7-12，45.

[6] 陈悦，陈超美，刘则渊，等.CiteSpace 知识图谱的方法论功能. 科学学研究，2015，33（2）：242-253.

[7] 朱轶佳，李慧，王伟. 城市更新研究的演进特征与趋势. 城市问题，2015（9）：30-35.

[8] 廖开怀，蔡云楠. 近十年来国外城市更新研究进展. 城市发展研究，2017，24（10）：27-34.

[9] Letaifa S B，Rabeau Y. Too close to collaborate? How geographic proximity could impede entrepreneurship and innovation. Journal of Business Research，2013，66（10）：2071-2078.

[10] Feldman M P. The character of innovative places：entrepreneurial strategy，economic development，and prosperity. Small Business Economics，2014，43（9）：9-20.

[11] Li J，Chen D，Daniel S. Product innovations in emerging economies：the role of foreign knowledge access channels and internal efforts in Chinese firms. Management and Organization Review，2010，6（2）：243-266.

[12] Ray P K，Ray S. Resource-constrained innovation for emerging economies：the case of the Indian telecommunications industry. IEEE Transactions on Engineering Management，2010，57（1）：144-156.

[13] Engel J S, del-Palacio I. Global clusters of innovation: the case of Israel and Silicon Valley. California Management Review, 2011, 53 (2): 27.

[14] Calamel L, Defélix C, Picq T. Inter-organisational projects in French innovation clusters: the construction of collaboration. International Journal of Project Management, 2012, 30 (1): 48-59.

[15] Boix R, Galletto V. Innovation and industrial districts: a first approach to the measurement and determinants of the I-District effect. Regional Studies, 2009, 43 (9): 1117-1133.

[16] Davis C H, Creutzberg T, Arthurs D. Applying an innovation cluster framework to a creative industry: the case of screen-based media in Ontario. Innovation-Management Policy & Practice, 2009, 11 (2): 201-214.

[17] Lytras M D, Visvizi A. Who uses smart city services and what to make of it: toward interdisciplinary smart cities research. Sustainability, 2018, 10 (6): 1998.

[18] Moretti E, Wilson D J. State incentives for innovation, star scientists and jobs: evidence from biotech. Journal of Urban Economics, 2014, 79: 20-38.

[19] 迈克尔·波特. 国家竞争优势. 李明轩, 邱如美译. 北京: 华夏出版社, 2002.

[20] 王缉慈, 等. 创新的空间: 企业集群与区域发展. 北京: 北京大学出版社, 2001.

[21] 王缉慈, 等. 超越集群: 中国产业集群的理论探索. 北京: 科学出版社, 2010.

[22] 傅家骥. 技术创新学. 北京: 清华大学出版社, 1998.

[23] 柳卸林. 技术创新经济学. 北京: 中国经济出版社, 1993.

[24] 克利斯·弗里曼, 罗克·苏特. 工业创新经济学. 华宏勋, 华宏慈, 等译. 北京: 北京大学出版社, 2004.

[25] Asheim B T, Isaksen A. Regional innovation systems: the integration of local 'sticky' and global 'ubiquitous' knowledge. The Journal of Technology Transfer, 2001, 27 (1): 77-86.

[26] Etzkowitz H, Leydesdorff L. The dynamics of innovation: from national systems and "Mode 2" to a triple helix of university–industry–government relations. Research Policy, 2000, 29(2): 109-123.

[27] 胡琳娜, 张所地, 陈劲. 锚定+创新街区的创新集聚模式研究. 科学学研究, 2016, 34 (12): 1886-1896.

[28] Baptista R, Swann P. Do firms in clusters innovate more? Research Policy, 1998, 27 (5): 525-540.

[29] 李健, 屠启宇. 创新时代的新经济空间: 美国大都市区创新城区的崛起. 城市发展研究, 2015, 22 (10): 85-91.

[30] Leon N. Attract and connect: the 22@Barcelona innovation district and the internationalisation of Barcelona business. Innovation, 2008 (10): 235-246.

[31] Battaglia A, Tremblay D G. 22@ Barcelona and the innovation district in Barcelona and Montreal: a process of clustering development between urban regeneration and economic competitiveness. Urban Studies Research, 2011.

［32］Boix R，Galletto V. Innovation and industrial districts：a first approach to the measurement and determinants of the I-District effect. Regional Studies，2009（43）：1117-1133.

［33］Kim M. Spatial qualities of innovation districts：how third places are changing the innovation ecosystem of Kendall Square. Massachusetts Institute of Technology，2015.

［34］许超，郑璇，张琼琼. "创新街区" 国际案例分析——新加坡纬壹科技城的经验与启示. 山西科技，2018，33（04）：6-10.

［35］理查德·佛罗里达. 创意阶层的崛起. 司徒爱勤译. 北京：中信出版社，2010.

［36］理查德·佛罗里达. 重启：后危机时代如何再现繁荣. 龙志勇，魏薇译. 杭州：浙江人民出版社，2014.

［37］Walker R A. Pictures of a Gone City：Tech and the Dark Side of Prosperity in the San Francisco Bay Area. California：PM Press，2018.

［38］Edlund L，Machado C，Sviatschi M M. Gentrification and the rising returns to skill. National Bureau of Economic Research，2015.

［39］Florida R. The New Urban Crisis：Gentrification，Housing Bubbles，Growing Inequality，and What We Can Do About It. New York：Simon and Schuster Inc，2017.

［40］Glaeser E L，Gottlieb J D. 2009. The wealth of cities：agglomeration economies and spatial equilibrium in the United States. Journal of Economic Literature，47（4）：983-1028.

［41］Stehlin J. The post-industrial "shop floor"：emerging forms of gentrification in San Francisco's innovation economy. Antipode，2016，48（2）：474-493.

［42］Moulaert F. Globalization and Integrated Area Development in European Cities. Oxford：Oxford University Press，2000.

［43］Shin H，Stevens Q. How culture and economy meet in South Korea：the politics of cultural economy in culture-led urban regeneration. International Journal of Urban and Regional Research，2013，37（5）：1707-1723.

［44］Swyngedouw E，Moulaert F，Rodriguez A. Neoliberal urbanization in Europe：large-scale urban development projects and the new urban policy. Antipode，2002，34（3）：542-577.

［45］Morisson A，Bevilacqua C. Balancing gentrification in the knowledge economy：the case of Chattanooga's innovation district. Urban Research & Practice，2018.

［46］Taylor J. Boston Main Streets 2.0：spreading Boston's innovation economy from the innovation district to the neighborhoods. Tufts University，2014.

［47］Griffith，J C. Barcelona，Spain as a model for the creation of innovation districts and sustainable social housing without Spatial segregation. https：//ssrn.com/abstract=2739961［2015-04-05］.

［48］Pancholi S，T. Yigitcanlar T，Guaralda M. Societal integration that matters：place making experience of Macquarie Park Innovation District，Sydney. City，Culture and Society，2017（13）：13-21.

［49］简·雅各布斯. 美国大城市的死与生. 金衡山译. 南京：译林出版社，2005.

［50］Yigitcanlar T. Introduction：knowledge-based development of cities and urban innovation precincts//

Ali A. Knowledge-based urban development in the Middle East. IGI Global，2018.

［51］Esmaeilpoorarabi N，Yigitcanlar T，Guaralda M，et al. Evaluating place quality in innovation districts：a Delphic hierarchy process approach. Land use policy，2018，76：471-486.

［52］Esmaeilpoorarabi N，Yigitcanlar T，Guaralda M，et al. Does place quality matter for innovation districts? Determining the essential place characteristics from Brisbane's knowledge precincts. Land Use Policy，2018，79：734-747.

［53］Esmaeilpoorarabi N，Yigitcanlar T，Kamruzzaman M，et al. How can an enhanced community engagement with innovation districts be established? Evidence from Sydney，Melbourne and Brisbane. Cities，2020，96：102430.

［54］Esmaeilpoorarabi N，Yigitcanlar T，Guaralda M. Place quality in innovation clusters：an empirical analysis of global best practices from Singapore，Helsinki，New York，and Sydney. Cities，2018，74：156-168.

［55］Cosgrave E，Arbuthnot K，Tryfonas T. Living labs，innovation districts and information marketplaces：a systems approach for smart cities. Procedia Computer Science，2013（16）：668-677.

［56］Bakici T，Almirall E，Wareham J. A smart city initiative：the case of Barcelona. Journal of the Knowledge Economy，2013（4）：135-148.

［57］Almirall E，Wareham J，Ratti C，et al. Smart cities at the crossroads：new tensions in city transformation. California Management Review，2016（59-1）：141-152.

［58］Leydesdorff L，Deakin M. The triple-helix model of smart cities：a neo-evolutionary perspective. Journal of Urban Technology，2011，18（2）：53-63.

［59］张省，曾庆珑. 创新街区：内涵界定与模式构建. 科技进步与对策，2017，34（22）：8-12.

［60］程鹏宇，王静雯，尹贵，等. 新一轮杭州城市总规进入战略研究阶段. 杭州日报，2018-03-30，A11 版.

A Review of Domestic and Foreign Innovation District Studies During the Last Decade
—Visualization Analysis Based on the CiteSpace Software

Chen Yujiao[1]，Deng Zhituan[2]

（1. School of Social Development and Public Policy，Fudan University，Shanghai 200433，China；2. Shanghai Academy of Social Science，Shanghai 200020，China）

Abstract　The innovation district is a phenomenon of new economic geography that has been widely developed all over the world in recent years，as well as a new hotspot of urban construction in the "new normal" era of China. The CiteSpace software is used to sort out papers with theme of innovation districts from 2008 to 2018, covering multiple aspects such as their general overviews, hotspot areas, important authors, citations, hot issues, and front trends, which constructs a scientific knowledge map of the innovation district. The results show that the development of innovation district in the past ten years is relatively good; the world's research areas are mainly concentrated in western developed countries, and China has also achieved remarkable achievements; the latest international trends of innovation district research are "urban development", "place quality" and "smart city", etc.

Keywords　innovation district; CiteSpace; mapping knowledge domains; research advances

文化多样性对中国城市创业活动的影响研究

孙斌栋　朱　盼　李　琬

摘　要　利用 2000 年中国人口的内部迁移数据和 2008 年新创私营企业的数据，本文探究了以人口来源地度量的文化多样性对中国城市创业活动的影响，提供了一个处于高速城镇化阶段的发展中国家的、有关多样性经济红利的证据。研究发现，在中国，文化多样性水平越高的城市，新创私营企业活动越活跃。为了处理文化多样性潜在的内生性问题，本文采用两步 GMM 工具变量回归，结果与 OLS 估计一致。考虑到不同性质创业活动可能存在的特性，本文做了异质性分析，发现文化多样性对制造业领域的创业和新创小企业的促进作用更加突出。

关键词　文化多样性；企业家精神；新创企业；人口迁移；工具变量

1 引言

大量的研究已经证实了企业家精神对促进经济增长和增加就业的重要作用[1-3]。从集聚经济视角探讨 MAR 产业专业化（industrial specialization）和 Jacobs 产业多样化（industrial diversity）对企业家精神的影响是城市经济学的一个重要议题。Glaeser 和 Kerr[4] 以一年新建企业的数量作为企业家精神的代理变量，发现在美国的制造业中，马歇尔外部经济带来的靠近客户和供应商的优势、共享劳动

作者简介：孙斌栋，1970 年生，男，华东师范大学中国行政区划研究中心、中国现代城市研究中心、城市与区域科学学院，教授，博士生导师，研究方向为城市地理与区域经济。朱盼，1993 年生，重庆奉节人，硕士，上海同济城市规划设计研究院有限公司，规划师。李琬，1990 年生，河南周口人，博士，华东师范大学城市与区域科学学院。

基金项目：国家社会科学基金重大项目（17ZDA068）。

力市场优势和技术溢出优势，大大促进了制造业企业的创立；但产业多样化却没有明显的正向效应。新近崛起的演化经济地理学派则进一步拓展了集聚经济的内部结构，认为认知距离太远或太近均不利于企业间的交互式学习和创新[5]。因此，知识溢出更容易发生在技术相关的产业间[6]。新产业总是产生在技术相关的产业中[7]，知识溢出的机制之一就是创业企业的衍生，成功的创业企业总是由同一地区相关产业的企业家创立[8]。Guo 等[9]发现相关产业的多样性是促进中国新创私营工业企业创业的关键因素，而非相关产业的多样性更容易带来对诸如基础设施的竞争。

但是基于企业或产业多样性的研究忽略了人作为创业主体的异质性及人所承载文化的多样性对于创业与经济增长的重要作用。Jacobs[10]所提倡的城市多样性并不仅是指企业或产业，Audretsch 等[11]甚至认为 Jacobs 多样性的本质是居住和工作于本地区的人，而不是企业。文化多样性对创业活动的影响仍未得到一致结论。大部分研究认为作为反映城市社会和文化环境的重要变量，人的多样性具有重要的经济意义。多样性可能意味着先验知识的多样化、教育背景和技能的互补、新想法与理念的差异化，能产生多样化的需求和尚未被挖掘的市场机会。而且，多样性还是社会包容开放程度的重要表现。但多样性也可能带来潜在的冲突和社会不稳定。

中国虽然不是典型的外国移民迁入地，但在过去 40 余年的高速城镇化发展过程中，出现了大规模、大空间尺度的地区间人口迁移。而且，中国幅员辽阔、地理环境丰富而复杂，具有多元的区域文化。由此国家内部地区间移民带来的多元社会与文化环境对创业活动会产生何种作用，发展中国家不同于发达国家的制度与文化背景是否会对多样性的作用产生影响，这是本研究试图探讨的问题。

本研究利用 2000 年中国人口的内部迁移数据和 2008 年新创私营企业的数据，探究以人口来源地度量的文化多样性对中国城市创业活动的影响。研究发现，在中国，文化多样性水平越高的城市，新创私营企业越活跃。异质性分析发现文化多样性对制造业领域的创业和新创小企业的促进作用更加突出。

2　文献回顾和理论背景：文化多样性和企业家精神

文化多样性促进创业活动可能存在三条潜在理论路径。首先，来自不同文化背景的经济主体提供了多样化的先验知识，人们看待问题的视角、解决问题的方法的多样性有助于新思想的产生、新知识的利用、创业机会的感知和识别。创业知识溢出理论认为新知识是创业机会的源头，一个富有新知识的环境能产生更多的就业机会[12]。但创业知识溢出理论忽视了经济主体的异质性，他们对相同新知识的价值判断是不同的，就业机会并不会被自动识别并利用[11]。来自不同文化背景的人具有不同的知识储备和价值观念，当他们聚集在一起就产生了群体间的认知距离和认知分异。相比同质性，在看待问题的视角和解决问题的方法上的异质性更有利于人们认识到新知识的潜在经济价值，从而通过创业将其商业化利用。在某些情形中，一群技能有限但认识多元的人甚至比高技能的同质化群体更加高效[13]。因而，面对既定的创业机会，具有多元文化背景的经济主体能提高新知识转化为创业行为的效率；文化多样性越高的城市，创业活动也就越活跃。

其次，从需求层面看，文化多样性会提升消费多样性[14]。来自不同地区具有不同地域文化背景的人口集聚在一起，容易产生多样化的产品和服务需求，增加消费的多样性。当现有企业难以满足这些需求时，创业者就可以开发这些未被利用的市场机会[15]。

最后，新知识和创新是文化多样性影响创业活动的重要途径。新知识是创业机会的源头，但是新知识的产生极大依赖具有不同文化背景的人才。不同国籍和具有差异化技能的劳动力能显著提升研发部门的效率[16]。创意阶层[17]拥有更多的隐性和独特的新知识，因此具有更高的回报率[18-20]。而且由于不愿意遵守大企业中的规则与接受层级约束，创意阶层更倾向自我雇佣。

已有许多文献实证检验了文化多样性对创业的影响，并得到了差异化的结论。大多数文献肯定了文化多样性促进创业的积极作用。例如，印度尼西亚的种族多样性和丹麦企业中文化（雇员母国所使用语言）、教育和人口统计特征（性别与年龄）的多样性均能显著提升自我雇佣率[21,22]。Qian[23]根据出生国籍计算赫芬达尔-赫希曼指数（HHI）测度多样性，发现其对美国大都市区的新创企业活动具有直接且显著的正向作用。而且，文化多样性对于创业的积极促进作用存在异质性，会因创业活动的技术水平、行业性质以及创业者的技能的差异而不同。Audretsch等[11]发现以不同国籍人口比重计算泰尔指数度量的文化多样性对德国科技导向型的新创企业活动尤其重要。Cheng 和 Li[24]根据出生国籍计算文化多样性和种族多样性，发现其对服务业部门的创业活动促进作用最大。Rodríguez-Pose 和 Hardy[15]发现高技能劳动力的出生地多样性、种族多样性更有利于增加英国新创企业密度。特殊群体的创业也被发现受益于文化多样性。Hackler 和 Mayer[25]发现以熔炉指数度量的多样性对美国 50 个最大的大都市区中女性或西班牙裔等特殊群体创业活动均有显著正向作用。

但也有部分研究得到不同的结论。Churchill[26]发现种族和语言的多样性显著降低新创企业密度。Sobel 等[27]发现以不同国籍人口比重构造的 HHI 度量的文化多样性，对美国创业的作用曲线呈倒 U 形。Lee 等[20]发现以出生地国籍计算的熔炉指数与新创企业活动无关。

在有关多样性与创业的文献中，除了 François 和 Subandono[21]的研究对象是印度尼西亚，其余研究的样本均为德国[11]、美国[20,23-25,27]、英国[15]和丹麦[22]等典型的发达国际移民目的地国家，缺乏来自发展中国家的证据。经济地理学者需要密切关注发展中国家与多样性有关的研究[28]。发展中国家的城镇化进程伴随了大量的内部移民活动，此种迁移活动的规模和对社会文化环境塑造的影响如何作用于创业是一个值得关注的问题。而且，发展中国家尚未完善的制度可能会影响多样性对创业的作用方向。坏的制度体系可能使多样性成为社会交流和融合的障碍。

多数现有研究没有解决文化多样性与创业间的内生性问题。多样性并不是一个严格的外生变量。文化或人口来源地的多样性会增强城市的创业活动，反过来，创业活动更活跃的城市也更有可能吸引具有不同文化背景的人。而且，可能存在影响创业活动而与人口迁移相关的遗漏变量。现有文献中考虑内生性问题并采取工具变量进行处理的研究较少（除 Marino[22]、Rodríguez-Pose 和 Hardy[15]外）。

3 数据和实证策略

3.1 模型和变量

本文的回归分析是基于中国的地级城市展开的。和德国的功能区（functional regions）[11]、英国的通勤区（travel to work areas）[15]、美国的大都市统计区（metropolitan areas）[4]等强调实际功能联系的空间尺度不同，中国的地级城市是一个行政管理单元的概念。2000 年，中国地级及以上城市的常住人口规模最小值为 16 万，最大值为 3050 万。作为重要的行政管理层级，地级市是执行政府政策和提供统计数据的重要实体。

本文用于估计文化多样性对新创企业活动影响的方程为

$$\text{LnEnter}_i = \alpha + \beta \text{diversity}_i + \gamma Z_i + \varepsilon_i \tag{1}$$

LnEnter_i 和 diversity_i 分别表示 i 城市（地级及以上城市）的新创私营企业密度和文化多样性，Z 是控制变量，ε_i 是误差项。

3.1.1 企业家精神

本文侧重刻画企业家的创业精神，采取"新创私营企业密度"作为代理变量。新创企业密度主要有两种计算方式：第一种是利用现有企业数量对新创企业数量进行标准化，被称为生态方法（ecological approach）；第二种是利用人口或劳动力数量对新创企业数量进行标准化，被称为劳动力市场法（labor market approach）。大量的研究探讨了这两种方法的差异[15, 29, 30]。

生态方法即使用新创企业数量/现有企业数量度量新创企业密度。这种方法存在以下两点缺陷：①未考虑到企业规模的影响。由于区域产业结构和企业性质的差异，一些地区或产业的平均企业规模总是会大于另一些地区或产业，这种与平均企业规模相关的异质性会导致测量偏差，可能会高估平均企业规模较大地区的新创企业率，同时低估平均企业规模较小地区的新创企业率。②此种方法认为新创企业是由现有的存量企业创造出来的，但这种情况只占据新创企业很小的份额。

劳动力市场方法即使用新创企业数量/劳动力或人口规模度量新创企业密度。这种方法是基于创业选择的理论基础，也就是说每一个新创企业都是由某个人或某些人建立的。这种方法在研究中越来越常见[11, 15, 23, 24]。因此本研究也采用了此种度量方式。

而且，中国特殊的制度背景使得必须区分新创企业的所有制形式。不同所有制的新创企业具有不同的建立目的与动力。本研究认为新创的私营企业才能代表经济主体的市场行为和创业情况。所以，本研究的被解释变量为"2008 年每万人拥有的新创私营企业数量"（LnEnter）。

不同性质的创业活动可能具有差异化的特征。因此，本研究还根据企业所属行业性质、从业人员规模和技术水平对新创企业进行了划分，以探究文化多样性与它们之间是否存在异质性的关系。

3.1.2 文化多样性

核心解释变量文化多样性（diversity）的代理变量是城市人口来源地的多样性。

"文化"一词的具体内涵十分广泛，包括一个群体或社会所共享的价值观、行为规范和习俗等，是在长期的历史过程中形成的、具有相当的稳定性，对人们的社会心理和行为发挥着重要的影响作用[31]。现有研究对于文化多样性的度量主要从出生地、种族或民族、语言、宗教等方面进行[32]。其中，出生地多样性是最为广泛使用的度量方式。尽管并不能包含文化的全部内涵，但 Kemeny[28] 认为由于长期浸润在一种独特的制度、社会和文化环境中，出生于某一国家的个体会被环境所深刻影响，塑造了个体的自我认同和世界观，进而影响其理解和解决问题的方式。Alesina 等[33] 认为由于受到不同社会价值观和教育体系的影响，使用出生地度量的多样性更可能促进不同视角和互补技能的发展。因此，在创业研究中，基于移民出生地的文化多样性是一个常用的度量方式[11, 15, 20, 23, 24, 27]。

本研究认为前述理由也适用于中国内部的人口迁移活动。中国移民来源省的异质性也是一个合适的文化多样性度量方式。一方面，中国幅员辽阔、地理环境复杂，形成了多元的地域文化。而且，来自不同省的人可能受到不同社会和教育理念的影响，从而形成不同的技能和认知能力。Huo 和 Randall[34]、Kwon[35] 认为中国的政治区划划分带来的亚文化差异甚至大于中国和其他一些国家的差异。基于对全国多个高校大一新生进行的文化习俗和价值观等方面的问卷调查和对专家的访谈，赵向阳等[31] 将中国的 31 个省（自治区、直辖市）划分为 11 种区域文化类型①，认为在深层次的文化价值观和文化习俗上，中国的区域文化是稳定而多元的。利用出生省份所计算的人口来源地多样性能捕捉到省层面在共同体验、历史记忆和价值观等方面的综合差异。因此，我们认为一个城市人口来源地的多样性可以代表其文化的多元程度。

另一方面，在高速城镇化的背景下，中国的人口迁移十分活跃，迁移数量不断增多，迁移范围不断扩大。根据《中华人民共和国 2015 年国民经济和社会发展

---

① 11 种文化类型分别为黄土高原文化、华北平原文化、长江上游山地文化、长江中游平原文化、长江下游平原文化、东南沿海海洋文化、东北森林与农耕文化、北方草原文化、绿洲与沙漠文化、雪域高原文化和大都市文化。

统计公报》，全国人户分离的人口有 2.94 亿人，其中流动人口有 2.47 亿人，分别占全国人口比重的 21.38% 和 17.96%。一个城市的外来人口理应还包括外籍人员，但数据不易获取。而且，我们认为 2000 年中国外籍人口占比极低，不会影响实质结论。以港澳台和外籍人口相对较多的上海为例，2000 年在沪的境外常住人员为 6 万人，占常住人口的比重仅为 0.37%[①]。

本文根据 HHI 原理构建文化多样性指数，如式（2）所示。S_{im} 是城市 i 中属于某一来源地 m 的人口占城市人口的比重。M_i 是城市 i 中不同来源地省份的数量。这个指数代表从某个城市 i 中任意选取的两个个体来自不同省份的概率。同时采用 Audretsch 等[11]使用的泰尔指数作稳健性检验，如式（3）所示。

$$\text{diversity}_i = 1 - \sum_{m=1}^{M_i} S_{im} \tag{2}$$

$$\text{Theil} = -\sum_{m=1}^{M_i} S_{im} * \ln(S_{im}) \tag{3}$$

3.1.3　控制变量

本文在梳理现有研究的基础上，从如下几个方面构建模型中的控制变量。

（1）产业专业化和多样化

城市经济学理论认为集聚是城市存在的原因之一。城市中的人和企业能享受到马歇尔外部经济和雅各布外部经济两种集聚经济的益处。但马歇尔外部经济和雅各布外部经济谁更有利于创业的问题仍具有争议。马歇尔外部经济带来的靠近供应商和顾客、共享劳动力和知识溢出等优势被认为大大促进了新创企业的建立及就业[4,9,36]。Jacobs[10]则强调城市产业的多样化能促进新的产品和想法的诞生，人们更容易接触到多元的思想。Glaeser 和 Kerr[4]的实证研究发现雅各布倡导的产业多样性不会显著增加制造业的新创企业数量。不过，进一步细分，相关多样性有助于知识的溢出而促进该产业新创企业的诞生，无关多样性则会加强对资源的竞争而损害该产业的企业家精神[9]。本文利用分行业的就业人数计算度量产业专业化和多样化的指数，分别用 KSI 和 HHIsec 表示。$E_{r,i}$ 是城市 i 中产业 r 的就业人数；E_i 是城市 i 的总体就业人数；E_r 是产业 r 的全国就业人数；E 是全国的总体就业人数。

$$\text{KSI}_i = \sum_{r=1}^{R} \left| \frac{E_{r,i}}{E_i} - \frac{E_r}{E} \right| \tag{4}$$

---

① 数据来源于《上海统计年鉴 2003》。

$$HHIsec_i = 1 - \sum_{r=1}^{R} \left(E_{r,i} \Big/ E_i \right)^2 \qquad (5)$$

（2）新知识

创业活动是对市场获利机会的感知、识别和利用的过程，而新知识是创业机会的来源。通过将未被现有企业或机构利用的知识商业化，创业成为知识外溢的途径[37]。本文选取"每万人拥有的专利申请数量"（lnpatent）表示新知识，即创新产出和创业机会的来源。

（3）集聚

集聚对创业的影响未得到一致的结论。集聚意味着更庞大的本地市场规模且有利于知识溢出，但过度集聚会形成对创业资源的激烈竞争，不利于新创企业的形成。Di Addario 和 Vuri[38]发现高人口密度会显著降低自我雇佣的概率，Harada[39]则发现人口密度与成为企业家意愿的强度呈倒 U 形关系。本文选取"常住人口密度"（lnPOPD）来控制产业多样化和专业化以外的集聚效应。

（4）开放程度

通常认为，距离海岸线越近，对外开放程度越高，就拥有越广阔的国际市场[40,41]。本文选取"到最近海岸线的距离"（lnDistSea）来度量外来文化冲击和国际市场对城市创业的影响。

（5）城市基本特征

经济发展水平和劳动生产率越高的城市，创业活动可能越活跃；但这类城市企业的劳动力成本较高，可能也会抑制创业活动。选取"城市职工平均工资"（lnwage）来检验经济发展水平对创业的影响。不同的城市产业结构会影响创业活动的活跃程度，因此选取"第二产业与第三产业的产值比"（industry）来度量城市产业结构。良好的城市基础设施为创业活动提供了物质支持。在互联网时代信息的获取和交流尤为重要，选取"每万户家庭拥有的宽带数"（lninter）来度量城市的网络基础设施；选取"人均道路铺装面积"（lnroad）来度量城市的道路交通设施。年轻人被认为更容易创业，在美国，大都市区 20～45 岁的人口比重越高，创业越活跃[4]。因此，加入表示人口年龄构成的"20～29 岁的人口比重"（bet2029）、"30～39 岁的人口比重"（bet3039）和"40～49 岁的人口比重"（bet4049）来检验城市人口结构对于新创企业的影响。

（6）人力资本

受教育程度更高的人群拥有更多的技能，更可能成为企业家。同时，受教育程度更高也更容易在就业市场上获得理想的工作，创业意味着更高的机会成本，从而使创业动机被抑制[42]。本文选取"平均受教育年限"（edu）来度量城市的人力资本。

（7）政治地位

由于具有较高的政治地位，直辖市或省会城市往往在获取创业政策等资源上占据一定优势。因此，加入"是否为省会城市或直辖市"（capital）的虚拟变量观察不同等级城市的异质性。

（8）政府干预

政府适度的财政投入能对创业活动产生支持作用，但过度的干预可能会影响创业者对市场的判断，抑制创业者的积极性。选取"政府支出占 GDP 的比重"（govern）度量政府规模，为观察其是否存在非线性作用，还加入了二次项（govern^2）。

（9）市场化程度

国有企业比重高的地区，新创企业可能会因国有企业垄断而面临更多的进入障碍。选取"国有企业和集体企业的工业产值占比"（non-market）来检验我国特殊的企业所有制结构和市场化程度对创业的作用。

3.2 数据和事实

用于测度被解释变量（新创企业密度）的数据来自 2008 年第二次全国经济普查结果。相对于较为常用的中国工业企业数据库，这一调查的覆盖面更为广泛与全面，包括了制造业和服务业全部的企业。本文首先以成立时间为"2008 年"和企业登记注册类型为"私营企业"与"个体经营"为筛选条件，获取了 2008 年新创私营企业的名录，然后在地级城市尺度上进行汇总。为缓解反向因果关系带来的内生性问题，本研究采取了将所有的解释变量滞后于被解释变量的做法。除了可得的专利申请数据最早为 2005 年，其余解释变量均使用了 2000 年的数据。用于构造人口多样性的外来人口数据来自 2000 年各省市人口普查资料，利用长表数据中"按现住地、户口登记地在外省的人口"一项构建了度量某一城市中人口来源地的多样性指标。需要特别说明的是，由于数据结构的限制，对城市里每个外来人口来源地只能精确到省层面。其他解释变量数据来源为相关年份的《城市统计年鉴》和《区域经济统计年鉴》以及各省知识产权网站所公布的数据。由于数据可得性的限制，最终进入基准模型的样本一共包括 195 个地级及以上城市①，占 287 个地级及以上城市的 67.94%。样本中既涵盖了发达的沿海城市，又包括了较为落后的内陆城市，能很好地反映整个中国的情况。

表 1 给出了基准模型中 195 个样本城市的描述性统计分析。连续变量，除了测度取值范围有限的比率、比重和以年度量的以外，均作对数处理。

表 1　变量的描述性统计分析表

变量	定义	均值	方差	最小值	最大值
LnEnter	每万人拥有的新创私营企业数量	0.737	0.987	−1.522	3.890
LnEnter_Manufacture	每万人拥有的新创私营制造业企业数量	−0.399	0.937	−2.395	2.511
LnEnter_Service	每万人拥有的新创私营服务业企业数量	0.118	1.160	−2.353	3.587
LnEnter_employee ≤20	每万人拥有的新创雇员小于等于20人的私营企业数量	0.479	1.098	−2.146	3.752
LnEnter_employee>20	每万人拥有的新创雇员大于20人的私营企业数量	−0.942	0.700	−2.656	1.843
LnEnter_employee ≤50	每万人拥有的新创雇员小于等于50人的私营企业数量	0.631	1.034	−1.557	3.854
LnEnter_employee>50	每万人拥有的新创雇员大于50人的私营企业数量	−2.088	0.732	−4.889	0.564
LnEnter_hightech	每万人拥有的新创私营高技术企业数量	−4.585	5.110	−29.512	1.343
lnfirmsize	新创私营企业的平均规模（新创私营企业雇佣人数/新创私营企业数量）	2.879	0.414	1.722	4.041
diversity	基于内部移民计算的文化多样性指数	0.291	0.208	0.046	0.876
HHIsec	基于各产业部门就业计算的产业多样化指数	0.815	0.073	0.543	0.898
KSI	基于各产业部门就业计算的克鲁格曼专业化指数	0.499	0.169	0.173	1.073
lnpatent	每万人拥有的专利申请数量	0.067	1.564	−4.214	4.746
lnPOPD	常住人口密度（万人/千米²）	−3.210	0.714	−5.284	−1.023
lnDistSea	到最近海岸线的距离（米）	11.899	1.953	5.800	14.862
lnwage	城市职工平均工资（元）	9.010	0.278	8.537	10.045
industry	第二产业与第三产业的产值比	1.226	0.728	0.361	6.857

---

① 其中，2008 年经济普查数据的缺失致使无法计算陕西省 10 个地级市的新创私营企业数量；云南省和吉林省一共 16 个地级市缺乏多样性数据；还有部分城市缺乏专利数据。

续表

变量	定义	均值	方差	最小值	最大值
lninter	每万户家庭拥有的宽带数	2.666	1.130	−0.458	5.054
lnroad	人均道路铺装面积（米²）	1.628	0.677	−1.966	3.487
bet2029	20～29 岁的人口比重（%）	17.058	4.206	2.603	45.751
bet3039	30～39 岁的人口比重（%）	19.287	2.129	3.313	26.512
bet4049	40～49 岁的人口比重（%）	13.516	2.425	2.291	20.062
edu	平均受教育年限（年）	7.768	0.699	5.850	9.990
capital	是否为省会城市或直辖市，是为 1，否为 0	0.118	0.323	0.000	1.000
govern	政府支出占 GDP 的比重	0.081	0.030	0.010	0.206
non-market	国有企业和集体企业的工业产值占比	0.521	0.221	0.029	0.992

3.3 内生性和 2SLS

对于创业活动，文化多样性并不是一个绝对的外生变量。一方面，城市的文化多样性程度越高可能越有利于促进创业活动的产生；但同时活跃的创业活动也会增强城市对移民的吸引力和吸引范围，从而提高多样性指数。另一方面，可能存在没有观测到的遗漏变量会同时影响人口迁移和创业活动。所以，仅使用 OLS 估计，结果会产生偏误。现有部分研究借助工具变量处理多样性的内生性问题。最常见的方法之一是偏离-份额分析方法（shift-share methodology）[43]。构建此工具变量的基本原理是，新移民总是倾向迁移到老移民迁往的目的地。因此，对于某个特定城市，可以结合其历史的移民比重和国家总体的移民份额增长的情况，预测出当下该城市的移民比重与多样性。这个工具变量在多个研究文化多样性与经济增长关系的研究中被使用[14,44-46]。但这个工具变量的有效性高度依赖早期移民进行目的地选择决策时未受到经济因素影响的假定。如果早期移民在选择迁移目的地时受到工作机会吸引等的影响，时间序列上的相关性则会违反工具变量的正交原则。

另一个方法由 Alesina 等[33]基于简化的重力模型提出。在利用重力模型探讨移民迁移影响因素的文献中，目的地和来源地的劳动力收入差异、人口规模、是否在内陆、地理距离、是否接壤、历史移民存量、共同的殖民历史、语言和文化等均是普遍被考虑的因素[47-49]。为了保证工具变量的外生性，Alesina 等[33]在重力模型中只使用了与迁入地和迁出地文化和地理相关的变量预测两地之间的移民，进而计算一个拟合多样性指数作为真实多样性指数的工具变量。

本研究借鉴 Alesina 等[33]的方法，构建了一个文化多样性的工具变量，采用两步回归来进一步识别因果关系。具体做法是，根据城市迁入人口受到迁移动力和迁移成本的共同作用这一假定，使用外生的地理变量来拟合双边移民的可能性，模型设置如下：

$$m_{jk} = \alpha + \beta_1 \ln \mathrm{Dis}_{jk} + \beta_2 \mathrm{Border}_{jk} + \beta_3 \mathrm{Slope}_k + \beta_4 \mathrm{Slope}_j + \beta_5 \mathrm{Rough}_k \\ + \beta_6 \mathrm{Rough}_j + e \tag{6}$$

该公式所表达的具体含义是，人口迁移的行为受到迁入地和迁出地间的距离、两地是否接壤、两地地形条件等因素影响。公式中 m_{jk} 代表从 j 地区迁移到 k 城市的人口占 k 城市的人口比重。由于数据限制，此处的 j 地区是省域尺度，k 地区为地级及以上的城市，即 m_{jk} 可解释为在某城市 k 中来自省 j 的迁移人口占比。Dis_{jk} 是城市 k 到省 j 省会城市的距离，两地的地理距离越长，迁移所需的时间和金钱成本越高，对目的地的信息掌握越少，迁移意愿越低。Border_{jk} 是城市 k 是否与省 j 具有共同边界的虚拟变量。Slope 和 Rough 分别代表坡度和地形起伏度，地形条件会影响迁移的难易程度和人口承载力[①]。根据模型结果得到拟合人口迁移比重，代入式（2）后得到拟合的人口多样性，将其作为文化多样性的工具变量。该拟合变量的外生性在于，迁入地的地理特征以及与迁出地之间的距离、是否接壤可以认为是外生给定的，与迁入地的创业活动无关。

4　实证结果

4.1　基础结果

表 2 报告了式（4）的 OLS 估计结果。在列（1）中，基础模型的调整的 R^2 为 0.7814，说明模型具有较强的解释力。研究发现，以人口来源地度量的文化多样性与新创私营企业密度在 5% 的显著性水平上具有正相关关系，这一结论与理论假设和大部分的文献结论相似。具体来看，文化多样性每提高 1%，新创私营企业密度提高 0.43%。在列（2）中，将多样性指数替换为 Theil 指数，发现尽管系数降低

---

① 数据结构是省到地级市的移民，省的地理变量由于共线问题被软件自动剔除。

为 0.2229，其仍然与创业活动正相关。在列（3）中加入多样性的二次项，发现两者均不显著，未发现多样性与创业活动的非线性关系。这与 Sobel 等[27]对美国 50 多个州进行研究后得到的结论不一致。一种可能解释是，尽管中国具有多元的地域文化，但同时其也是一个单一制国家，没有剧烈的文化冲突，所以捕捉到的仍然是曲线左侧的单调递增的效应。

表 2　基础模型回归结果

	（1）	（2）	（3）	（4）	（5）
diversity	0.4748**		1.0777	0.2771	
	（0.2340）		（0.9046）	（0.3064）	
Theil		0.2229**			
		（0.0944）			
diversity^2			−0.7768		
			（1.1350）		
share of migrants				1.1933	0.0783
				（1.7187）	（0.1901）
HHIsec	−0.8889	−0.9232	−0.8682	−0.8536	−0.8138
	（0.6339）	（0.6377）	（0.6334）	（0.6239）	（0.6478）
KSI	−0.7402**	−0.7513**	−0.7161**	−0.6389**	−0.7024**
	（0.3127）	（0.3139）	（0.3163）	（0.3032）	（0.3206）
lnpatent	0.2342***	0.2344***	0.2356***	0.2275***	0.2388***
	（0.0418）	（0.0417）	（0.0418）	（0.0420）	（0.0421）
lnPOPD	−0.0973	−0.1016	−0.0858	−0.1057	−0.0912
	（0.0639）	（0.0636）	（0.0667）	（0.0651）	（0.0654）
lnDistSea	−0.0348	−0.0338	−0.0307	−0.0321	−0.0358
	（0.0286）	（0.0286）	（0.0284）	（0.0291）	（0.0297）
lnwage	0.2986	0.2803	0.3138	0.2580	0.4450*
	（0.2586）	（0.2556）	（0.2552）	（0.2639）	（0.2591）
industry	0.1438***	0.1434***	0.1375**	0.1354**	0.1421**
	（0.0531）	（0.0529）	（0.0533）	（0.0567）	（0.0548）
lninter	0.2598***	0.2602***	0.2558***	0.2450***	0.2631***
	（0.0524）	（0.0526）	（0.0526）	（0.0535）	（0.0522）
lnroad	0.0174	0.0184	0.0159	0.1037	0.0133
	（0.0568）	（0.0568）	（0.0567）	（0.0636）	（0.0576）
bet2029	0.0340*	0.0336*	0.0380*	0.0225	0.0370*
	（0.0199）	（0.0198）	（0.0220）	（0.0265）	（0.0196）
bet3039	0.0525*	0.0533*	0.0542*	0.0539**	0.0470
	（0.0293）	（0.0292）	（0.0304）	（0.0270）	（0.0288）
bet4049	0.0039	0.0042	0.0030	0.0106	0.0022
	（0.0292）	（0.0292）	（0.0296）	（0.0292）	（0.0288）

续表

	（1）	（2）	（3）	（4）	（5）
edu	−0.1715*	−0.1812*	−0.1732*	−0.2194**	−0.1566
	（0.0974）	（0.0975）	（0.0990）	（0.0943）	（0.0972）
capital	0.3365**	0.3415**	0.3217**	0.4070***	0.3019**
	（0.1527）	（0.1519）	（0.1517）	（0.1532）	（0.1511）
govern	19.2773***	19.5835***	19.2901***	19.6690***	17.6265***
	（6.0413）	（6.0632）	（6.0679）	（6.0993）	（5.8410）
$govern^2$	−77.1854***	−78.7843***	−77.5310***	−78.7251***	−69.4961**
	（28.8092）	（28.8220）	（28.7507）	（29.2463）	（28.1865）
non-market	−0.3365*	−0.3303*	−0.3379*	−0.3747**	−0.3718*
	（0.1807）	（0.1804）	（0.1813）	（0.1844）	（0.1895）
_cons	−2.9712	−2.7971	−3.2752	−2.3755	−4.1644*
	（2.4794）	（2.4530）	（2.4211）	（2.6103）	（2.4772）
N	195	195	195	195	195
调整的 R^2	0.7814	0.7828	0.7808	0.7839	0.7772
F	42.2604	42.0021	44.6272	39.5135	41.7490

注：括号中为稳健标准误

*表明在10%的水平下显著，**表明在5%的水平下显著，***表明在1%的水平下显著

为了处理潜在的移民自选择的问题（即越具有创业精神的人越容易迁移），本研究还进行了一些检验。在基础模型中，我们同时加入移民比重（share of migrants）和文化多样性变量，见列（4），两者均不显著，这可能是二者间高度的共线性造成的。如果这种自选择存在，移民比重应该是显著的。因此，我们将文化多样性变量移除，移民比重仍然不显著，见列（5）。由此，我们相信是多样性而不是自选择的作用对创业活动产生正向影响。

关于基础模型中的其他控制变量，产业多样化和专业化的作用均为负，但前者不显著。对此结果需谨慎解读，由于数据限制，这两个指标测度的是从业人员的行业分散与集中程度，过于分散或集中均不利于新创企业的产生。

以专利申请密度度量的新知识显著为正，说明知识越丰富的地区新创企业活动越强。这符合创业知识溢出理论的假设，创业是对于本地知识环境的内生反应。

从城市基本特征看，第二产业与第三产业的产值比越高，创业活动越活跃。完善的城市基础设施是创业活动的硬件支持，人均铺装道路面积的符号为正，但不显著；而以"每万户家庭拥有的宽带数"度量的网络基础设施对信息化时代的创业活动具有显著促进作用。这与来自印度的研究结论相似，在印度，通信设施、电力设施、铺装道路、安全饮用水的可获得性对于地区的新创企业具有重要的促

进作用[34]。发展中国家仍需不断加大对基础通信和道路交通设施的投入，以确保创业者能享受城市提供的低成本便捷设施。20~29 岁和 30~39 岁的人口比重与创业正相关，可能因为处于这一年龄阶段的人既具有创业热情和创业想法，也具备了一定的人脉、资金等重要创业资源。城市人力资本（以"平均受教育年限"度量）与创业活动显著负相关，这与陆铭和倪鹏途[42]对中国城市和微观个体的研究结论一致。这既可能是由于随着受教育程度的提升创业的机会成本在增加，也有可能是因为现阶段中国的教育内容和质量并不利于创业。François 和 Subandono[21]对印度尼西亚个体创业的研究也得到相似结论，教育水平与自我雇佣显著负相关。教育水平高的个体选择成为雇员，以获取相对稳定的高水平工资。对比来看，来自美国[20,23,25]、英国[15]、德国[11]等发达国家的证据则均显示，人力资本显著促进创业。人力资本是创业知识溢出理论的核心[15]；基于美国大都市区的研究结论，Qian[23]认为人力资本可以增强创业知识的吸收能力，从而对创业活动至关重要。

直辖市和省会城市的创业活动更加活跃，这可能是因为它们的政治优势有助于创业者更加方便地获取优质的创业资源。政府干预和新创私营企业活动之间呈显著的倒 U 形关系。这说明适度的政府干预可以帮助和支持创业，但超过一定限度后，会抑制创业活力；市场化程度越低的城市，行政垄断和市场进入障碍越强，创业越可能受到抑制。

4.2 2SLS 结果

为了处理文化多样性的内生性问题，本文构建了一个工具变量，并使用了两步 GMM 方法进行因果关系的识别。表 3 报告了式（7）拟合外来人口迁移比重的结果。此模型中一共有 7440 个样本，即 248 个城市乘以 30 个省（除去香港、澳门、台湾以及该城市自身所属省份）。每一个样本的因变量都是 2000 年从省 j 到城市 k 的外来人口占城市 k 的人口比重。模型的调整的 R^2 为 0.3719，具有较好的解释力度，说明模拟方程左边的确是影响迁移行为的因素。迁移比重影响因素的符号符合预期：邻近的地理位置（更短的地理距离、共同的边界）会增加来自某地的移民占比；目的地城市的坡度越高，来自某地的移民比重越低；地表起伏度越大，来自某地的移民比重越高。根据拟合得到的外来人口迁移比重可计算拟合的多样性。

表 3 外来人口迁移比重的拟合结果

	$\log m_{jk}$: bilateral migration rate
lnDis	−0.9061***
	(0.1276)
Border	1.2272**
	(0.5329)
Slope$_k$	−0.0280**
	(0.0131)
Rough$_k$	0.0013**
	(0.0006)
_cons	−1.7332**
	(0.8354)
N	7440
调整的 R^2	0.3719
F	25.1568

注：括号中为以目的地城市聚类的标准误

*、**、***分别表明在 10%、5%、1%的水平下显著

　　将拟合得到的多样性作为真实多样性的工具变量，由于拟合多样性只包含了目的地城市和来源省的地理变量，因此认为它是外生于创业活动的。在表 4 中，工具变量回归前先将工具变量直接放入基础模型中检验其是否与企业家精神具有显著相关关系，reduced form 的结果显示，拟合多样性在 1%的水平上显著。采用两步 GMM 方法进行工具变量回归，结果显示，Kleibergen-Paaprk LM 统计量在 1%水平上拒绝工具变量识别不足的原假设。Kleibergen-Paaprk Wald F 统计量为11.528，大于常用的经验值 10，也大于 Stock-Yogo 检验 15%水平上的临界值 8.96，说明拟合多样性（fitted diversity）和真实多样性间的相关性较好。考虑到可能存在的弱工具变量问题，为稳健起见，本文同时也计算了对弱工具变量更不敏感的有限信息最大似然估计值（LIML），结果没有明显差异。进一步 Durbin-Wu-Hausman 检验的 p 值小于 0.01，拒绝了多样性是外生变量的原假设。相比 OLS，工具变量回归的结果更可信，文化多样性在 1%的显著性水平上促进了新创企业活动。

表 4 工具变量回归结果

控制变量	文化多样性	新创私营企业密度	
	First-stage	reduced form	GMM
fitted diversity	1.1055***	3.6221***	
	−0.3414	(0.8035)	
diversity			3.1367***
			(1.0177)

续表

控制变量	文化多样性	新创私营企业密度	
	First-stage	reduced form	GMM
HHIsec	0.2834	−0.6888	−1.5410*
	−0.2104	（0.6150）	（0.8717）
KSI	0.1440	−0.5951*	−1.0166**
	−0.1006	（0.3078）	（0.4073）
lnpatent	0.0162	0.2568***	0.2014***
	−0.0121	（0.0390）	（0.0535）
lnPOPD	−0.0185	−0.1724***	−0.1123
	−0.0199	（0.0631）	（0.0812）
lnDistSea	−0.0134**	−0.0594**	−0.0142
	−0.0065	（0.0292）	（0.0328）
lnwage	0.3294***	0.4366*	−0.5920
	−0.0635	（0.2490）	（0.4723）
industry	−0.0070	0.1293**	0.1439*
	−0.0246	（0.0524）	（0.0768）
lninter	−0.0034	0.2256***	0.2277***
	−0.0194	（0.0475）	（0.0752）
lnroad	0.0215	0.0219	0.0404
	−0.0188	（0.0558）	（0.0695）
bet2029	0.0113***	0.0471**	0.0118
	−0.0039	（0.0194）	（0.0239）
bet3039	−0.0181***	0.0407	0.0960**
	−0.0065	（0.0284）	（0.0387）
bet4049	0.0008	0.0027	0.0025
	−0.0064	（0.0287）	（0.0343）
edu	0.0591**	−0.0762	−0.2851**
	−0.0299	（0.0919）	（0.1259）
capital	−0.0949**	0.2819*	0.5899***
	−0.0389	（0.1430）	（0.2048）
govern	−4.3340***	15.2651***	29.3756***
	−1.4446	（5.5283）	（8.4410）
govern^2	19.2531***	−62.6065**	−124.8922***
	−7.0939	（25.4984）	（39.6788）
non-market	−0.1744***	−0.5317***	−0.0008
	0.0554	（0.1733）	（0.2529）
_cons	−3.0576***	−5.0601**	4.4776
	−0.6636	（2.3392）	（4.2180）
K-P Wald F statistic	11.528		11.528
Stock-Yogo（10%/15% maximal IV size）	16.38/ 8.96		16.38/ 8.96
N	195	195	195
调整的 R^2	0.643	0.7962	0.6430

注：括号中为稳健标准误

*、**、***分别表明在 10%、5%、1%的水平下显著

4.3 异质性分析

文化多样性对于创业活动的作用可能会随着新创企业的性质变化而改变。相较于服务业，制造业可能更不容易受到基于特定文化的需求的影响。Cheng 和 Li[24]基于美国 10 个不同行业的研究发现，文化或种族多样性对建筑、采矿、制造业等没有显著影响，而对广泛的服务业具有显著的正向促进。他们认为这是由于特定文化或特定种族产生了相应的需求，从而创造了盈利机会。与大企业相比，小企业更容易受到外部环境的影响，而小企业也被视为创业活动更准确的代表。例如，郭琪等[41]发现空间集聚对小企业的溢出效应更大。随着对高技术创业活动的关注持续增强，高技术新创企业也应受到特别的关注。Audretsch 和 Fritsch[29]甚至摒弃了新创企业就业超过 50 人样本，认为其更可能是现有企业的分支机构，而不是初创企业。Audretsch 等[11]发现文化多样性只对具有技术导向的新创企业具有正向作用，而对总的创业活动无显著效用。但相反地，Cheng 和 Li[24]认为可能由于在科技密集型的信息部门中，技术吸收能力的作用远远大于文化和种族，文化和种族多样性并不显著。

基于以往的研究，本文进一步将被解释变量根据产业性质、年末人员规模和技术密集程度进行了划分，以考察文化多样性对不同类型创业的作用是否存在差异。表 5 报告了异质性的工具变量回归结果。

列（1）和列（2）分别以制造业和服务业的新创私营企业密度为被解释变量①，发现文化多样性对促进制造业和服务业创业均具有显著的正向作用，但对制造业的作用系数更大。与在美国文化多样性对服务业创业作用更强的结论不同[24]，这可能是由于中国国情不同，大量的国有企业存在于服务业中，涉及电力、电信、金融、铁道、航空、邮政、公用事业、医院、烟草等多个重要经济领域，具有较强的市场准入限制[42]，因而多样性对服务业的作用较小。

列（3）～列（6）分别将新创私营企业以年末人员规模小于或等于 20 人、大于 20 人、小于或等于 50 人、大于 50 人进行分类，发现文化多样性对较小企业的新创活动具有更大的促进作用，且此结果不受年末人员规模界线变动的影响。

列（7）中未发现多样性对高技术产业②创业的显著作用，与德美等国家文化

---

① 由于被解释变量按照制造业和服务业进行了划分，因此在控制变量中去掉了第二产业与第三产业的产值比。

② 本研究所定义的高技术产业是根据 2002 年 7 月国家统计局印发的《高技术产业统计分类目录》中所属产业进行筛选的。

多样性更利于高技术产业创业的结果不一致。一方面，这可能是因为 2008 年新创高技术企业占新创企业的份额普遍较低，被解释变量缺乏明显变异。全国平均的新创高技术企业占比为 2.2%，最高的深圳市也不超过 7.8%。另一方面，也可能是因为 2000 年中国迁移人口普遍的教育和技能层次不高，难以通过知识溢出和思想交流促进高技术产业的创业。

列（8）将被解释变量替换为另一种创业的度量方式"新创私营企业的平均规模"（某城市的新创私营企业年末人员规模/新创私营企业数量）[4]，多样性能降低新创私营企业的平均规模，但不显著。

表5 分行业、规模、技术密集程度的异质性检验

	（1） 制造业	（2） 服务业	（3） 雇员≤20	（4） 雇员>20	（5） 雇员≤50	（6） 雇员>50	（7） 高技术	（8） lnfirmsize
diversity	4.2077***	2.5888**	3.1391***	2.8486***	3.2482***	3.0534**	−0.9792	−0.4812
	（1.3746）	（1.1275）	（1.0488）	（1.0654）	（1.0488）	（1.2990）	（6.3111）	（0.3755）
HHIsec	−2.5568**	−1.5262	−1.5134	−1.6900*	−1.9391**	−2.0106**	−9.7618	−0.1175
	（1.1470）	（0.9403）	（0.9402）	（0.9261）	（0.9319）	（1.0227）	（9.0287）	（0.3936）
KSI	−1.3908**	−0.7936*	−0.9806**	−1.2791***	−1.1747***	−1.3875***	−4.2352	−0.2030
	（0.5678）	（0.4228）	（0.4279）	（0.4538）	（0.4201）	（0.5167）	（3.4143）	（0.1686）
lnpatent	0.1624**	0.2397***	0.2514***	0.0950	0.2390***	0.0461	0.0402	−0.1033***
	（0.0701）	（0.0533）	（0.0540）	（0.0650）	（0.0564）	（0.0737）	（0.3094）	（0.0253）
lnPOPD	0.1286	−0.2020**	−0.1749**	0.0422	−0.0681	0.0105	0.1037	0.0921***
	（0.0955）	（0.0840）	（0.0868）	（0.0895）	（0.0886）	（0.0956）	（0.5959）	（0.0338）
lnDistSea	0.0558	−0.0209	−0.0196	0.0167	0.0029	0.0089	−0.3757**	0.0054
	（0.0383）	（0.0353）	（0.0354）	（0.0332）	（0.0335）	（0.0410）	（0.1766）	（0.0143）
lnwage	−0.9424	−0.0190	−0.4894	−1.0988**	−0.6647	−1.2780**	2.1152	−0.2873*
	（0.6255）	（0.4802）	（0.4862）	（0.4983）	（0.4980）	（0.5570）	（2.9332）	（0.1662）
industry			0.1409*	0.1435	0.1438*	0.2473***	−0.4766	0.0419
			（0.0787）	（0.0922）	（0.0817）	（0.0942）	（0.6269）	（0.0272）
lninter	0.2967***	0.1576*	0.2360***	0.2263***	0.1832**	0.2480***	0.2981	−0.0046
	（0.0957）	（0.0839）	（0.0880）	（0.0720）	（0.0830）	（0.0769）	（0.4010）	（0.0312）
lnroad	0.0513	0.0574	0.0437	0.0442	0.0656	0.0516	0.9969**	−0.0029
	（0.1098）	（0.0913）	（0.0743）	（0.0758）	（0.0712）	（0.0895）	（0.3943）	（0.0284）
bet2029	0.0214	0.0070	0.0090	0.0331	0.0034	0.0341	0.1093	0.0193***
	（0.0293）	（0.0256）	（0.0253）	（0.0230）	（0.0247）	（0.0269）	（0.0864）	（0.0071）
bet3039	0.0826*	0.0930**	0.1040**	0.0504	0.1105***	0.0698	−0.0384	−0.0352***
	（0.0489）	（0.0406）	（0.0408）	（0.0400）	（0.0410）	（0.0460）	（0.1913）	（0.0129）
bet4049	0.0519	0.0084	−0.0003	0.0234	−0.0027	0.0078	0.1581	0.0149
	（0.0434）	（0.0344）	（0.0360）	（0.0355）	（0.0354）	（0.0401）	（0.1585）	（0.0121）

续表

	（1）制造业	（2）服务业	（3）雇员≤20	（4）雇员>20	（5）雇员≤50	（6）雇员>50	（7）高技术	（8）lnfirmsize
edu	-0.7563***	-0.0680	-0.2991**	-0.3873***	-0.2038	-0.4458***	-1.0421	-0.0081
	（0.1668）	（0.1254）	（0.1318）	（0.1447）	（0.1304）	（0.1650）	（0.9327）	（0.0546）
capital	0.0796	0.7241***	0.6851***	0.0245	0.5680***	0.1048	1.4767	-0.3733***
	（0.2476）	（0.1929）	（0.2119）	（0.2234）	（0.2104）	（0.2309）	（1.0853）	（0.0724）
govern	25.9329**	30.1738***	32.1248***	19.4396**	28.1241***	25.1092***	114.4208	-8.3646***
	（10.8354）	（8.9035）	（9.3990）	（7.5744）	（8.7999）	（7.7183）	（72.5141）	（2.9674）
govern²	-119.5651**	-122.6138***	-134.7151***	-87.8236**	-112.9572***	-112.0433***	-756.0067*	31.4435**
	（54.3784）	（40.1606）	（43.7278）	（37.5081）	（40.9493）	（36.7606）	（409.3360）	（15.1237）
market	0.2937	-0.0651	-0.0305	0.1519	0.1703	0.2661	-3.0353	0.0276
	（0.3537）	（0.2715）	（0.2605）	（0.2734）	（0.2725）	（0.2941）	（2.5215）	（0.1144）
_cons	10.3582*	-2.8298	2.9842	9.3752**	4.6361	9.8237**	-7.8232	6.6905***
	（5.5531）	（4.1692）	（4.3697）	（4.4504）	（4.4275）	（4.9912）	（26.4265）	（1.5522）
K-P Wald F statistic	10.469	10.469	11.528	11.528	11.528	11.528	11.528	11.528
Stock Yogo#	16.36/8.96	16.36/8.96	16.36/8.96	16.36/8.96	16.36/8.96	16.36/8.96	16.36/8.96	16.36/8.96
N	195	195	195	195	195	195	195	195
调整的 R^2	0.3675	0.7159	0.6755	0.1802	0.6334	0.1113	0.1722	0.5998
F	16.2654	46.2834	30.5848	8.0892	27.0456	6.0664	3.5783	20.9925

注：括号中为稳健标准误

*、**、***分别表明在 10%、5%、1%的水平下显著

10%/15% maximal IV size

5 结论和讨论

基于 2000 年中国人口的内部迁移数据和 2008 年新创私营企业的数据，本文实证了以人口来源地度量的文化多样性对中国城市创业活动的促进作用，提供了一个处于高速城镇化阶段的发展中国家的、有关多样化经济红利的证据。本文的结论显示，在中国，文化多样性水平越高的城市，新创私营企业活动越活跃。为了处理文化多样性潜在的内生性问题，本文构建了一个仅基于自然地理条件的简化重力模型，进而计算得到了以一个拟合多样性作为真实多样性的工具变量。采用两步 GMM 工具变量回归的结果与 OLS 估计一致。考虑到不同性质创业活动可

能存在的特性，利用工具变量回归进行了异质性分析，发现文化多样性对制造业领域的创业和新创小企业的促进作用更加突出。这可能是因为在中国，服务业面临着更强的国有企业竞争；相对大企业来说，小企业更加依赖外部环境，更需要多样化社会文化环境带来的正向溢出。

在中国人口大规模和快速迁移的背景下，从鼓励创业的角度出发，城市管理者和政策制定者应致力于增强城市对外来人口的吸引力和城市内部的融合，为多元文化和思维的交流提供和谐的城市环境，提升城市创业文化的软实力，谨慎采取控制外来人口进入的政策。

参考文献

［1］Audretsch D B，Keilbach M. Entrepreneurship capital and economic performance. Regional Studies，2004，38（8）：949-959.

［2］Glaeser E L，Kerr S P，Kerr W R. Entrepreneurship and urban growth：an empirical assessment with historical mines. Review of Economics and Statistics，2015，97（2）：498-520.

［3］Fritsch M，Wyrwich M. The effect of entrepreneurship on economic development—an empirical analysis using regional entrepreneurship culture. Journal of Economic Geography，2016，17（1）：157-189.

［4］Glaeser E L，Kerr W R. Local industrial conditions and entrepreneurship：how much of the spatial distribution can we explain? Journal of Economics & Management Strategy，2009，18（3）：623-663.

［5］Nooteboom B. Learning and Innovation in Organizations and Economies. Oxford：Oxford University Press，2000.

［6］Boschma R. Proximity and innovation：a critical assessment. Regional studies，2005，39（1）：61-74.

［7］Boschma R，Minondo A，Navarro M. The emergence of new industries at the regional level in Spain：a proximity approach based on product relatedness. Economic Geography，2013，89（1）：29-51.

［8］Boschma R，Frenken K，Bathelt H，et al. Technological relatedness and regional branching// Bathelt H，Feldman M，Kogler D. Beyond Territory：Dynamic Geographies of Knowledge Creation，Diffusion and Innovation. London：Routledge，2012：64-81.

［9］Guo Q，He C，Li D. Entrepreneurship in China：the role of localisation and urbanisation economies. Urban Studies，2016，53（12）：2584-2606.

［10］Jacobs J. The Economy of Cities. New York：Vintage，1969.

［11］Audretsch D B，Dohse D，Niebuhr A. Cultural diversity and entrepreneurship：a regional analysis for Germany. The Annals of Regional Science，2010，45（1）：55-85.

［12］Acs Z J，Audretsch D B，Lehmann E E. The knowledge spillover theory of entrepreneurship . Small Business Economics，2013，41（4）：757-774.

［13］Hong L，Page S E. Problem solving by heterogeneous agents. Journal of Economic Theory，2001，97（1）：123-163.

［14］Ottaviano G I P，Peri G. The economic value of cultural diversity：evidence from US cities. Journal of Economic Geography，2006，6（1）：9-44.

［15］Rodríguez-Pose A，Hardy D. Cultural diversity and entrepreneurship in England and Wales. Environment and Planning A，2015，47（2）：392-411.

［16］Niebuhr A. Migration and innovation：does cultural diversity matter for regional R&D activity? Papers in Regional Science，2010，89（3）：563-585.

［17］Florida R L. The rise of the creative class. Washington Monthly，2002，35（5）：593-596.

［18］Audretsch D B，Belitski M. The missing pillar：the creativity theory of knowledge spillover entrepreneurship. Small Business Economics，2013，41（4）：819-836.

［19］Boschma R A，Fritsch M. Creative class and regional growth：empirical evidence from seven European countries. Economic geography，2009，85（4）：391-423.

［20］Lee S Y，Florida R，Acs Z. Creativity and entrepreneurship：a regional analysis of new firm formation. Regional Studies，2004，38（8）：879-891.

［21］François F，Subandono. Cultural diversity and entrepreneurship：some multi-level evidence from Indonesia. Paper presented at the 4th International Workshop 'Entrepreneurship，Culture，Finance & Economic Development'，conference，Klagenfurt，July 3-4，2014.

［22］Marino M，Parrotta P，Pozzoli D. Does labor diversity promote entrepreneurship? Economics Letters，2012，116（1）：15-19.

［23］Qian H. Diversity versus tolerance：the social drivers of innovation and entrepreneurship in US cities. Urban Studies，2013，50（13）：2718-2735.

［24］Cheng S，Li H. New firm formation facing cultural and racial diversity. Papers in Regional Science，2012，91（4）：759-774.

［25］Hackler D，Mayer H. Diversity，entrepreneurship，and the urban environment. Journal of Urban Affairs，2008，30（3）：273-307.

［26］Churchill S A. Fractionalization，entrepreneurship，and the institutional environment for entrepreneurship. Small Business Economics，2017，48（3）：577-597.

［27］Sobel R S，Dutta N，Roy S. Does cultural diversity increase the rate of entrepreneurship? The Review of Austrian Economics，2010，23（3）：269-286.

［28］Kemeny T. Immigrant diversity and economic performance in cities. International Regional Science Review，2017，40（2）：164-208.

［29］Audretsch D B，Fritsch M. The geography of firm birth in Germany. Regional Studies，1994，

28（4）：359-365.

[30] Garofoli G. New firm formation and regional development：the Italian case. Regional Studies，1994，28（4）：381-393.

[31] 赵向阳，李海，孙川. 中国区域文化地图："大一统"抑或"多元化"？管理世界，2015（2）：101-119.

[32] Nijkamp P，Poot J. Cultural Diversity：A Matter of Measurement. Social Science Electronic Publishing，2015.

[33] Alesina A，Harnoss J，Rapoport H. Birthplace diversity and economic prosperity. Journal of Economic Growth，2016，21（2）：101-138.

[34] Huo Y P，Randall D M. Exploring subcultural differences in Hofstede's value survey：the case of the Chinese. Asia Pacific Journal of Management，1991，8（2）：159-173.

[35] Kwon J W. Does China have more than one culture? Asia Pacific Journal of Management，2012，29（1）：79-102.

[36] Ghani E，Kerr W R，O'connell S. Spatial determinants of entrepreneurship in India. Regional Studies，2014，48（6）：1071-1089.

[37] Acs Z J，Braunerhjelm P，Audretsch D B，et al. The knowledge spillover theory of entrepreneurship. Small Business Economics，2009，32（1）：15-30.

[38] Di Addario S，Vuri D. Entrepreneurship and market size：the case of young college graduates in Italy. Labour Economics，2010，17（5）：848-858.

[39] Harada N. Potential entrepreneurship in Japan. Small Business Economics，2005，25（3）：293-304.

[40] 刘修岩，张学良. 集聚经济与企业区位选择——基于中国地级区域企业数据的实证研究. 财经研究，2010，36（11）：83-92.

[41] 郭琪，贺灿飞，史进. 空间集聚、市场结构对城市创业精神的影响研究——基于 2001—2007 年中国制造业的数据. 中国软科学，2014（5）：107-117.

[42] 陆铭，倪鹏途. 缺企业家的城市——中国的教育没有推动创业的经验证据. 上海交通大学和复旦大学工作论文，2014.

[43] Card D. Immigrant inflows，native outflows and the local labor market impacts of higher immigration. Journal of Labor Economics，2001，19：22-61.

[44] Ager P，Brückner M. Cultural diversity and economic growth：evidence from the US during the age of mass migration. European Economic Review，2013，64（2）：76-97.

[45] Bellini E，Ottaviano G I P，Pinelli D，et al. Cultural Diversity and Economic Performance：Evidence from European Regions. Geography，Institutions and Regional Economic Performance. Berlin，Heidelberg：Springer，2013：121-141.

[46] Trax M，Brunow S，Suedekum J. Cultural diversity and plant-level productivity. Regional Science & Urban Economics，2015，53：85-96.

[47] Lewer J J，Berg H V D. A gravity model of immigration. Economics Letters，2008，99（1）：

164-167.

[48] Felbermayr G J, Hiller S, Sala D. Does immigration boost per capita income? Economics Letters, 2010, 107 (2): 177-179.

[49] Grogger J, Hanson G H. Income maximization and the selection and sorting of international migrants. Journal of Development Economics, 2011, 95 (1): 42-57.

Cultural Diversity and New Firm Formation in China

Sun Bindong[1, 2, 3], Zhu Pan[4], Li Wan[3]

(1. Research Center for China Administrative Division, East China Normal University, Shanghai 200241, China; 2. The Center for Modern Chinese City Studies, East China Normal University, Shanghai 200062, China; 3. School of Urban and Regional Science, East China Normal University, Shanghai 200241, China; 4. Shanghai Tongji Urban Planning & Design Institute Co., LTD Shanghai 200092, China)

Abstract　Using data on new private firm formation in prefectural cities in China in 2008 and internal migration of Chinese people in 2000, this paper examines to what extent cultural diversity can explain the regional variation of entrepreneurship. The results indicate that, holding other factors constant, cultural diversity vigorously promotes new private firm formation, especially in the manufacturing industry and for small firms. We address the endogeneity of cultural diversity by applying instrumental variables methods and confirm the relative robustness of this result.

Keywords　cultural diversity; entrepreneurship; new private firm formation; internal migration; instrumental variables

区位对都市异国餐厅空间营造策略的影响初探

——基于对上海中心城区日料餐厅的调研

孔　翔　文英姿　卓方勇

摘　要　异国餐厅不仅是多元文化融合的空间，也折射出消费社会下不同主
体对身份建构的需求。由于都市不同区位的人口结构存在差异，不同区位的异国
餐厅可能为适应不同细分市场的顾客需求而采取不同的空间营造策略。本文以大
众点评数据为基础，对上海中心城区部分日料餐厅进行了实地调研和空间文本的
分析。结果显示，同样价位（甚至同一品牌）的日料餐厅，在日本人相对集聚的
上海古北新区，更重视营造"家"的温馨感，而在中心城区的商业区，则倾向借
助复杂的文化符号营造高品质、异国情调的用餐环境，以满足消费者建构身份的
需求。可见，都市消费空间的营造需要适应不同区位中目标消费群体的差异性需
求，这也是区位研究在消费社会的价值体现。

关键词　异国餐厅；区位；空间营造；日料餐厅；上海

1 引言

在消费社会，人们对商品（和服务）的消费早已超越单纯的"物"的使用价

作者简介：孔翔，1975 年生，男，华东师范大学中国现代城市研究中心/城市与区域科学学院，教授，博士生
导师，研究方向为地方产业与文化空间演变。文英姿，1994 年生，华东师范大学城市与区域科学学院，硕士研究
生，研究方向为地域文化与地方发展。卓方勇，1992 年生，华东师范大学城市与区域科学学院，硕士研究生，研
究方向为地域文化与地方发展。
基金项目：国家自然科学基金项目（41771156）。

值，而更多追求其"符号价值"，也就是说，符号价值已经成为商品（和服务）使用价值更为重要的组成部分[1]。特别是高档商品（和服务）的符号价值必须受到更多的关注，因为它不仅是其附加值的主要源泉，而且能满足不同主体建构身份及建构与社会、他人关系的需求。很大程度上，消费社会商品的使用价值取决于消费者的价值观[2]，而拥有不同经济资本、文化资本、社会地位的消费群体，在价值观上会存在显著的差异，这会指导其形成迥异的消费观和日常消费实践[3]。这主要因为消费活动已经成为一种追求商品与理想"自我"吻合的社会实践。消费者通过自身的消费行为表达个性、寄托情感，进而完成对自我身份的建构，即"我所购买的物品，就代表了我"。这也使得消费环境与商品（和服务）一道，成为表征主体社会地位与生活品味的重要载体。在消费过程中，特定消费空间也会因为特定消费群体的参与而建构起独特的符号意义[4]，并获得新的卖点。由此，消费空间不只是消费活动发生的物质载体，更是由叠加在其上的各种社会关系所建构的意义空间[5]。20 世纪 90 年代以来，学者们已经开始关注实体书店、酒吧等具有特殊文化意涵的消费空间[6]，而异国餐厅作为主要提供异域风味饮食的场所，不仅适应了全球化时代人口流动和多元文化融合的内在要求，而且相较于本地餐厅，往往对消费者的经济实力和文化素养提出了相对较高的要求[7]，因而可能使消费者在享受"他者"食物的过程中，满足其身份建构和社会阶层区分的需求[8]，成为值得研究的具有特殊文化内涵的消费空间。同时，由于在大都市的不同区位，人口结构可能存在较大差异，这将引致消费群体的价值观和消费需求的差异，进而影响消费空间的文化内涵及意义建构策略。为此，本文主要结合对上海中心城区日料餐厅的调研进行分析，希冀从经济地理学和文化地理学交叉研究的视角，分析不同区位的异国餐厅为适应不同细分市场的消费需求而在空间营造上可能采取的策略差异。

2 异国餐厅空间营造的一般机理

2.1 异国餐厅的文化意义

独立个体的消费在早期的研究中主要服从消费者的经济理性，但在消费社会时代，它还在相当程度上具有了建构"归属感"（belonging）的"价值"（value）。消费空间也通过与消费者的互动，成为包含位置、区位及地方感的地方。在全球

化时代，大量人口和信息的快速流动改变了地方的消费文化[9]。考虑到跨地方饮食
的异位效应（heterotopic effect）[10]及其主要源于经营地之外其他地方的地方性[11]，
异国餐厅所提供的服务往往在全球化与地方化的互动影响中，折射出全球化时代
不同地方文化之间的相互作用[12]。而其消费者，作为不同程度嵌入全球化的食客，
其消费方式往往也在表达自己与他人或社会群体之间的同一性或差异性，从而对
自己进行社会定位或归类[4]。正如弗里德曼所言，消费是创造认同的特定方式[13]。
就异国餐厅而言，跨国移民和渴望通过消费"他者"食物建构身份的当地人是其
常客[14]，但两者在异国餐厅的消费需求是有明显差异的：前者期待在此通过"家
味道"的还原，唤醒其"家的记忆"，进而强化对母国的身份认同[15]，并"通过唤
起回忆，弥补生活经历的断裂"[16]，消减他们的乡愁；而后者则希望在异国餐厅
的消费能帮助其建构甚至标榜地位、财富等方面的身份认同[17]，因为只有拥有丰
富的文化资本，才能有更多机会消费外国或外来食物[18]，而饮食消费过程中的仪
式展演（perform）及饮食惯习，甚至餐厅的食材选择、烹饪技术等都可能转换为
其建构身份所需的符号[19]，当然，后者也会为异国餐厅文化意义的营造提供便利。

2.2 异国餐厅意义建构的基本路径

有关消费空间意义及其建构机制的研究已经成为文化地理学的重要主题[20]。
从已有研究看，餐厅的意义建构主要依靠建筑风格、装潢等景观符号的运用[21]、
餐厅环境氛围的塑造[22]及食材的选择、配制与加工等[20]。此外，历史故事、名
人轶事、餐厅内人与人的关系及身体在空间中的展演等也能成为有效载体[23]。例
如，Collins通过实证研究发现，食物的气味、味道、触感、用餐方式及餐厅内的
社会关系等都有助于奥克兰的韩国料理餐厅建构其"熟悉性"（familiarity）[24]，而
消费者也会通过消费体验传达其对异国餐厅的空间感知及评价，集中体现为餐厅
的受欢迎程度，当然，这也会对餐厅的空间营造产生影响[25]。也就是说，异国餐
厅需要通过文化符号、文化氛围的塑造及所提供的食品的独特性，营造能满足目
标消费人群需求的空间，从而增强其盈利能力。

2.3 消费社会的区位研究与异国餐厅的空间营造策略

区位研究源起于经济学，主要为实现空间资源的优化配置。典型地，如杜能
（J. H. von Thunen）和韦伯（A. Weber）有关单一企业（农场主或工厂）生产布局

的研究成果，较好地揭示了微观经济主体优化空间资源配置或选择更优区位的机理；克里斯泰勒（Walter Christaller）等则以扩大市场为目标，探索建立了中心地的布局模型。相关实证研究主要借助回归分析[26]、因子分析[27]等数理方法；而"人"在区位研究中的重要性，则主要体现在行为学派的相关分析中。这里的"人"不再都是以追求经济利益最大化为目标的经济人，而是有差异的"人"，会受政治、社会、心理、行为偏好等多种因素影响做出最适合（最满意）而非最优的决策[28]。即使如此，这里的"人"仍然缺少建构身份的自觉性，区位研究主要还基于商品（或服务）满足主体对"物的有用性"的需求。由于餐饮业布局受消费市场的影响较为显著，有关餐厅的区位研究较早就关注到不同类型消费者空间分布格局的影响。例如，Smith 曾发现，为适应工作人群对便利性的需求，城市早餐店大多位于主干道[29]；而 Moore 和 Diez Roux 则发现，有机食品店会更多分布在高收入群体的聚集区[30]。此外，相关研究也表明，餐厅经营者会根据个人经验进行区位决策[31]，而良好的区位条件会刺激消费者的购买欲[32]，提升其满意度[33]，增加餐厅的回头客[34]，等等。不过，这些研究同样忽视了以身份建构为目标的消费需求，较少探讨不同消费群体的空间分布格局对餐厅经营策略的影响。由于在消费社会，消费活动的目标不仅在于获得商品作为物的使用价值，还在于获得其作为文化符号的使用价值，因此，区位研究还必须关注区位对商品及其消费空间文化意义生产的可能影响。

就都市异国餐厅的空间文化意义的生产而言，重要的是，基于所在区位的人口社会结构特征及其主要消费群体对餐厅文化意义的想象，更有效率地满足消费者对在异国餐厅消费食物的身份建构需求。如果说，异国餐厅的消费者主要是跨国移民和渴望通过消费"他者"食物建构身份的当地人，那么，在跨国移民聚居区的异国餐厅，在空间营造中应该更多关注还原"家的味道"；而在渴望标榜地位、财富的消费者较为聚集的区位，则应致力于打造能满足当地人对异域文化想象和高端、上档次需求的空间。

3 研究方案的设计与实施

3.1 研究目标与案例选择

为验证区位对都市异国餐厅空间营造策略的可能影响，有必要选择国际化水平较高的大都市和影响力较大、布局范围较广的异国餐厅进行调研。由于日料主要采用米、鱼和蔬菜等健康食材及较为清淡的烹饪方式，寿司（sushi）、刺身（sashimi）等主要的日料食品受到中产及以上消费群体的热捧，甚至成为个人身份和品味的象征[35]。近年来，上海的日料餐厅数量多、分布广，且受到不少消费群体的青睐[36]，因而比较符合本文的研究需要，可以作为本文的研究目标。同时，考虑到异国餐厅的经营策略很大程度会受到其价位等因素的影响，为主要体现区位因素的作用，应尽量选择同一档次（甚至同一品牌）在不同区位经营的餐厅进行考察。

为选取典型的案例地，本研究对上海日料餐厅进行了两轮筛选。第一轮，主要基于互联网O2O平台，爬取大众点评网中上海市各区县日料餐厅的相关信息，包括名称、地址、人均消费价格及截止到2018年10月的消费人气指数，共计1131条。基于上海日料餐厅人均消费价格与人气指数的相关性（图1），发现人气高的日料餐厅人均消费价格主要集中在200元左右。考虑到调研结果应具有普遍意义，同时为剔除价格因素的影响，确定选取人均消费价格在200元左右的日料餐厅作为调研对象。

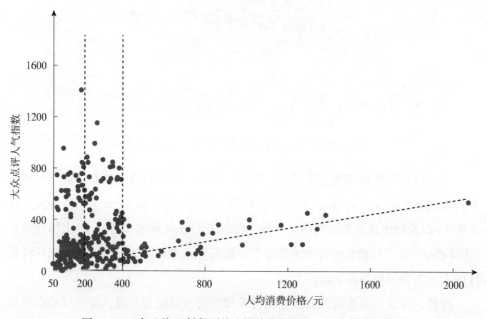

图1　2018年上海日料餐厅的人均消费价格与人气指数的相关性

第二轮，结合高德地图LBS（Location Based Services）开放平台，获取上海日料餐厅的经纬度坐标，借助高德地图JavaScript API工具进行GIS编程，绘制出上海中心城区主要商圈的日料餐厅分布热力图（图2）。发现上海中心城区日料餐厅的高集聚区主要位于古北新区、南京西路—静安寺商圈、徐家汇商圈和浦东世纪公园商圈。其中，古北新区和南京西路—静安寺商圈人气指数更高。众所周知，南京西路—静安寺商圈是上海城市中心最主要的商业区之一，古北新区则是上海虹桥经济技术开发区重要的配套设施，现已成为上海高标准国际居住区的典范，不仅是在沪日本人的传统聚居区，目前也集聚了不少日本企业的员工和家属[37]。可见，前者主要服务于城市中心区的中产者，可能应致力于满足渴望通过消费"他者"食物建构身份的当地中产及以上消费人群，后者则接近跨国移民聚居区，需要满足移民对家乡味道的想象需求。由此，在这两个区域内选择价位相当的典型日料餐厅进行调研，可能有助于验证相关假设。

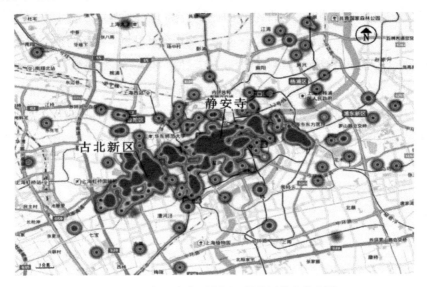

图 2　2018 年上海主要商圈日料餐厅分布热力图

通过两轮筛选和实地的预调研，最终选择位于南京西路—静安寺商圈的阿吾罗日本料理（芮欧百货店）、小山日本料理（兴业太古汇店）、天（新世界大丸百货店），以及位于古北新区的鱼家·鮨（古北店）、天（尚嘉中心店）、小料理屋绢（古羊路店）6 家日料餐厅作为典型案例。根据大众点评网的数据，这 6 家日料餐厅的人均消费价格均在 200 元左右。

此外，考虑到消费者的身份建构需求和空间感知较为主观，而餐厅的空间营造既有经营者的主观倾向，也有客观的景观符号，因此，研究拟结合对案例地的景观记录和对经营者、消费者的半结构式访谈展开。

3.2　调研实施概况

实地调研集中于 2018 年 11 月展开，主要运用参与式观察及现场拍照等景观记录方法，记录了日料餐厅内外物质和非物质空间符号的布设。同时，随机选取了 78 名到店消费者和 22 名店员（包括经理和服务员）进行了半结构式访谈。总的看来，受访消费者中男性略多于女性，以 45 岁以下的青年人为主，文化水平普遍较高，大多接受过本科及以上教育并具有中国国籍（含 5 名港台人士），另有 11 名日本人和 6 名其他外籍人士；受访的餐厅经营者和服务人员则女性占比较高，更为年轻，但学历水平相对较低，不少对日本文化接触不多，对日本文化的了解状况总体不及消费者，这可能与受访的餐厅服务人员占比较高有关，此外，也有 7 名日本国籍的餐厅经营者和服务人员接受了采访（表 1）。

表 1　受访者基本信息

属性		经营者和服务人员		消费者	
		数量	比例/%	数量/人	比例/%
性别	男	8	36.36	44	56.41
	女	14	63.64	34	43.59
年龄	25 岁以下	/	/	19	24.36
	26~45 岁	19	86.36	43	55.13
	46~60 岁	3	13.64	13	16.67
	60 岁以上	/	/	3	3.85
国籍	中国国籍	15	68.18	61	78.21
	日本国籍	7	31.82	11	14.10
	其他国籍	/	/	6	7.69
职业	餐厅服务人员/企业职员	16	72.73	25	32.05
	餐厅经营者/企业经理人	6	27.27	31	39.74
	学生	/	/	18	23.08
	退休	/	/	3	3.85
	其他	/	/	1	1.28
文化水平	本科以下	13	59.09	20	25.64
	本科及以上	9	40.91	58	74.36
对日本文化的了解程度	非常了解	8	36.36	39	50.00
	一般	4	18.18	22	28.21
	不太了解	10	45.45	17	21.79
是否有过日本旅行的经历	是	12	54.55	47	60.26
	否	10	45.45	31	39.74

4 上海典型日料餐厅空间营造策略的调研结果

4.1 不同区位日料餐厅的目标消费群体存在差异

基于爬取的网络信息及实地调研，发现人均消费 200 元左右的上海日料餐厅，其主要消费群体为城市中高收入的公司白领、企业经理人及在沪旅居的日本人。而归因于不同区位日料餐厅的周边人口结构和辐射范围的差异，它们在细分市场上的目标消费群体明显不同。从访谈获取的信息看，位于南京西路—静安寺商圈的受访日料餐厅主要面向周边的白领和企业职员，较少有日本人光顾。

"我入职以来，感觉店里中国客人要多一些……大多是朋友聚餐，日本客人屈指可数，偶尔来几个日本人，也比较喜欢安静，一般都会要求坐到隔间……"（男性服务员，小山日本料理-兴业太古汇店）

而位于古北新区的日料餐厅则较多受到在沪日本人的青睐，全部 18 名日本籍受访者均居住于古北新区，在他们看来，这里的餐厅环境更符合他们的消费需求。

"如果有朋友来访或聚会，我们一般在家附近选择一家比较正宗的日本料理，这块日料餐厅的服务人员大多是日本人或者能讲日语，让我们感觉这是属于我们的空间……"（日籍家庭主妇，小料理屋绢-古羊路店）

可见，位于不同区位的日料餐厅的确会有不同的目标消费人群，而他们的消费需求也可能存在一定差异。

4.2 不同消费群体的消费需求明显不同

由于不同消费群体拥有的经济资本、文化资本等明显不同，他们的消费需求也有显著差异，这可能直接影响日料餐厅的空间营造策略。从访谈记录看，城市中高收入的公司白领或企业经理人倾向将在日料餐厅的消费视为拥有品味、社会地位和财富的象征，而日料选用的新鲜食材和养生的烹饪方式也与他们追求健康的需求相契合。

"我差不多隔个星期都会来这里吃……日料味道蛮好的，人不会太多，餐厅里的服务生和客人素质比较高，吃饭不会像其他餐厅那样闹哄哄的，可以坐下来慢

慢享受，而且食材比较考究，吃海鲜也不容易长胖"（女性企业职员，鱼家·鮨-古北店）

　　而对在沪旅居的日本人而言，日料餐厅则是他们强化"日本人身份"及找寻"家的味道"的重要场所。毕竟，身处异国的移民往往希望能通过保持饮食的味道和制作传统来强化民族认同[23]。

　　"我一般会去古北这边日本人开的一些小餐厅……这里日本人比较多，更有家的感觉，亲切一些"（日籍男性企业职员，鱼家·鮨-古北店）。

　　受访对象话语中强调了对日本人身份建构的渴望及其对家乡的追忆。由于在日常生活中主要受到中国文化的冲击，定居于上海的日本移民会希望通过家乡熟悉的食物和用餐空间来建构集体归属感并满足其对"家"的思念，以消弭乡愁。这就是说，城市中高收入的公司白领在日料餐厅的饮食消费会更加注重日式餐饮服务及高档奢华的日式用餐环境；而在沪旅居的日本人倾向在日料餐厅寻找"家"的记忆，进而在"他者"文化下增强自我身份的认同。

4.3　不同区位日料餐厅的空间营造策略存在差异

　　景观记录和调研访谈都显示，为适应主要目标消费群体的差异性需求，处于不同区位、相同价位的日料餐厅在食物味道、日式风情营造及日式服务的策略选择上都存在差异。具体而言，在营造具有日式风情的物质空间方面，樱花与日式庭院是最常使用的典型文化符号，有助于唤起消费者对日式风情的想象。例如，在古北新区日料餐厅小料理屋绢-古羊路店用餐的某女大学生就表示："还没进店就被店门口的樱花吸引了，一进门就是一棵硕大的樱花树，有种柳暗花明的惊艳。往里走，别有洞天。店里布置也蛮日式……"；而位于南京西路—静安寺商圈的日料餐厅则布设得更为复杂，倾向通过更多的日本文化元素，彰显餐厅的档次和品味，以期满足城市中高收入者构建全球化和"有品位"身份的需求；而在沪日本人集聚的古北新区，大多数日料餐厅装修得小巧精致，往往采用简洁的符号以营造温馨的"家"的氛围，以适应其目标顾客群对"日本人"身份建构及获取集体归属感的需求。典型的是分别位于南京西路—静安寺商圈和古北新区的天日料连锁餐厅，前者的装潢中日式符号明显更为高档。虽然两家餐厅的餐饮服务处于同等价位，但前者在餐厅入口选用了朱红色的鸟居构件（日本神社附属建筑），代表神域的入口，隐喻踏入鸟居后所有行为举止都应优雅得体；同时，大气的落地窗与窗外的东方明珠塔、上海环球金融中心、金茂大厦等地标性建筑构成独特景致，从而营造出奢华的用餐环境；后者的空间设计则明显低调内敛，倾向营造简朴素雅的氛围，追求整洁干净，讲求细节的设计，如其坪庭的设计，主要通过巧妙利用假花等营造出日式庭院风情（图3）。

(a) 南京西路—静安寺商圈   (b) 古北新区

图3　不同区位日料连锁餐厅空间营造差异

在食物味道和服务等非物质空间的营造上，不同区位的日料餐厅也存在明显差异。一般认为，食物味道不仅是主体本能的生理反应，更是需要习得并通过主体的经验、感觉及想象进行社会建构的、意识形态里味觉的再现（representation）[38]。不同区位的日料餐厅倾向选择经由不同的食材或制作工艺塑造独特的味道空间。调研发现，位于南京西路—静安寺商圈的日料餐厅突出宣传选用了日本本土食材，以满足高收入者的身份建构需求。受食材空运到达时间的影响，该商圈不少较高档的日料餐厅选择中午停业，这也得到了部分受访者的认同。

"听说这里的鱼是从长崎空运过来的，味道很鲜，感觉就是不一样……"（男性企业职员，阿吾罗日本料理-芮欧百货店）

而古北新区的日料餐厅对味道的建构则更注重日本料理的制作工艺、烹饪技巧及日本酱汁等调料的选择，尽可能还原日本移民对家乡味道的记忆，从而增强其国别身份认同。

"茶泡饭，虽然很简单，但却做出了我们在日本自家做饭的味道，配的渍物把简单的食材做出了极度的美味，喝下去很有感慨"（日籍男性消费者，鱼家·鮨古北新区店）

在日料餐厅的菜单设计方面，古北新区的日料餐厅通常选用日文，偶尔附有中文或英文解释；而南京西路—静安寺商圈的日料餐厅则基本上采用全中文，很少见到全日文的菜单。以"牡蛎玉子烧"为例，位于古北新区的天日料餐厅使用的是全日文的"きか玉子とじ烧き"，不过也另外提供了中文菜单；而位于南京西路—静安寺商圈的天日料餐厅则将日文中的"きか"二字用中文的"牡蛎"来替代，菜名是既有日文又有中文的"牡蛎玉子とじ焼き"，由于菜名中日文的"玉子"和"烧"三个字的字形和中文差别不大，消费者可以一眼分辨出来，从而既体现了餐厅的日本文化元素，又能让中国消费者一目了然。类似的，该餐厅在菜单中把日文中的"海老"替换成"虾"，"银系"替换成"粉丝"，"人参"替换成"胡萝卜"，等等，这些都可以被视为全球化进程中为适应特定区域消费者需求所采取的本地化策略。

4.4 不同区位消费者对上海日料餐厅的感知

已有研究表明，餐厅的空间建构的确能影响到消费者对环境的知觉与感受[39]。访谈记录也进一步佐证了不同区位日料餐厅的空间营造策略会对消费者的空间感知产生不同影响。例如，在古北新区的日料餐厅，日语环境成为消费者感知空间的重要载体，尤其是那些日本客人较多的餐厅。

"进入餐厅时，仿佛置身于日本街头的居酒屋，偶尔约几个朋友或是叫几个同事，吃吃生鱼片，喝喝清酒，一个晚上很快就过去了……"（日籍男性企业职员，小料理屋绢-古羊路店）

"这里是日本人集中的地方……用餐的几乎都是日本客人，菜单全是日文，老板娘也是日本人，全程用日语打招呼，尤其当餐厅日籍厨师制作料理时，简直感觉自己就在日本。"（专程到古北新区日料餐厅消费的受访男大学生，小料理屋绢-古羊路店）

而适应高收入白领等追求优雅、高档用餐环境的需求，在南京西路—静安寺商圈的日料餐厅环境则能让本土消费者感受到精致与安定的融合。

"餐厅装修精致大气，有些许日本气息……作为中国人也可以融入其中，并不会有进入别人空间的乱入感或不适感，比起一些日本人多的日料餐厅，这里多了一份安定……"（男性企业职员，小山日本料理-兴业太古汇店）

5 结论与讨论

异国餐厅是全球化过程中新兴的都市消费空间，既能反映多元文化的扩散与融合，又能折射出消费者的身份建构需求。由于异国餐厅的空间营造应主要服务于细分市场的目标消费人群，而区位可能会影响到餐厅周边消费群体的特征及需求，因此，在都市不同区位的异国餐厅可能会选择不同的空间营造策略。基于对上海中心城区南京西路—静安寺商圈和古北新区 6 家典型日料餐厅的实地调研，发现中高收入白领和在沪旅居的日本人是上海中心城区较高价位（人均消费约200 元/顿）日料餐厅的主要消费群体，他们的消费需求存在明显差异。前者更注重用餐环境符合想象中的日式风情并要求高端大气，有炫耀性消费的倾向；后者则希望日料餐厅能为其提供"家的味道"和温馨感，以在"他者"文化冲击下增强对母国的认同。景观观察和访谈记录均显示，由于古北新区是在沪日本人相对聚集的地方，南京西路—静安寺商圈周边高收入白领较多，因此，两地日料餐厅在物质和非物质空间的塑造上都存在一定差异。位于南京西路—静安寺商圈的日料餐厅大多屋宇宏大，倾向用繁复的日本文化符号和新鲜的食材等营造高档的用餐环境，以满足消费者的身份建构需求；而古北新区的日料餐厅往往小而精致，尽可能通过味道、日语环境等非物质空间塑造"有日本人来消费"的氛围。由此可见，在消费社会时代，都市异域消费空间的塑造有必要适应不同区位的目标消费群体建构身份的差异化需求。这一消费社会的空间营造逻辑，不仅体现了区位研究在文化经济时代的新价值，也可能为类似消费空间的塑造提供有益的借鉴。值得指出的是，价格作为影响餐厅经营策略的重要因子，对消费空间营造无疑具有重要影响。本研究为聚焦区位和人口结构特征的影响，在案例选择时控制了价格因素，未来有必要就此开展更为深入的探索。

参考文献

［1］让·鲍德里亚. 消费社会. 刘成富，全志钢，译. 南京：南京大学出版社，2001：10-12.

［2］Lash S, Lury C. Global Culture Industry: The Mediation of Things. Cambridge: Cambridge University Press, 2007: 93.

［3］Bourdieu P. Distinction: A Social Critique of the Judgement of Taste. Cambridge: Harvard University Press, 1984: 26-27.

［4］克雷斯韦尔 T. 地方：记忆、想像与认同. 徐苔玲，王志弘，译. 台北：台北群学出版社，2006：69-70.

［5］林耿，王炼军. 全球化背景下酒吧的地方性与空间性——以广州为例. 地理科学，2011，（7）：794-801.

［6］Shields R. The 'system of pleasure': liminality and the carnivalesque at Brighton. Theory,

Culture& Society，1990，7：39-72.

［7］Baumann S，Johnson J. Foodies：Democracy and Distinction in the Gourmet Foodscape.New York：Routledge，2009：19-21.

［8］希旭菲尔德 G. 欧洲饮食文化. 张志成，译. 台北：左岸文化，2004：151-152.

［9］李志刚，薛德升，杜枫，等. 全球化下"跨国移民社会空间"的地方响应——以广州小北黑人区为例. 地理研究，2009，28（4）：920-932.

［10］Möhring M. Foreign cuisine in West Germany. GHI Bulletin，2007，41（3）：79-88.

［11］Guthman J. Bringing good food to others：investigating the subjects of alternative food practice.Cultural Geographies，2008，15（4）：431-447.

［12］Zukin S. The Cultures of Cites. Oxford，UK：Blackwell Publisher，1995：153-185.

［13］弗里德曼 J. 文化认同与全球性过程. 郭健如，译. 北京：商务印书馆，2003：98-101.

［14］宋家泰，顾朝林. 论地理学现代区位研究. 地域研究与开发，1987（2）：1-9.

［15］Bell D，Valentine G. Consuming Geographies：We Are Where We Eat. London：Routledge. 1997：56-58.

［16］Slocum R. Race in the study of food. Progress in Human Geography，2011，35（3）：303-327.

［17］张敏，熊帼. 基于日常生活的消费空间生产：一个消费空间的文化研究框架. 人文地理，2013，28（2）：38-44.

［18］Mak A H N，Lumbers M，Eves A，et al. Factors influencing tourist food consumption. International Journal of Hospitality Management，2012，31（3）：928-936.

［19］Barthe R. Toward a psychosociology of contemporary food consumption//Counihan C，Esterik P V. Eds. Food and Culture：A Reader. New York：Routledge，1957：12-15.

［20］Miller D，Jackson P，Thrift N. Shopping，Place and Identity. London：Routledge，1998：5-7.

［21］迪克斯 B. 被展示的文化：当代"可参观性"的文化生产. 冯悦，译. 北京：北京大学出版社，2012：29-36.

［22］Tellstrom R，Gustafsson I B，Mossberg L. Local food cultures in the Swedish rural economy. Sociologia Ruralis，2005，45（4）：346-359.

［23］刘彬，阚兴龙，陈忠暖. 旅游消费空间的建构与游客感知——以拉萨玛吉阿米餐厅为例. 世界地理研究，2016，（3）：151 161.

［24］Collins F L. Of kimchi and coffee：globalisation，transnationalism and familiarity in cultinary consumption. Social & Cultural Geography，2008，9（2）：151-169.

［25］Mansvelt J. Geographies of Consumption. Thousand Oaks，CA：SAGE Publications，2008：11-28，44-69.

［26］Rogers D S，Green H L. A new perspective on forecasting store sales：applying statistical models and techniques in the analogue approach. Geographical Review，1979，69（4）：449-458.

［27］Davies R L. Evaluation of retail store attributes and sales performances. European Journal of Marketing，1973，7（2）：89-102.

［28］李小建，李国平，曾刚，等. 经济地理学. 第2版. 北京：高等教育出版社，2006：84-85.

［29］Smith S L J. Location patterns of urban restaurants. Annals of Tourism Research.1985，12（4）: 581-602.

［30］Moore L V，Diez Roux A V. Associations of neighborhood characteristics with the location and type of food stores. American Journal of Public Health，2006，96（2）: 325-331.

［31］Hernández T，Bennison D. The art and science of retail location decisions.International Journal of Retail & Distribution Management，2000，28（8）: 357-367.

［32］Leung K N，Cheuk K M. Market potential of a fast-food outlet against location based on customer traveling distance profiles. Journal of Restaurant & Foodservice Marketing，2000，4（1）: 47-75.

［33］Haghighi M，Dorosti A，Rahnama A，et al. Evaluation of factors affecting customer loyalty in the restaurant industry. African Journal of Business Management，2012，6（14）: 5039-5046.

［34］Prendergast G，Man H W. The influence of store image on store loyalty in Hong Kong's quick service restaurant industry. Journal of Foodservice Business Research，2002，5（1）: 45-59.

［35］Bestor T C. Tsukiji: The Fish Market at the Center of the World. Berkeley，CA: University of California Press，2004: 151.

［36］刘彦华. 2017 中国饮食小康指数：81.4 国人饮食新发现. 小康，2017，（4）: 54-60.

［37］周雯婷，刘云刚. 上海古北地区日本人聚居区族裔经济的形成特征. 地理研究，2015，34（11）: 2179-2194.

［38］Korsmeyer C. The Taste Culture Reader: Experiencing Food and Drink. Oxford，New York: Berg，2005: 14.

［39］Bitner M J. Servicescapes: the impact of physical surroundings on customers and employees. The Journal of Marketing，1992，56（2）: 57-71.

The Influence of Location on the Space Making Strategy of Foreign Restaurants
—The Case Study of Japanese Restaurant in Shanghai

Kong Xiang[1,2]，Wen Yingzi[2]，Zhuo Fangyong[2]

（ 1.The Center for Modern Chinese City Studies，East China Normal University，Shanghai 200241，China；2.School of Urban and Regional Science，East China Normal University，Shanghai 200241，China ）

Abstract Foreign restaurants are not only space of multicultural integration，but also should satisfy the need of different consumers' identity construction in the era of consumerism. Due to the consumer structure around it，the restaurant with distinctive location may adopt some particular space making strategy to meet the need of its customers. Based on the data of Dianping, this paper carries out field research and spatial text analysis on some Japanese food restaurants in downtown Shanghai. Results show that Japanese restaurants with the same price(or even the same brand)pay more attention to creating a warm feeling of "home" in Gubei New Area of Shanghai, where Japanese people are relatively concentrated. While in the downtown business district, they tend to use complex cultural symbols to construct high-quality, exotic dining environment, so as to meet the needs of consumers to construct identity. It can be seen that the construction of urban consumption space needs to adapt to the different needs of target consumer groups in different locations, which is also the embodiment of the value of location research in the consumer society.

Keywords foreign restaurant; location; space making strategy; the Japanese restaurant; Shanghai

集聚经济对中国城市企业家精神的影响研究

金晓溪　孙斌栋

摘　要　集聚经济是城市的重要特征，已有对集聚经济对于创业的影响的研究尚未取得一致结论。本文基于中国地级市的截面数据，检验了以城市人口规模和人口密度度量的集聚经济对中国城市创业活动的影响。结果显示，集聚经济程度越高的城市，自雇创业者的创业活动越不活跃，但对于雇主创业者没有显著影响；处于不同创业水平的城市均从规模扩大中受损，但城市规模对于高创业活动地区的抑制作用更加突出。为了缓解因集聚经济程度与创业之间可能存在的反向因果关系而导致的内生性问题，本文采用工具变量进行两阶段回归，发现集聚经济程度对创业的影响不再显著，可能的原因在于集聚经济影响创业活动的正负效应相互抵消。进一步的机制分析显示，社会资本能有效地缓解集聚经济对创业的负向作用，而房价、竞争都显著强化了集聚经济影响个人创业的负效应。研究的启示是，政府应关注不利于个人创业的消极因素，同时强化有助于繁荣企业家精神的积极因素。

关键词　集聚经济；企业家精神；创业；城市规模；中国

1　研究缘起

　　企业家是具有创业精神和创新精神的个体，提倡企业家精神是缓解就业问题

　　作者简介：金晓溪，1994 年生，女，江苏南通人，华东师范大学城市与区域科学学院，硕士研究生，主要从事城市地理研究。通讯作者：孙斌栋，1970 年生，男，华东师范大学中国行政区划研究中心、中国现代城市研究中心、城市与区域科学学院，教授，博士生导师，研究方向为城市地理与区域经济。

　　基金项目：国家社会科学基金重大项目（17ZDA068）。

的重要途径，企业家精神的"创造性毁坏"是实现经济长期可持续增长的核心动力[1-4]。关于企业家精神影响因素的文献大多关注企业家的个体特征（如性别、教育水平等），近些年的研究开始考虑城市和区域环境特征对地区间企业家精神差异的影响，包括集聚经济的类型（MAR 的 industrial specialization 和 Jacobs 的 industrial diversity）[5-7]、政府管制[8-9]、地方文化[3-4]等。

从本质上讲，城市是企业和劳动力高度集中的地方，企业和劳动力的空间邻近创造了集聚经济。集聚经济对企业新业务的开展、劳动力以及思想流向和可获得性产生影响[10]，并且通过影响创业机会和资源来影响企业家精神。因此，解释创业活动形成和发展可以从城市的集聚经济展开。不过，专门探讨集聚经济程度影响企业家精神的文献非常有限，而且结论都不一致。例如，陈刚发现人口规模显著增强了中国微观个体的创业概率[8]。但 Di Addario 和 Vuri 基于意大利的研究发现，就业规模越大，大学生毕业三年后成为企业家的概率越低[11]。Sato 等基于日本地级市的样本发现，人口密度与自我雇佣率呈现 U 形关系，即人口密度最高和最低的地级市能够促进地区自我雇佣率的提高，然而在中等人口密度地区这种影响却是负向的[12]。

城市规模作为一个城市的重要的特征，通常被用来衡量集聚经济的程度，集聚经济的程度对企业家精神的影响关系到政策制定和个体选择。城市是经济增长的强大动力源泉，中国快速的城市化进程引起大量移民涌入城市，这也将不可避免地改变中国的城市规模。何种集聚经济程度有利于繁荣中国的企业家精神，是一个具有重要政策意义的问题。

鉴于已有文献非常少，而且没有得出一致结论，本文以 2014 年中国劳动力动态调查（China Laborforce Dynamics Survey，CLDS）中劳动力个体的创业活动数据和 2010 年的城市集聚经济特征数据为基础，检验以城市常住人口规模和人口密度为代理变量的集聚经济对企业家精神的影响。本研究为有限的集聚经济程度影响企业家精神的研究提供了来自中国的新的证据。相比于已有的中文文献，本文使用 2010 年中国人口普查数据中的常住人口数据作为集聚经济程度的代理变量，能够更准确地测度城市集聚经济程度。本文结论也为中国创业政策制定提供了学术依据。

2 数据与方法

2.1 数据来源

本研究基于中国的地级市市辖区展开。城市市辖区是创业活动产生的核心区域，聚集了大量的劳动力、企业、学校、风险资金和公共资源等。研究所用的反映企业家精神的个人创业状态和相应的个人社会经济特征来自 2014 年 CLDS 中的微观调查。这项由中山大学社会科学调查中心于 2014 年进行的调查涵盖了中国 29 个省（自治区、直辖市）（香港、澳门、台湾、海南、西藏除外），采用严格的多阶段、聚类分层的按规模大小成比例的概率抽样方法收集数据。囿于数据可得性，本研究的最终样本由来自中国 62 个城市的 5023 个个体组成。

核心解释变量城市人口规模采用 2010 年开展的中国第六次人口普查中的城市常住人口数据，另一个核心解释变量人口密度也据此计算。这个数据是 2010 年以来能够反映城市真实规模的唯一准确数据，而且通过滞后解释变量，在一定程度上缓解了与被解释变量之间存在的双向因果关系所引起的内生性估计偏误问题。基于因果关系考虑，其他城市特征变量同样采用滞后的 2010 年数据，数据来源于相关的《中国城市统计年鉴》与《中国区域经济统计年鉴》。

2.2 基础模型设定

为了检验集聚经济对个人创业概率的影响，本研究设定如下的 Probit 模型：

$$\text{Prob}(\text{Entrepr}_{ij}=1)=\alpha+\delta\text{Pop}_j+\beta\text{X}_{ij}+\gamma\text{RFE}_j+\mu_{ij} \quad\quad (1)$$

其中，如果个体正在城市内从事创业活动，则 Entrepr_{ij} 赋值为 1；反之，赋值为 0。方程右边的解释变量除城市规模（Pop）之外，还包括城市的其他特征（RFE）和个人特征（X）。

基于 2014 年 CLDS 劳动力个体调查数据，本文从个人创业选择的角度出发，将企业家精神定义为"个体劳动力是否创业"。微观调查中受访者对本人职业类型的自我判定分别为"雇员"、"雇主"和"自雇"三类。据此，本文定义三个创业变量。第一个创业变量被定义为"创业者总体"（Emploment1），当受访者是雇主和自雇时，取值为1，反之为0。第二个创业变量被定义为"雇主创业者"（Emploment2），当受访者为雇主时，取值为1，反之为0。第三个创业变量被定义为"自雇创业者"（Emploment3），当受访者为自雇时，取值为1，反之为0。在5000多个被调查者样本中，"雇主创业者"为178个，"自雇创业者"为815个，其余都为雇员。

本文选取的核心解释变量为城市人口规模（population）和城市人口密度（density）。参考引言中的那些文献，本文采用的城市其他特征的变量有如下10种。

（1）人均GDP（Pgdp）：用于控制城市经济水平的差异，通常认为，经济水平越高的地区往往更有可能产生企业家。

（2）产业结构（Industry）：用"第二产业与第三产业的产值比"来衡量，不同产业结构提供的创业机会可能不同。

（3）大企业占比（Big）：采用"超过100人的企业的就业人数与该地区总就业人数的比值"表示，以检测中国的"Chinitz效应"是否存在。

（4）国有工业企业数量比重（Oi）：在中国，国有企业垄断与政府的行政干预密切相关，本文用"国有工业企业数量比重"来反映制度环境对企业家精神的影响。国有工业企业数量比重越大，说明国家的行政干预力度越强，越不利于自由、公平、健康的市场环境的形成，同时会阻碍企业家的出现。

（5）大学生占比（Edu）：人力资本对创业的影响存在正、负两种效应。其中，最为突出的是教育的作用。高学历人群借助知识溢出的外部性，易获得相关的创业技能，有助于创业活动的产生。同时，由于较高的教育水平往往易获得较理想的工作报酬，增强了对创业风险的厌恶程度从而削弱了创业意愿。本文以"2010年当地人口中大学及以上学历人口比例"衡量人力资本，比例越高，代表城市人力资本水平越高。

（6）舒适度（Comfort）：舒适性或生活品质被认为是吸引人才的关键因素之一，本文沿用Florida等的测度方法，采用就业人数构造的服务业区位商衡量城市的舒适度[13]。

（7）人均道路面积（Road）：用于刻画使用基础设施的便捷程度，良好的城市基础设施有助于降低城市运行成本，改善城市营商环境，增加对企业家的吸引力。

（8）人均绿地面积（Green）：用于刻画城市环境舒适程度，舒适的环境是吸引人才到城市创新创业的基础保障。

（9）行政区面积（Area）：引入市辖区行政区面积来控制人口密度。

（10）城市虚拟变量：为了控制东部、中部、西部不同城市的异质性，Dum_West用于表示西部城市，Dum_East表示东部城市，中部城市用作参照组。

鉴于特定类型的人群更容易成为企业家，因此模型中控制可能影响企业家精神的个人特征变量，包括：Male（性别），Age（年龄），Education（受教育程度），Income（个人收入），Marriage（婚姻状况），Hukou（户口类型），Party（政治身份）。

表1是变量的描述性统计分析，连续变量均作对数处理。

表 1　变量的描述性统计分析表

变量	经济含义	均值	标准差	最小值	最大值
Employment1	宽口径创业：雇主和自雇为1	0.198	0.398	0	1
Employment2	窄口径创业：雇主为1	0.035	0.185	0	1
Employment3	窄口径创业：自雇为1	0.162	0.369	0	1
Population（ln）	市辖区常住人口规模	5.707	1.129	3.460	7.710
Pgdp（ln）	人均GDP	10.920	0.495	9.316	11.672
Industry	第二产业与第三产业的产值比（%）	1.144	0.606	0.315	3.682
Big	大企业占比（%）	0.617	0.087	0.395	0.812
Oi	国有工业企业数量比重（%）	0.221	0.201	0.015	0.758
Edu	大学生占比（%）	0.092	0.048	0.010	0.199
Comfort	舒适度（%）	0.102	0.026	0.036	0.191
Road（ln）	人均道路面积	1.580	0.709	0.253	3.322
Green（ln）	人均绿地面积	3.719	0.792	1.792	5.916
Area（ln）	行政区面积	7.553	1.083	4.575	10.167
Dum_East	东部虚拟变量	0.535	0.499	0	1
Dum_West	西部虚拟变量	0.228	0.420	0	1
Male	男性为1，女性为0	0.549	0.498	0	1
Age	年龄（岁）	40.118	10.832	16	65
Education	个人受教育年限（年）	11.786	3.424	0	16
Income（ln）	受访前一年收入	10.413	0.860	2.485	14.914
Marriage	已婚为1，其他为0	0.864	0.343	0	1
Hukou	城镇户口为1，农村户口为0	0.693	0.4610	0	1
Party	党员为1，其他为0	0.160	0.367	0	1

注：本表是基准模型中62个样本城市的描述性统计表

2.3　工具变量方法

对于创业活动而言，集聚经济程度很可能是内生的。首先，集聚经济程度与企业家精神之间很可能存在双向因果关系。集聚经济程度可能会促进企业家精神的繁荣；与此同时，城市的经济增长某种程度上又依赖企业家精神的有效发挥，活跃的创业活动也将加速城市的经济增长从而提高集聚的经济效应。此外，可能存在没有观测到的遗漏变量会同时影响集聚经济程度与企业家精神。因此，Probit的估计结果很可能是有偏的。现有研究主要借助工具变量以缓解集聚经济的内生性。受限于数据的可得性，本研究借鉴了陆铭等在城市规模影响就业机会的研究中所采纳的方法[14]，使用 1953 年中国第一次人口普查数据中的城市常住人口数据作为城市人口规模的工具变量。

3 实证结果

3.1 基础回归结果

表 2 报告了式（1）的 Probit 估计结果。前 3 列反映集聚经济的核心解释变量为城市人口规模（population），因变量依次为 Employment1、Employment2 和 Employment3；后 3 列则用城市人口密度（density）替换城市人口规模来刻画集聚经济，因变量顺序同上。回归结果显示，第 1 列和第 3 列城市人口规模的估计系数都显著为负，城市人口规模对创业者总体的弹性为 17.56%，对自雇创业者的弹性为 19.75%；而第 2 列中城市人口规模的估计系数不显著。后 3 列采用人口密度的回归结果与前 3 列完全一致，因为控制了城市面积后，密度比较相当于规模比较。该结果说明，城市人口规模越大，越不利于自雇创业者的发展。这一结果与Di Addario 和 Vuri[11] 的负向结论一致；而与陈刚[8] 针对中国样本的研究结论相反，由于陈刚使用户籍人口度量城市人口规模，存在较大的测量误差，因此本文结果更可信。出现这一现象可能的解释是，自雇创业者对于创业成本比较敏感，大城市创业成本较高，竞争压力大，鲜有自雇创业者能够承受这种风险，因此大城市不利于自雇创业者创业。另外，在研究中尝试分别加入城市人口规模和城市人口密度的二次项，结果均不显著，不存在集聚经济程度与企业家精神之间的非线性关系，限于篇幅，这里不作汇报。一种可能解释是，中国城市的人口规模和人口密度带来的集聚经济正外部性逐渐削弱，集聚不经济占据主导地位，对于竞争力相对较弱的自雇创业者来说，微弱的集聚经济远无法与集聚不经济抗衡，所以捕捉到的是单调递减的效应。

表 2　基础模型回归结果

	（1）Employment 1	（2）Employment 2	（3）Employment 3	（4）Employment 1	（5）Employment 2	（6）Employment 3
人口规模	−0.1756*（0.0940）	−0.0598（0.1082）	−0.1975**（0.0904）			
人口密度				−0.1756*（0.0940）	−0.0598（0.1082）	−0.1975**（0.0904）
控制变量	是	是	是	是	是	是
常数项	−2.0096（1.5085）	−8.8342***（1.5671）	0.0933（1.4732）	−2.0096（1.5085）	−8.8342***（1.5671）	0.0933（1.4732）
样本量	4764	4764	4764	4764	4764	4764
对数似然函数值	−1.8E+03	−585.147	−1.8E+03	−2.0E+03	−585.147	−1.8E+03
伪 R^2	0.143	0.202	0.143	0.130	0.202	0.143

注：括号中的数值为经过地级市层面聚类修正的标准误

***、**、*分别表示在 1%、5%和 10%的水平下显著

　　模型中其他城市特征控制变量和个体特征控制变量对企业家精神的影响方向和显著性也基本符合预期。

3.2　分位数回归结果

　　借助分位数回归模型，重点考察集聚经济程度对处于不同创业水平的地区的异质性影响，即观察城市人口规模的估计系数是否会随不同创业水平分位点（q）产生变化。分位数回归的估计结果见表 3。城市人口规模的估计系数随着分位数的增加而逐渐降低，这表明，城市人口规模对高创业活动地区的抑制作用更加强烈。可能的解释是，一些地区的创业活动高度活跃，已经实现了集聚经济正效应的最大化，它使新企业的进入变得不那么必要，激烈的企业竞争提高了新企业进入的门槛，因此产生了较强的"挤出效应"。而创业活动较低的地区，经济发展水平较低，集聚经济的挤出效应不那么明显。

表 3　分位数的估计结果

	（1）q=15	（2）q=30	（3）q=45	（4）q=60	（5）q=75	（6）q=90
人口规模	−0.0351***（0.0008）	−0.0384***（0.0023）	−0.0495***（0.0042）	−0.0632***（0.0046）	−0.1256***（0.0036）	−0.1641***（0.0064）

续表

	（1） q=15	（2） q=30	（3） q=45	（4） q=60	（5） q=75	（6） q=90
人均GDP	0.0506***	0.0423***	0.0696***	0.0130	−0.0025	0.0282**
	（0.0015）	（0.0044）	（0.0079）	（0.0086）	（0.0068）	（0.0120）
控制变量	是	是	是	是	是	是
常数项	−0.5533***	−0.7101***	−0.8314***	0.0132	0.2745***	−0.0433
	（0.0148）	（0.0429）	（0.0777）	（0.0849）	（0.0665）	（0.1182）
样本量	4764	4764	4764	4764	4764	4764

注：括号中的数值为经过地级市层面聚类修正的标准误

***、**、*分别表示在1%、5%和10%的水平下显著

3.3 两阶段回归结果

为解决可能存在的内生性问题，Probit 基准回归中已经将解释变量滞后到 2010 年，在一定程度上缓解了反向因果导致的内生性。另外，本文借鉴文献做法[14]，将 1953 年城市人口规模和城市人口密度作为当期核心解释变量的工具变量，来更好地识别因果关系。

表 4 给出了基于常住人口规模运用工具变量的两阶段回归估计结果。第一阶段回归结果表明，工具变量对内生变量具有非常显著的影响，即具备较好的解释力。此外，第一阶段回归的 F 统计量远远超过了 10 的阈值，可见，未出现弱工具变量问题。第二阶段回归的结果表明，每列中城市人口规模变量的估计系数均不再显著，这表明城市人口规模的增加不再显著对企业家个人创业的概率产生负向作用，集聚经济程度只存在对企业家精神的异质性。可能的原因在于，城市人口规模扩张带来的正效应和负效应对城市创业活动产生的影响恰好相互抵消。以城市人口密度为核心解释变量的两阶段回归结果与城市人口规模完全一致，受篇幅限制，此处未报告具体结果。

表 4   工具变量回归结果

		（1） Employment1	（2） Employment2	（3） Employment3
第一阶段	1953 年人口规模	0.4737***	0.4737***	0.4737***
		（0.0554）	（0.0554）	（0.0554）
	F statistic	6260.307	6260.307	6260.307

续表

		（1） Employment1	（2） Employment2	（3） Employment3
第二阶段	人口规模	−0.1469 （0.1173）	−0.0633 （0.1342）	−0.1714 （0.1174）
	控制变量	是	是	是
	常数项	−1.8390 （1.6787）	−8.8569*** （1.6227）	0.2387 （1.6141）
	样本量	4764	4764	4764
	对数似然函数值	−3.0E+03	−1.6E+03	−2.8E+03

注：括号中的数值为经过地级市层面聚类修正的标准误
***、**、*分别表示在1%、5%和10%的水平下显著

3.4 集聚经济影响企业家精神的机制探究

集聚经济影响个人创业概率的方向为负，可能的原因在于，集聚不经济超过了集聚经济效应。如果这一观点成立，那么具有更高社会资本、城镇户口的个体会较少因此受损，而对生活在房价高、大企业占比高和企业密度高、人力资本高的城市的个体来说，集聚不经济的负面效应会加剧。在基准回归模型基础上，本文采用调节效应方式来检验上述假设是否成立。

首先使用2014年CLDS中"在本地，有多少关系密切，可以得到支持和帮助的朋友/熟人"数据衡量社会资本（acquint），把它以及它与规模交互项放入两阶段回归模型中发现，对于创业者总体和雇主创业者而言，熟人多等于增强了城市人口规模的集聚效应，社会资本有效地缓解了城市人口规模对个人创业造成的不利影响；然而，就自雇创业者来说，社会资本并没有体现出显著的正向调节作用。受篇幅限制，这里及之后的计量结果不予以汇报。

按照以上类似方法，本研究分别检验了房价、竞争、户籍、人力资本对集聚经济的创业调节效应。研究结果显示：①高房价往往会给雇主创业者带去很大压力，激烈的寻租竞争迫使很多雇主创业者停下创业的脚步。而对于自雇创业者，房价与规模的交互项不显著，可能原因是自雇创业者需要的营业场所通常不大，甚至不需要正规场地，即对房价的敏感度弱于雇主创业者。②企业密度和大企业比例的提高加剧了竞争效应，当竞争效应大于集聚效应时，城市规模对自雇创业者的影响是负面的。③拥有城镇户口能够微弱地缓解城市规模对创业者总体造成

的负向影响。④人力资本提高非但没有缓解城市规模对雇主创业者造成的不利影响，反而微弱地增强了这一负向效应。一种解释是，创业机会成本会随着教育水平的提高而增加，在劳动市场难以获得良好就业机会的低学历人群更可能为了生存而从事自我雇佣工作；另一种解释是，中国现阶段的教育方向和质量可能并不能催生创业活动。

4　结论与启示

基于 2014 年 CLDS 个体微观数据和 2010 年中国地级市的截面数据，本研究实证检验了以城市人口规模和人口密度度量的集聚经济对中国城市个人创业概率存在的异质性作用，提供了一个集聚经济外部性视角下来自中国的证据。本研究的结论显示，集聚经济程度越高的城市，自雇创业者的创业活动越不活跃，但是这一结论对于雇主创业者没有显著影响。可能是因为自雇创业者相对于雇主创业者来说，对于创业成本更敏感，规模大、密度高的城市所带来的创业成本较高，鲜有自雇创业者能够承担这一风险成本。分位数回归则显示，处于不同水平的创业活动地区从城市规模的增加中普遍受损，对于高创业活动地区，城市人口规模的抑制作用更为显著。采用工具变量的两阶段回归的结果显示，集聚经济程度对企业家精神的影响不再显著，可能的原因在于集聚经济影响创业活动的正负效应相互抵消。

我国经济的增长速度逐渐放缓，面对经济结构急需向"创新"转型的压力与挑战，企业家精神是推动经济可持续发展愈发重要的力量。本文的研究结论为促进城市创业活动和增强城市经济活力提供了积极的政策启示。

新型城镇化的建设是解决中国经济困境的重要突破口，有利于增加城市人口数量，促进"双创"事业的发展。鉴于集聚经济程度对个人创业的影响不显著，但集聚经济的负向效应依旧存在，因此在新型城镇化背景下，政府应关注城市对个人创业的负向作用，同时强化有助于繁荣企业家精神的积极因素。

首先，政府应提高对创业的服务，为有潜力的中小企业提供政策支持，注重创业生态环境的优化。根据本文的研究结论，社会资本能有效地缓解城市规模对创业的负向作用，而房价、竞争都显著强化了集聚经济影响个人创业的负效应。企业家往往选择借助社会资本去解决创业遇到的重重阻碍，政府应做好相关服务，减少企业家对社会资本的依赖。一方面，政府应正确把握对企业的干预和扶持力度，注重"小企业的大效应"，适当将关注点从大企业向小企业转移，大力扶持有潜力的中小企业，减少创业的市场准入障碍，实现累积效应和网络效应的最大化。另一方面，由于高房价给企业家带来了较高的创业成本，城市管理者和政策制定者应致力于建立调控房地产行业的长效机制，减轻企业家的寻租负担，同时大力发展众创空间，强化城市内部多元文化与思想的融合，营造和培育开放、和谐、健康的城市创业氛围与文化生态环境。

参考文献

［1］Audretsch D，Keilbach M. Entrepreneurship capital and economic performance. Regional Studies，2004，38（8）：949-959.

［2］Beugelsdijk S，Noorderhaven N. Entrepreneurial attitude and economic growth：a cross-section of 54 regions. Annals of Regional Science，2004，38（2）：199-218.

［3］Glaeser E L，Kerr S P，Kerr W R. Entrepreneurship and urban growth：an empirical assessment with historical mines. The Review of Economics and Statistics，2015，97（2）：498-520.

［4］Fritsch M，Wyrwich M. The effect of entrepreneurship on economic development—an empirical analysis using regional entrepreneurship culture. Journal of Economic Geography，2016，17（1）：157-189.

［5］Ghani E，Kerr W R，O'connell S. Spatial determinants of entrepreneurship in India. Regional Studies，2014，48（6）：1071-1089.

［6］吴建峰. 经济改革、集聚经济和不均衡增长：中国产业空间分布的经济学考察，1980—2010. 北京：北京大学出版社，2014.

［7］张萃. 什么使城市更有利于创业？经济研究，2018，53（4）：151-166.

［8］陈刚. 城市的企业家精神：城市规模影响创业的经验研究. 社会科学辑刊，2017，（4）：83-93.

［9］倪鹏途，陆铭. 市场准入与"大众创业"：基于微观数据的经验研究. 世界经济，2016，39（4）：3-21.

［10］Glaeser E L，Kerr W R. Local industrial conditions and entrepreneurship：how much of the spatial distribution can we explain? Journal of Economics & Management Strategy，2009，18（3）：623-663.

［11］Di Addario S，Vuri D. Entrepreneurship and market size：the case of young college graduates in Italy. Labour Economics，2010，17（5）：848-858.

［12］Sato Y，Tabuchi T，Yamamoto K. Market size and entrepreneurship. Journal of Economic Geography，2012，12（6）：1139-1166.

[13] Florida R, Mellander C, Qian H. Creative China? The university, tolerance and talent in Chinese regional development. Royal Institute of Technology, CESIS-Centre of Excellence for Science and Innovation Studies, 2008.

[14] 陆铭, 高虹, 佐藤宏. 城市规模与包容性就业. 中国社会科学, 2012, (10): 47-66, 206.

Influence of Agglomeration Economy on Entrepreneurship in Chinese Cities and Mechanism

Jin Xiaoxi[1], Sun Bindong[1, 2, 3]

(1. School of Urban and Regional Science, East China Normal University, Shanghai 200241, China; 2. The Center for Modern Chinese City Studies, East China Normal University, Shanghai 200062, China; 3. Research Center for China Administrative Division, East China Normal University, Shanghai 200241, China)

Abstract　The urban agglomeration economy is undoubtedly an important entry point to explain the generation and development of entrepreneurial activities. Given a very limited number of studies explored the impact of the agglomeration economy on the entrepreneurship, and the results are inconsistent, this study examines the effect of agglomeration economies measured by the resident population size and density on entrepreneurial activities in China to provide an evidence of the negative externalities of the agglomeration economy, using the 2014 CLDS and matching cross-sectional data of 2010 prefecture-level cities in China. The results show that the higher the degree of agglomeration economy is, the less active the entrepreneurship of necessity entrepreneurs in China will be, but this conclusion has no significant impact on opportunity entrepreneurs. The two-stage regression results with instrumental variable show that the impact of agglomeration economics on entrepreneurship is no longer significant. The possible reason is that positive and negative effects of agglomeration economies on entrepreneurial activities cancel each other out. Considering the heterogeneity of the influence of the agglomeration economy on entrepreneurship, we use the interactive term to explore the mechanism. The results show that individuals with higher social capital can effectively alleviate the adverse effects of the agglomeration economy on entrepreneurship，while high housing prices，firm density and large firm proportions strengthen the competitive effect of the agglomeration economy and weaken the probability of entrepreneurship；the household registration system and human capital have weak adjustment effects.

Keywords   agglomeration economy；entrepreneurship；personal entrepreneurial probability；city size；China

大学生创业意愿的环境影响因素研究

——基于上海市高校的调研数据

唐锦玥 李 琬 钱肖颖 孙斌栋

摘 要 大学生作为创业群体的重要组成部分，是地区经济发展的重要驱动力。本文基于 2018 年对上海市 13 所高校大学生所做的 854 份问卷调查数据，构建多层定序逻辑回归模型，从个人特质、外部环境两个层面对影响大学生创业意愿的因素进行分析。研究发现，个人特质层面，男性、参与大学生创新创业项目、父母创业三个因素与创业意愿呈正相关；外部环境层面，学校周边建成环境对创业意愿具有重要影响，人口、设施、城市广场和创业园区的密度与创业意愿呈正相关，店铺租金与创业意愿呈负相关，距地铁站、市中心或其他高校的距离越近，大学生创业意愿越高。本文的结论为劳动者创业理论提供了新的证据，并为制定大学生创业政策提供建议与参考。

关键词 大学生；创业意愿；影响因素；多层模型；上海市

1 引言

随着中国经济发展进入新常态，如何推动经济模式转变、为城市寻求新的增长引擎等问题显得愈发重要。企业家精神被视为经济增长的"发动机"，对创造就业和促进经济长期增长具有重要作用[1]，能够优化产业结构，为经济发展注入新的活力。

作者简介：唐锦玥，1999 年生，女，华东师范大学中国现代城市研究中心，本科生。李琬，1990 年生，女，华东师范大学中国现代城市研究中心，博士。钱肖颖，1992 年生，男，华东师范大学中国现代城市研究中心，博士研究生。通讯作者：孙斌栋，1970 年生，男，华东师范大学中国行政区划研究中心、中国现代城市研究中心、城市与区域科学学院，教授，博士生导师，研究方向为城市地理与区域经济。

大学生作为创业群体的重要组成部分，是地区经济发展的重要驱动力。但是，我国大学毕业生创业意愿低，创业率仅为 3.0%[2]，与美国等西方发达国家大学生 20%～23%的创业率相去甚远[3]，如何提高大学生创业意愿值得研究。

国内外关于影响劳动者创业的因素的研究较多，可分为微观层面的个人特质因素和宏观层面的外部环境因素。已有研究多关注个人层面的人口统计特征、个人能力和家庭背景，及环境层面的人口密度、企业集聚、房价、政府干预等因素对劳动者创业意愿的作用，而对大学生创业意愿的研究较少。并且，关于大学生创业的已有文献多关注个人特质因素，缺乏对外部环境如何影响创业意愿等问题的研究。

因此，本文基于 2018 年对上海市 13 所高校大学生所做的 854 份问卷调查数据，基于多层定序逻辑回归模型，从个人特质与外部环境两个层面对大学生创业意愿的影响因素进行分析。研究发现，学校周边建成环境对大学生创业意愿的影响效应大于其个人特质和家庭背景，人口、金融机构、创业园区的密度及距区政府的距离和距其他高校的距离等因素对大学生创业意愿提高具有重要作用等。本文是对劳动者创业理论的补充和扩展，可为大学生创业政策提供建议与参考。

2　文献回顾

大学生的创业意愿是指其开展创业行为的偏好或愿望的强烈程度，偏好越强，创业意愿越高。由于大学生具有知识、技能、学校资源等优势，同时受到学生身份及经验不足等因素的限制，其创业特点与普通劳动者存在差异。国内外有关大学生创业意愿的研究主要从个人特质与外部环境两个角度切入，对影响因素进行分析。

2.1　个人特质与创业

个人特质层面，已有文献主要从创业者的人口统计特征、个人能力、家庭背景三方面对创业意愿进行分析。

人口统计特征方面，创业意愿存在性别差异，阮荣平等分析 2006 年、2008 年、2010 年中国综合社会调查（Chinese General Social Survey，CGSS）数据，发现男性更容易选择创业[4]。刘鹏程等利用 2002 年、2005～2007 年和 2009 年中国全球创业观察数据，实证发现女性的生存型创业率高于男性、机会型创业率低于男性[5]。

个人能力方面，不同专业的大学生创业意愿差异明显，蒋承等对北京大学本科生的调查发现，文科、理科、工科学生创业意愿递减，可能原因为人文学科与社会联系较强，工科应用性强、容易找到专业对口的工作[6]。创业经历可促进创业意愿提高，王满和李楚英基于广州市大学生问卷调查数据发现，大学生在校期间与创业有关的挑战杯、创业设计等实践经历，与其日后创业表现有非常高的相关性[7]。

家庭背景方面，蔡栋梁等分析 2011 年和 2013 年中国家庭金融调查（China Household Finance Survey，CHFS）数据，发现家庭净财富水平提高可促进家庭创业概率显著增加[8]。也有学者发现经济资本与创业意愿具有非线性关系，如乌仁格日乐和张苏基于 2009 年全国范围内大学生的问卷调查分析，得到家庭收入对大学生创业意愿的影响效应呈现倒 U 形，即随着家庭收入的增加，个人创业意愿先上升后下降[9]。Castiglione 等基于意大利的调查数据实证发现，家族企业背景对大学生创业意愿的影响是正向的，具有家族企业背景的学生更倾向创建自己的企业[10]。

2.2 外部环境与创业

外部环境层面，已有文献主要从人口密度、房价、产业集群、金融体系与发展水平、政府干预等城市经济、社会、制度环境对创业行为进行分析。

人口密度会对地方的创业活动产生影响。袁红林和蒋含明基于 1984～2008 年《中国统计年鉴》《中国区域经济统计年鉴》数据实证发现高人口密度有利于创业，并认为人口密度高可节约运输成本和拥有更大的市场，促进当地企业家创业[11]。但也有学者持相反观点，Di Addario 和 Vuri 基于意大利国家统计局提供的 1995 年、1998 年和 2001 年大学毕业生早期职业调查数据发现，人口密度翻倍会使大学生毕业三年后成为企业家的可能性降低 2%～3%，住房等城市生活设施的价格更高、竞争性更强，年轻的企业家难以在此立足，这会抑制个人的创业意愿[12]。

房价的持续上涨会对财富分配、资源配置产生影响，进而影响创业。房地产已成为居民投资的重要对象，房产价格上升可增加家庭资源、放松资金约束，对创业活动具有促进作用[13]。但房地产行业的高回报率会吸引居民投资，限制创业资金获取，对创业行为产生抑制[14]。林嵩通过 2005～2009 年统计数据实证得到房地产价格对创业活动具有挤出效应，并认为区域内居住成本上升、资金流向房地产行业而非实体经济会不利于吸引年轻的创业者在此创业[15]。

城市产业集群可促进新创企业的产生与集聚。Marshall 认为，同一行业厂商的集中有利于技术、信息和思想在企业间传播与应用，即企业的空间集聚能够促进技术溢出[16]。Glaeser 和 Kerr 利用美国企业普查数据，实证发现马歇尔专业化外部性和相关联产业集聚对初创企业增长具有正向影响[17]。Hamidi 和 Zandiatashbar 采用美国大都市区 2000～2015 年的小型企业创新研究数据库进行研究发现，空间集群可以驱动区域创新，当地已有大公司会促进类似行业的小规模创新活动[18]。

地方发达的金融体系和良好的融资环境可以降低资金的流动性约束，提升创业行为的活跃程度[11]。杨勇和朱乾[19]、颜为民等[20]分别基于 2001～2005 年和 1992～2011 年的中国分省面板数据研究发现，金融市场化水平与企业家创业活动呈正相关，当地较高的金融市场化水平有利于企业家创业精神增长。

政府干预被认为对创业有抑制作用。例如，陈刚通过 2006 年、2008 年、2010 年和 2011 年中国综合社会调查数据实证了政府管制对个人创业概率的负向影响[21]。Branstetter 等基于 2000～2008 年葡萄牙新建公司微观数据实证发现，政府管制程度的降低促进了公司组建和就业创造[22]。

综上，当前国内外关于劳动者创业的影响因素研究较多，已有文献研究了人口统计特征、个人能力、家庭背景等个人特质因素，人口密度、企业集聚、政府干预、金融发展水平等外部环境因素对创业的影响，但对大学生群体的研究较少，且缺乏对外部环境如何影响学生创业意愿的关注。因此，本文在已有研究的基础上，从个人特质和外部环境两个层面分析大学生创业意愿的影响因素，对劳动者创业理论进行补充与拓展。

3 数据与方法

3.1 所用数据

本研究所使用的数据来源于 2018 年 2～6 月开展的"上海市大学生创业意愿

研究调查"问卷调查项目，所选学校包括上海市 4 所 985 大学、4 所 211 大学和 5 所普通一本院校，所选校区在上海市内环之内、内外环间、外环以外均有分布，从而避免样本的空间分布过于集中。正式调查前，对其中的两所学校进行预调研，并根据预调研结果调整问卷。正式调研中，研究对象的选取采用随机抽取的方法，于每所学校的校内食堂分别发放纸质问卷 80 份（因上海音乐学院在校生人数较少，仅发放 40 份），以最大限度保证抽样的随机性。整个调查过程共发放问卷 1000 份，回收 981 份，有效问卷 854 份，样本的空间分布见图 1。样本范围涵盖了 13 个专业大类、18 个民族、来自 34 个省级行政区的大学生，具有较高的代表性。

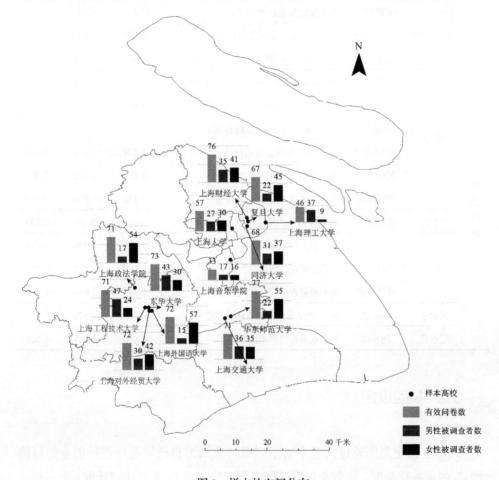

图 1　样本的空间分布

此外，本文还使用了 2018 年 POI（兴趣点）数据、住宅小区数据、商铺租金数据等资料，设置多层定序逻辑模型，从个人特质、外部环境两个层面对大学生创业意愿的影响因素进行分析，描述性统计见表 1。

表1 描述性统计（样本量=854）

变量	变量名称	变量含义及赋值	平均值	最大值	最小值
创业意愿	创业意愿	毕业后创业可能性极低=1，较低=2，一般=3，较高=4，极高=5	1.852	5.000	1.000
人口统计特征	性别	男=1，女=0	0.444	1.000	0.000
个人能力	专业	经管类=1，其他=0	0.228	1.000	0.000
	学习成绩	下游=1，中游=2，上游=3	1.585	3.000	1.000
	创业项目	ln（参与大学生创新创业项目数+1）	0.183	1.609	0.000
家庭背景	家庭收入	ln（家庭年绝对收入）	11.517	15.425	8.517
	父母学历	ln（父母平均受教育年限）	2.512	2.944	2.197
	父母创业	父亲或母亲有创业经历=1，否=0	0.342	1.000	0.000
密度	人口密度	ln（1000米内小区户数/占地面积）	-4.254	-2.948	-5.241
	商铺租金	ln（1000米内商铺租金的均值）	1.802	2.483	1.248
	设施密度	ln（1000米内各类设施总数）	0.244	1.497	-1.760
	金融机构	ln（1000米内金融机构数量）	1.234	3.689	0.000
	城市广场	ln（1000米内城市广场数量）	0.202	1.792	0.000
	创业园区	ln（1000米内创业园区数量）	0.230	1.609	0.000
设计	道路密度	ln（1000米内道路长度比占地面积）	0.053	0.486	-0.793
距离	距市中心	ln（距人民广场的距离）	2.679	3.538	1.438
	距区政府	ln（距所在区政府的距离）	1.169	2.472	-0.152
	校际距离	ln（距最近的另一所大学的距离）	-0.068	1.954	-2.571
混合度	混合度	ln（1000米内各类设施的熵值）	0.485	0.672	0.180
可达性	地铁站	ln（距最近地铁站的距离）	0.140	1.465	-1.003

注：变量左侧纵向分组自上而下为"创业意愿""个人特质（含人口统计特征、个人能力、家庭背景）""外部环境"。

3.2 模型设定

大学生创业意愿通过问卷中对于问题"您认为自己毕业后进行创业的可能性？"的回答来测度，从创业意愿极低到极高分别按1～5分序列计数。同一校区的大学生受相同地方因素的影响，创业意愿存在空间依赖性。对于这种具有多层结构的数据来说，OLS回归因违背了误差项独立和同方差的假定而不适合用作数据分析，而多层模型可避免变量间潜在的自相关问题，具有如跨层比较、分析环境层面的差异效应等优点[23]。因此，本文将个人特质和外部环境因素分别作为第一层、第二层，采用多层定序逻辑回归模型进行计量检验，模型设置如下：

$$z_i = \beta_0 + \beta_1 x_i + \beta_2 y_i + v_i + e_i$$

其中，z_i 为 i 大学生的创业意愿，x_i、y_i 分别为 i 大学生的个人特质层面变量、外部环境层面变量，β_0 为常数，β_1、β_2 为回归系数，v_i、e_i 分别为个人特质层面、外部环境层面的残差项。

4 实证分析

表 2 报告了全模型回归结果。模型 1 至模型 3 为逐次纳入个人特质层面的人口统计特征、个人能力、家庭背景变量，模型 4 和模型 5 为逐次引入环境层面密度（density）、设计（design）、距离（distance）、混合度（diversity）、可达性（accessibility）共 5 个建成环境变量[24]，模型 6 为对个人特质和外部环境两个层面变量的估计结果。本文最终以模型 6 为主体，对大学生创业意愿的影响机制进行分析。个人特质层面，男性大学生的创业意愿显著较强，参与大学生创新创业项目数、父母有创业经历对创业意愿提高有促进作用。外部环境层面，密度、混合度、设计、可达性、距离这 5 类建成环境对创业有重要影响，人口、设施、城市广场和创业园区的高密度对创业意愿有正向影响，高商铺租金和道路密度会抑制创业意愿提高，距地铁站、市中心或其他高校的距离越近，创业意愿越高。

表 2　多层定序逻辑回归模型

变量	变量名称	模型 1	模型 2	模型 3	模型 4	模型 5	模型 6
人口统计特征	男性	0.275**	0.267*	0.281**			0.246*
个人能力	经管专业		−0.112	−0.106			−0.0132
	成绩一般		0.0709	0.0338			0.0615
	成绩较好		−0.130	−0.208			−0.156
	创业项目		0.345*	0.384**			0.373**
家庭背景	家庭收入			−0.00814			−0.00204
	父母学历			−0.551*			−0.521
	父母创业			0.426***			0.407***
外部环境 密度	人口				0.569*	1.347***	1.157**
	商铺租金				0.101	−2.450*	−2.391*
	设施				0.811	1.791**	1.549*

续表

变量	变量名称	模型 1	模型 2	模型 3	模型 4	模型 5	模型 6
外部环境	密度 金融机构				−0.192	−0.211	−0.195
	城市广场				1.508**	2.833***	2.671***
	创业园区				0.774	1.288**	1.308**
	设计 道路密度				−5.880*	−14.49***	−13.30***
	距离 距市中心				−0.995	−2.469**	−2.371*
	距区政府				−0.526	−1.148*	−1.161*
	校际距离				−0.665	−1.332***	−1.263**
混合度	混合度					−0.528	−0.237
可达性	距地铁站					−1.270**	−1.093*
对数似然值		−1048.137	−1045.773	−1039.051	−1039.256	−1035.235	−1025.693
卡方统计量		4.13	8.87	22.08	38.14	45.70	62.98
样本量		854	854	854	854	854	854
分组数		13	13	13	13	13	13

*、**、***分别表示在 10%、5%、1%的水平下显著

男性大学生的创业意愿显著较强。可能原因是，第一，女性要满足照料家务和协调家庭的需要，女性创业者往往无法在创业的同时照顾家庭，在家庭环境中处于不利地位[25]。第二，女性忙于照顾家庭会使其社会资本积累受限，社会资本回报率低，创业动机的产生受限。第三，男性的冒险性、进取心、理性等性格特征往往较强，女性相对内敛、规避风险，偏好寻求稳定工作，创业意愿不强。

参与大学生创新创业项目对创业意愿提高具有显著正向影响，可能原因是，大学生创新创业项目为大学生提供了启动资金、教师指导等资源，降低了创业门槛[7]。在项目开展过程中，学生对创业的了解增多、社会资本不断积累，更广的人脉资源和更多的信息渠道可促进新想法的产生和商机的捕捉，为毕业后创业打下基础。

父母有创业经历会显著促进子女创业意愿的产生，一方面，亲人好友是创业所需的重要社会资本，有创业经历的父母能够向子女传授技能、分享经验，提供创业方法和技术的支持，减少子女的创业困难[10]。一方面，父母对创业的态度会影响子女的价值观塑造，父母有创业经历能够提高子女对创业的兴趣和认同感[26]。

人口与设施密度对创业意愿有显著正向影响。学校周边人口密度较高，当地居民对产品、服务的需求强度较高、市场规模较大[11]，同时能够增加大学生

与周围居民交流交往的机会，有利于大学生从中感知商机、发现市场空缺，对创业方向和产品定位做出判断。较高的设施密度意味着基础设施较为完善，从而为创业者提供良好的公共服务，降低生活及新建企业的成本，激发大学生的创业意愿。

商铺租金反映了当地房地产行业所集聚的资本密度，高商铺租金会抑制创业意愿产生，一方面，房地产价格对创业活动具有挤出效应，区域内租用商铺的成本上升会带动创业成本提高，同时，资本流向房地产使得新创企业融资困难，不利于吸引年轻的创业者在此创业[15]；另一方面，房地产价格增长与高回报率会限制大学生创业动机的产生[14]，学生更愿意通过"炒房"等行为获取高收入。

城市广场、创业园区两类设施的密度高，对创业意愿有显著正向影响。可能的解释是，城市广场会通过多样化服务、产品服务、企业集聚来促进大学生创业灵感的产生，同时能够为大学生提供相互交流的空间，有助于社会网络的拓展和社会资本的积累。创业园区被称为创业孵化基地，是政府为创业者搭建的制度性、智能化服务平台，为新创的小企业提供有利于其存活的公益性服务。进入创业园区的创业者能够得到低成本或无成本、有利于企业发展的多种服务，降低创业风险，从而促进新企业和创业者的产生。

学校距市中心、区政府的距离越近，大学生创业意愿越高。城市主要的商业活动、公共机构、基础设施集中在城市中心，距离市中心的远近直接决定了公共设施和服务的可达性[27]。学校靠近市中心有利于大学生更便捷地获取公共服务、降低生活和创业成本，因而距市中心越近，创业意愿越高。政府是推动经济增长、企业家精神增强的主体，政府鼓励创新、建设科技园区，重视创业、制定扶持中小企业的优惠政策[28]。政府在促进创业方面扮演重要角色，学校靠近政府的学生易受到创新创业的氛围影响，增强对创业的了解和兴趣。此外，政府具有城市管理职能，周边分布有分支机构、管理部门，靠近政府能够提高学生了解政策、申请资金、获得文书批准等事项的便捷程度，降低创业的门槛与成本。因而学校距区政府越近，大学生创业意愿越高。

学校与其他学校的距离近，能够促进该校大学生创业意愿提高。可能的原因是，校际交流频繁有利于大学生找到创业伙伴、组建创业团队，增加社会资本。而且，对于空间距离较近的学校，两校学生能够享受跨校听课、参与讲座等知识、技术溢出，跨校使用体育场、图书馆等基础设施，从而获取更多的知识与资源，为创业意愿产生等奠定基础。

可达性表示了人对于城市就业与各种基础设施的邻近程度，距地铁站的距离越近，大学生创业意愿越高。可能因为，距地铁站的距离较近会提高大学生的出行可达性，有助于开展外出学习、实习、跨校交流等活动，因而校区到地铁站的距离越近、大学生创业意愿越高。

5 结论

目前，关于大学生创业的研究较为匮乏，已有研究多分析人口统计特征、个人能力和家庭背景等个人特质对大学生创业意愿的影响，缺乏对人口密度、企业集聚等外部环境因素的关注。本文基于 2018 年对上海市 13 所高校大学生所做的 854 份问卷调查数据，构建多层定序逻辑回归模型，对影响大学生创业意愿的因素进行分析。研究发现，第一，个人特质层面，男性大学生的创业意愿较强，参与大学生创新创业项目对创业意愿提高有正向影响，父母有创业经历能够促进子女创业意愿的产生。第二，外部环境层面，学校周边的人口、设施、城市广场和创业园区密度与创业意愿呈正相关，过高的商铺租金会抑制创业意愿形成，距地铁站、市中心或其他高校的距离越近，大学生创业意愿越高。

本文对制定大学生创业政策具有一定的参考意义。第一，鼓励大学生积极参与大学生创新创业项目，获取创业知识、培养创业能力，增加与其他高校在校学生的交流，为毕业后创业打好基础。第二，发挥家庭的引导作用，鼓励有创业经历的父母支持、引导、帮助子女创业，倡导积极的就业观念和自主创业文化，尤其鼓励大学生进行机会型创业。第三，关注城市与学校周边建成环境的建设，发挥政府的政策号召与带动作用，推动城市创业氛围的整体提升。第四，完善城市的基础设施，在学校周边布局广场和创业园区，搭建公共服务平台，降低创业门槛，提高大学生的创业意愿。

本文研究仍存在一定的不足。一是，已有研究发现个人的冒险精神、成就动机等性格特征会影响创业意愿，由于数据的限制，本文未对其展开研究，因此研究结果可能存在偏误。二是，本文对建成环境对大学生创业意愿的影响机制进行了定性推导、未使用定量方法证明，这些假设有待检验。三是，大学生创业意愿可能存在异质性，在今后的研究中可以尝试对不同创业类型、不同群体的创业意愿进行分析，进一步拓展大学生创业理论。

参考文献

［1］李宏彬，李杏，姚先国，等. 企业家的创业与创新精神对中国经济增长的影响. 经济研究，2009，44（10）：99-108.

［2］2016 年中国大学生就业状况调查课题组. 2016 年中国大学生就业状况调查报告. 中国大学生就业，2017（14）：34-41.

［3］麦可思研究院. 2017 年中国本科生就业报告. 北京：社会科学文献出版社，2017.

［4］阮荣平，郑风田，刘力. 信仰的力量：宗教有利于创业吗？经济研究，2014，49（3）：171-184.

［5］刘鹏程，李磊，王小洁. 企业家精神的性别差异——基于创业动机视角的研究. 管理世界，2013（8）：126-135.

［6］蒋承，李宜泽，黄震. 大学生创业意向影响因素研究——基于对北京大学学生的调查. 高教探索，2018（1）：120-123.

［7］王满，李楚英. 基于 6 因素模型的大学生创业意愿影响因素分析——来自广州的调查. 广州大学学报（自然科学版），2011，10（1）：90-95.

［8］蔡栋梁，邱黎源，孟晓雨，等. 流动性约束、社会资本与家庭创业选择——基于 CHFS 数据的实证研究. 管理世界，2018，34（9）：79-94.

［9］乌仁格日乐，张苏. 家庭收入对大学生创业意愿的影响. 天津大学学报（社会科学版），2013，15（3）：247-250.

［10］Castiglione C，Licciardello O，Sánchez J C，et al. Liquid modernity and entrepreneurship orientation in university students. Procedia-Social and Behavioral Sciences，2013，84：1250-1254.

［11］袁红林，蒋含明. 中国企业家创业精神的影响因素分析——基于省级面板数据的实证研究. 当代财经，2013（8）：65-75.

［12］Di Addario S，Vuri D. Entrepreneurship and market size：the case of young college graduates in Italy. Labour Economics，2010，17（5）：848-858.

［13］Hurst E，Lusardi A. Liquidity constraints，household wealth，and entrepreneurship. Journal of Political Economy，2004，112（2）：319-347.

［14］Li L，Wu X. Housing price and entrepreneurship in China. Journal of Comparative Economics，2014，42（2）：436-449.

［15］林嵩. 房地产行业对于创业活动的挤出效应——基于中国跨地区面板数据的分析. 经济管理，2012（6）：21-29.

［16］Marshall A. Principles of Economics. New York：MacMillan，1920.

［17］Glaeser E L，Kerr W R. Local industrial conditions and entrepreneurship：how much of the spatial distribution can we explain？Journal of Economics & Management Strategy，2009，18（3）：623-663.

［18］Hamidi S，Zandiatashbar A. Does urban form matter for innovation productivity? A national multi-level study of the association between neighbourhood innovation capacity and urban sprawl. Urban Studies，2019，56（8）：1576-1594.

［19］杨勇，朱乾. 企业家精神的决定因素——来自中国省级面板数据的经验. 经济经纬，2011（5）：71-74.

［20］颜为民，邵传林，裴志伟. 地区腐败、金融市场化与企业家精神——基于中国省级层面的经验证据. 当代经济管理，2015，37（4）：91-97.

［21］陈刚. 管制与创业——来自中国的微观证据. 管理世界，2015（5）：89-99，187-188.

［22］Branstetter L，Lima F，Taylor L J，et al. Do entry regulations deter entrepreneurship and job creation? Evidence from recent reforms in Portugal. The Economic Journal，2014，124（577）：805-832.

［23］谢宇，郭志刚. 回归分析. 北京：社会科学文献出版社，2010：294-295.

［24］Pfeiffer D，Cloutier S. Planning for happy neighborhoods. Journal of the American Planning Association，2016，82（3）：267-279.

［25］刘海鹰. 大学生创业意向影响因素研究. 科技进步与对策，2010，（18）：154-156.

［26］吉小燕，刘爱军. 大学生创业意愿的影响因素研究. 高教探索，2016，（9）：113-120，128.

［27］林杰，孙斌栋. 建成环境对城市居民主观幸福感的影响——来自中国劳动力动态调查的证据. 城市发展研究，2017，24（12）：69-75.

［28］张晔，刘志彪. 政府干预、经济自由与企业家精神. 南京社会科学，2004（S2）：336-343.

Research on the Environmental Influencing Factors of College Students' Entrepreneurial Intention—Based on Questionnaire Data in Shanghai

Tang Jinyue[1]，Li Wan[1]，Qian Xiaoying[1]，Sun Bindong[1,2,3]

（1. The Center for Modern Chinese City Studies，East China Normal University，Shanghai 200062，China；2. Research Center for China Administrative Division，East China Normal University，Shanghai 200241，China；3. School of Urban and Regional Science，East China Normal University，Shanghai 200241，China）

Abstract　As an important part of entrepreneurial groups，college students are an important driving force for regional economic development. Based on the questionnaire data of 854 college students from 13 colleges in Shanghai in 2018，this study constructs a multilevel logistic regression model，and analyzes influencing factors of students' entrepreneurial intention from two aspects, personal traits and external environment. On personal traits level, male, participating in innovation and entrepreneurship projects, parents who have entrepreneurial experiences are positively related to entrepreneurial intention. On external environmental level, densities of population, facilities, squares and entrepreneurial parks are positively correlated with entrepreneurial intention, and land rent is negatively correlated with the intention. The closer the colleges to subway stations, city centers or other colleges, the higher the students' entrepreneurial intention. This paper expands theories of labor entrepreneurship and provides suggestions and references for entrepreneurial policies to college students.

Keywords   college students; entrepreneurial intention; influencing factors; multilevel model; Shanghai

在哪里创业更有效率？

——市场潜能、地理衰减与创业活动

丁 嵩

摘 要 企业家精神往往被视为创新的关键因素与经济增长的引擎，而创业活动的空间布局则关乎如何更好地发挥空间效率，以及国家"大众创业"战略是否能顺利实施。本文利用 2004 年、2008 年全国经济普查数据以及 2010 年 CGSS 数据，首次尝试从市场潜能入手，分析中国县市尺度创业活动的空间差异，并重点回答市场潜能对创业活动的影响是否存在地理衰减效应。研究发现，市场潜能显著提升了地区的创业活动，改变市场潜能与创业活动的测度指标，这一发现仍是稳健的。此外，分圈层市场潜能的估计显示，市场潜能对创业活动的影响具有显著的地理衰减效应。本文的发现为"大众创业"战略在全国的布局实施提供了方向。"大众创业"并不等于"到处创业"，而是应该"有重点的、集中式"创业。

关键词 创业；市场潜能；地理衰减

1 引言

自熊彼特提出"创造性破坏"概念以来，企业家精神往往被视为创新的关键性因素与经济增长的引擎。正是企业家把各种要素组织起来进行生产，并通过不断创新改变其组合方式才带来了技术进步、就业岗位增加与劳动生产率的提高。鉴于企业家精神与创业活动对城市增长的重要作用[1-4]，各级政府均将培育企业家

作者简介：丁嵩，1987 年生，男，河南镇平人，华东师范大学城市与区域科学学院博士，研究方向为区域经济发展。

精神与促进新企业的形成作为政策的着力点。国务院颁布的《关于大力推进大众创业万众创新若干政策措施的意见》，更是从国家战略角度明确了创新创业对于推动经济结构调整、打造发展新引擎、增强发展新动力、走创新驱动发展道路的重要意义。

在此背景下，地方政府实施了一系列以打造"下一个硅谷"为目标的创新创业政策，形式多样的"众创空间""孵化器""创业集群"纷纷涌现。然而，一个容易被忽视的问题是，创业活动适宜遍地开花还是相对集中的布局模式？即在哪里创业更有效率、更能成功？探讨创业活动的空间布局问题，关乎如何更好地发挥大国的空间效率，以确保"大众创业"战略的顺利实施。就文献而言，以往学者重点从集聚经济的类型[5-8]、企业家文化[9-11]、制度环境与政府干预[12-15]等因素分析创业活动的空间非均匀分布，对市场的空间关联效应及其地理边界却重视不够。事实上，新经济地理学理论指出，企业在选择区位时更加关注本地与周边市场联系的紧密程度，并用市场潜能指标反映这种市场需求的空间关联效应。在中国，市场潜能多大程度上导致创业活动的空间差异，以及影响创业活动的有效市场边界有多大，这些问题尚未得到系统地评估。基于此，本文利用 2004 年、2008 年中国经济普查数据以及 2010 年 CGSS 数据，首次尝试从市场潜能入手，分析中国县市尺度创业活动的空间差异，并重点回答市场潜能对创业活动的影响是否存在地理衰减效应。

本文的结构如下：第二部分对以往研究进行综述，主要从创业活动的测度指标、市场规模对创业活动的影响、创业活动的市场边界三方面展开，第三部分为模型设定、数据与变量选取，第四部分为本文的基准模型估计结果，第五部分论证了地理衰减效应，第六部分是本文结论与启示。

2 文献综述

首先，研究创业活动的前提是选取合适的测度指标。然而，现有文献没有形成关于创业活动的统一定义，研究目的和数据可得性的差异导致了测度指标的多样化。归纳起来，主要包含个人工作类型和企业层面的属性两大类，如自我雇佣率、企业进入与退出率、新建企业数、新建企业规模等[16-19]。国外的家庭和人口普查中经常涉及自我雇佣的问题，以及存在大量信息量丰富的微观企业调查数据，因此国外学者往往基于研究目的选择合适的指标。相比之下，国内微观个人和企业数据的相对缺失，使得国内有关创业活动的研究不得不寻求替代指标，如李宏斌等使用"个体和私营企业所雇佣的工人数占总就业人口"粗略替代[3]。值得注意的是，随着中国越来越多微观调查的开展，如中国综合社会调查（Chinese General Social Survey，CGSS）、中国健康和营养调查（China Health and Nutrition Survey，CHNS）、中国家庭动态追踪调查（Chinese Family Panel Studies，CFPS）、中国家庭金融调查（China Household Finance Survey，CHFS）等，基于工作类型定义企业家的中国研究逐渐增多，如将"老板""个体工商户""自由职业者"认定为企业家[14, 15, 20-22]。

同时，基于微观企业数据度量创业活动的相关研究则相对缺乏。有限的研究往往借助中国工业企业数据库。例如，郭琪等[23]、吴建峰[8]构建"新生私营企业数"度量创业活动。但不得不承认这一数据库对于研究创业活动具有天生的缺陷，因为其统计样本为全部国有工业企业以及规模以上非国有工业企业，这与中小企业占主体的真实创业活动存在较大偏差，从而使研究结论的可信度大打折扣。此外，鉴于自我雇佣率实际上给予小企业与个体工商户较高的权重，很可能导致异常值。例如，根据美国大都市区自我雇佣率的排名，硅谷所在地 San Jose 以 3.2%的自我雇佣率排在最低一组，显然这并不代表硅谷的创业活力最低[5]。也就是说，自我雇佣率或许并不是代表创业活动的最优指标，至少其和企业进入指标并不能完全替代[18]。因此，急需基于更加可靠的微观企业数据丰富并拓展中国创业活动的测度指标，如构建企业进入率与新生企业数等指标，与自我雇佣率互补，以便反映更加真实与多样化的创业活动。经济普查数据因其权威性和广延性，调查对象是在中国境内从事第二产业和第三产业的全部法人单位、产业活动单位和个体经营户，成为当前企业层面测度创业活动的较优选择，且是对以自我雇佣为主体的测度指标的有益补充。

其次，创业活动往往是个人特征与城市环境耦合作用的结果。如果没有适宜的城市条件支撑，即便是极具天赋的企业家也很难取得创业成功[4, 24]。因此，近来的研究逐渐开始关注城市层面的影响因素。其中，首先需要回答的是，市场规模是否有利于促进创业活动。但是，以往的研究结论并不一致。一方面，由于存在集聚经济效应，较大的市场规模不仅降低了创业的潜在成本，而且孕育了更好的创业机会与创业条件。另一方面，市场规模的扩大同时意味着更加激烈的竞争，可能导致个人创业概率的下降。Glaeser 和 Kerr 发现人口规模因素可以部分解释美国城市—产业层面新生企业创业活动的差异[5]。Di Addario 和 Vuri 基于意大利毕业 3 年之后的大学生群体的研究表明，人口密度显著降低了其成为企业家的概率，原因在于，高密度地区激烈的竞争阻碍了企业的进入[25]。基于日本地级市的样本，Sato 等发现人口密度对创业活力的影响不是单调的，人口密度提高了具有创业主观意愿的人群占比，而对以自我雇佣率反映的真实创业活动的促进作用仅限于人口密度的两端，即人口密度最高和最低的地级市[26]。利用 28 个转型国家的生活调查数据，吴一平和王健发现以各国人均 GDP 衡量的经济发展水平对创业的影响没有显著性差异[27]。基于中国样本的经验研究也存在差异，吴建峰[8]、陈刚[14]发现人口规模对省级层面的新生企业数、微观个人的创业概率具有显著促进作用，而倪鹏途和陆铭则指出，当控制了地区工资水平之后，就业密度降低了个人创业的概率，可能的解释是，更多的劳动供给意味着企业之间以及劳动力之间的竞争将更激烈[15]。

以往研究为进一步理解市场规模对创业活动的影响提供了有益的探索，但无论是收入水平、人口规模还是人口密度都仅能测度本地的市场规模，而忽视了市场需求的空间关联效应，即周边市场对本地创业活动的影响。因为，即便本地市场规模相同，但与大市场的距离不同，也会导致创业活动的地区差异。对于那些市场定位并不局限于本地的企业而言，更是如此。新经济地理学理论指出，由于规模报酬递增和运输成本的存在，企业选择区位时更关注本地区与周边市场联系的密切程度，即市场潜能的大小[28]。较大的市场潜能意味着拥有较高的接近顾客和中间供应商的机会，更容易吸引生产差异化产品的企业在该地区布局。然而，当前有关市场潜能的经验研究聚焦对产业集聚、跨国公司区位选址、工资差异、经济增长等效应的评估[29-34]，直接将市场潜能与创业活动两者相关联的理论与实证研究则相对稀少。创业活动的文献往往局限于评估本地市场规模的效应，而新经济地理学的相关研究则较少涉及创业活动，两者共同决定了论证市场潜能对创业活动的影响很有必要。

进而，虽然市场潜能指标本身体现了地理衰减效应，即通过设置权数与距离的反比关系，往往假设距离越近的市场影响越大，但就实证而言，系统评估市场潜能的地理衰减效应，以及多大范围的市场是有效需求的研究比较少见。当把被解释变量限定为创业活动或企业家精神时，更是如此。根据检索，发现 Rosenthal 和 Strange 的研究与本文最为贴近，其通过构造 [0~1]、[1~5]、[5~10] 英里同心环变量的方法，估计了集聚外部性对纽约大都市区街区尺度新建企业个数和就业规模的影响，发现本地化经济和城市化经济均呈现显著的地理衰减效应[35]。相类似，国内少许文献虽然也发现市场潜能存在地理衰减效应，但侧重其他的研究主题，且研究样本的异质性导致并未形成一致的有效市场边界。例如，潘文卿发现省域层面的市场潜能对经济增长的促进作用超过 3000 千米就不显著了[36]。韩峰和柯善咨利用地级市样本估计市场潜能对产业集聚的影响，得出需求的外部性作用范围可遍及全国的结论[37]。可见，国内关于市场潜能空间外部性的研究尚未涉及创业活动这一主题，其他主题的论证也集中于省域和地级市较大的空间尺度，这就为评估县市尺度创业活动的有效市场边界留下了空间。

基于以上论述，本文可能的边际贡献可概括为三个方面。首先，与国内常用的借助微观个人数据定义企业家的方法不同，本文利用 2004 年、2008 年全国经济普查数据，构建企业进入率指标测度创业活动，并利用新生企业数、个人创业概率指标作稳健性检验。经济普查数据和微观个人数据相互补充、相互印证，既增加了研究结论的可信度，又拓展了国内有关创业活动的测度指标。其次，不再局限于分析本地市场规模的影响，本文重点考虑了市场需求的空间关联效应。基于新经济地理学理论，构建市场潜能影响创业活动的估计模型，并定量评估了市场潜能多大程度上导致创业活动的空间差异，同时使用了多种类型的市场潜能测度指标以检验结论的稳健性。最后，尝试利用分圈层的方法，系统评估市场潜能对创业活动的影响是否存在地理衰减效应，明确更小研究单元市场需求的有效地理边界。

3　模型设定、数据与变量说明

3.1　估计模型

本文的估计模型主要关注市场潜能对创业活动的影响，借鉴 Modrego 等构建的新经济地理学理论模型[38]，基本的估计方程可设定为

$$\ln \text{enter}_{i2008} = \alpha + \beta \ln \text{mp}_{i2004} + \gamma \ln \text{city}_{i2004} + \varepsilon_i$$

Ln enter、ln mp 分别表示 i 地区的企业进入率与市场潜能。为了尽可能地缩小遗漏变量偏误，方程中还控制了一组城市特征变量 ln city。企业进入率采用 2008 年的数据，所有的解释变量均滞后到 2004 年，以减轻创业活动反向影响地区市场潜能的担忧①。本文所关注的核心估计系数是 β，如果在控制了一系列城市特征影

---

① 事实上，反向因果并不那么严重。市场潜能度量的是距离加权的周边地区市场规模之和，因此某地区的创业活动不可能对加总的市场潜能产生较大冲击。此外，控制变量中的大企业占比（big）和国有企业占比（soe）数据只能从 2004 年经济普查数据库中获取，因此选择将变量滞后到 2004 年。

响因素之后，β 依旧显著为正，那么就表明市场潜能显著提升了创业活动，即市场潜能大的地方孕育了更多的创业活动。需要说明的是，与以往研究创业活动的文献不同，本文在城市特征中控制了本地市场和国际市场，分别用人口密度与规模、到最近海港的距离表示，此时市场潜能更多反映的是周边市场对本地创业活动的影响，即控制了其他影响因素之后，邻近大市场是否会促进本地的创业活动。

3.2　研究样本与数据来源

本文将研究样本限定在县级层面，此外为了保证样本的完整性和市场潜能计算的准确性，以及考虑到数据的可得性，将地级市的市辖区作为一个整体纳入分析单元。本文研究样本总计 2210 个县市，包含 286 个市辖区、363 个县级市、1561 个县域。行政区划统一按照 2010 年的边界进行相应调整，西藏自治区由于数据缺失从样本中剔除①。数据来源于 2004 年、2008 年的全国经济普查数据库、2005 年的《中国区域经济统计年鉴》《中国县（市）社会经济统计年鉴》《中国城市统计年鉴》等。其中，县市层面的企业个数和就业数据通过如下步骤获得：首先，从经济普查原始数据中筛选出机构类型属于企业的。其次，根据每个企业所属地方的行政区划代码，匹配、汇总到对应的县市。对于那些不能匹配的企业，通过查看、检索企业名称手动完成匹配。

3.3　变量说明

（1）企业进入率（enter）

根据理论模型，企业进入率用每万就业人数的企业个数来表示，Glaeser 等[17]、Fotopoulos[39] 使用了类似的指标度量创业活动。此外，考虑到企业进入率可能并不能代表创业活动的全部内容，本文还使用了新生企业个数与个人的创业概率作稳健性检验。利用企业开业年份信息，定义 2004 年之后成立的企业是新生企业。个人是否正在从事创业活动的信息来自 2010 年中国综合社会调查的城镇样本②。

① 根据 2010 年的行政区划，我国（不含港澳台地区）共有 2296 个行政单元。基于相关数据缺失、行政区划变化等原因，本文选择了 2210 个行政单元。
② CGSS 是由中国人民大学中国调查与数据中心负责执行的连续性全国调查。调查点覆盖了中国（不含港澳台地区）所有省级行政单位，CGSS2010 数据共包含 134 个县（区、市），共抽查了 11 783 个家庭户，其中城镇样本 7222 个。涉及是否从事创业活动的问题是，"下列各种情形，哪一种更符合您最近那份非农工作的状况？"

与文献一致[20]，将"自己是老板（或者是合伙人）""个体工商户""自由职业者"三类受访者视为创业，这近似于国外学者使用的自我雇佣指标。

（2）市场潜能（mp）

理论模型中的市场潜能又被称为真实或结构化市场潜能，由运输成本、价格指数和支出水平三部分构成。关于市场潜能的测度有不同的方法，如 Harris[40]、Redding 和 Venables[41]、Hanson[42]都提出了各自的方法。这里采用 Harris 市场潜能，主要基于以下考虑：首先，结构化市场潜能在计算中需要考虑地区之间以及地区内部的贸易成本，但是国家内部的贸易成本以及市场价格指数数据往往并不可得，且尚没有足够令人信服的方法克服这一问题[34]；其次，结构化市场潜能同时考虑了本地与周边地区的相互作用，这在一定程度上增加了处理内生性的难度，而仅考虑周边地区的 Harris 市场潜能则相对减轻了这一问题；最后，Breinlich[43]、Head 和 Mayer[44]的研究均发现，就解释力度而言，Harris 市场潜能与结构化市场潜能差别不大。

Harris 市场潜能等于邻近地区市场购买力的加权平均和，权数与距离成反比关系，表达式为

$$mp_i = \sum_{j \neq i} \frac{GDP_j}{dis_{ij}}$$

其中，GDP_j 表示 j 地区 2004 年的地区生产总值，dis_{ij} 表示地区 i 和 j 之间的地理距离。地理距离的计算可通过如下步骤：首先，利用国家基础地理信息系统 1:400 万中国地图，提取每个县市的经度坐标（α_i、α_j）与纬度坐标（β_i、β_j）；然后，代入大圆距离计算公式 $R \times \arccos\left[\cos(\alpha_i - \alpha_j)\cos\beta_i\cos\beta_j + \sin\beta_i\sin\beta_j\right]$ 得出，其中 R 是地球半径，约等于 6371 千米。总共需要计算 400 多万个距离（2210×2209）。采用地理距离的原因在于，与交通距离相比，地理距离不随时间变化，确保了相对外生。且就一般意义而言，地理距离与交通距离高度相关[45]。

此外，以往文献关于 Harris 市场潜能的具体形式并不统一，争论的焦点在于是否应该包含本地市场规模、地区生产总值能否反映周边地区的消费能力、距离衰减参数应该如何设置等[34,37,46-48]。为了论证估计结果不受市场潜能测度方式的影响，本文在稳健性检验中分别使用了包含本地市场规模，用常住人口、社会消费品零售总额、夜间灯光替代 GDP，以及设置不同距离衰减参数的 Harris 市场潜能。

（3）控制变量

控制一组城市特征变量，目的在于减轻遗漏变量偏误。基于文献和限于数据的可得性，本文的控制变量包含以下几类。

1）本地市场和国际市场。鉴于城市规模和密度都会产生集聚经济效应，本文分别用人口密度（den，县市人口除以行政区面积）、行政区面积（area）表示本地市场，用到最近港口的距离（dis）测度国际市场对创业活动的影响①。本地市场、国际市场以及市场潜能反映的周边市场三者相关性较高，只有同时控制了本地和国际市场，才能得到比较准确的市场潜能估计系数。

2）劳动生产率。用城镇职工平均工资（wage）来反映。工资本身代表了企业的用工成本，而较高的用工成本可能抑制创业活动，因此工资的最终效应取决于两者之间的权衡。

3）人力资本，用2008年第五次全国人口普查中的平均受教育年限（edu）表示。人力资本（特别是教育）对创业的影响存在不确定性[49]。人们受教育水平越高，越利于知识溢出，利用各种信息发现并捕捉商机的能力越强，此时教育水平对创业的影响很可能显著为正。同时，也存在降低创业动机的可能性，因为较高的教育水平往往也会带来丰厚的劳动报酬。

4）基础设施，分别用人均固定资产投资（inv）和每万人的医院卫生院床位数（bed）表示。完善的基础设施，有利于拓展与周边市场的联系，同时保证了创业活动所需的基础条件。

5）大企业占比，用大企业（就业人数大于100人）的就业人数占地区总就业的比例（big）表示。控制该变量是为了论证中国是否也存在"Chinitz效应"，即规模较大的企业更趋向于将经济活动内包，较少依赖外部独立的中间供应商，从而阻碍了创业活动[51]。

6）国有企业占比，用国有企业就业人数占地区总就业的比例（soe）表示。本文根据企业的登记注册类型，将"国有、国有联营、国有与集体联营、国有独资公司"定义为国有企业。国有企业占比越高，往往代表行政干预越强，不利于形成公平竞争的市场环境，增加了其他企业的市场进入成本。因此，国有企业占比一定程度上可以捕捉理论模型中的地区固定成本。

7）城市等级虚拟变量，统一用urban表示。为控制不同等级城市的异质性，用urban1表示高等级城市（直辖市、副省级城市和省会城市），urban2表示一般地级市，县域作为参照组。

---

① 本文认定的沿海港口来源于许政等使用的"首届中国港口城市市长会议高峰论坛"名单[50]，共计32个沿海港口，包含：上海、宁波、舟山、温州、台州、广州、深圳、湛江、汕头、珠海、中山、北海、防城港、钦州、海口、三亚、福州、厦门、漳州、泉州、连云港、青岛、日照、烟台、龙口、威海、秦皇岛、唐山、沧州、大连、营口、锦州。

4 模型估计结果

4.1 市场潜能影响创业活动的基准模型

表 1 报告了基准模型的 OLS 估计结果。通过控制不同的解释变量，观察市场潜能估计系数的变化，以此证明估计结果的稳健性。

表 1 市场潜能与创业活动的估计结果

	（1）	（2）	（3）	（4）	（5）
lnmp	0.5978***	0.2326**	0.3811***		0.3736***
	（0.0817）	（0.1025）	（0.0441）		（0.0602）
lnden		0.1468***		0.0860***	0.0540***
		（0.0276）		（0.0202）	（0.0198）
lnarea		0.1557***		0.0990***	0.1296***
		（0.0366）		（0.0221）	（0.0212）
lndis		−0.1265***		−0.1053***	−0.0535***
		（0.0338）		（0.0210）	（0.0202）
lnwage			0.4334***	0.3343***	0.3728***
			（0.0653）	（0.0659）	（0.0624）
lnedu			1.1993***	1.0171***	1.0597***
			（0.1229）	（0.1255）	（0.1181）
lninv			0.2047***	0.2210***	0.2073***
			（0.0200）	（0.0209）	（0.0191）
lnbed			0.5026***	0.4916***	0.5302***
			（0.0325）	（0.0313）	（0.0310）
big			−0.0016**	−0.0027***	−0.0025***
			（0.0008）	（0.0008）	（0.0008）
soe			−0.0051***	−0.0067***	−0.0052***
			（0.0010）	（0.0012）	（0.0010）
urban	NO	YES	YES	YES	YES
cons	−0.1063	0.7876	−8.1588***	−5.2661***	−8.1937***
	（0.4368）	（0.7834）	（0.7126）	（0.7101）	（0.8344）
N	2210	2210	2210	2210	2210
R^2	0.1140	0.3482	0.7300	0.7247	0.7426

注：括号中给出的是聚类到地级市的稳健标准误

***、**、*分别表示在 1%、5%和 10%水平下显著

当估计方程只包含市场潜能时，如模型（1）所示，市场潜能的估计系数在1%的显著性水平下为正，且市场潜能对企业进入率的弹性为0.5978，这表明市场潜能显著提升了地区的创业活动。也就是说，创业活动应该选择布局在市场潜能较大的地方，这样更有利于接近消费者和中间供应商，从而利用规模经济效应。然而，从全国来看，市场潜能较大的地方往往是大城市及其周边地区，这些地区距离海岸线也较近。因此，为剥离市场潜能测度的周边市场效应，模型（2）给出了在控制人口密度和土地面积、到港口距离之后的结果，此时市场潜能在5%的显著性水平下为正，只不过估计系数从0.5978下降为0.2326。当控制了其他影响因素之后，单独考虑市场潜能、本地市场与国际市场效应时，模型（3）仅考虑了周边市场（lnmp）、模型（4）同时考虑了本地市场（lnden、lnarea）和国际市场（lndis），估计结果表明周边市场、本地市场和国际市场对于创业活动而言都是重要的。因此，应该同时控制这三类市场。模型（5）是控制了所有解释变量之后的估计结果，也是本文的基准模型。可以发现，市场潜能依旧是影响创业活动的重要因素，平均而言，市场潜能每提高1%，企业进入率提高37.36%。与模型（4）相比，当控制了市场潜能之后，密度的弹性系数由0.0860下降为0.0540，这表明遗漏市场潜能变量将高估本地市场对于创业活动的效应。

此外，模型（5）显示创业活动的其他影响因素均符合我们的预期。在"共享""匹配""学习"的集聚经济效应作用下，人口密度显著提升了县市层面的创业活动。中国经济的外向型特色明显，邻近港口有利于降低运输成本，因此吸引了较多的企业进入。此外，工资、受教育年限、人均固定资产投资与床位数的估计系数显著为正，表明劳动生产率、人力资本、基础设施较高的地方，提供了创业活动所需的基础条件、人才资源与公共服务，从而有利于企业的进入。进而，本研究也证实了中国县市层面存在"Chinitz效应"。大企业占比高的地方，容易形成独立且垂直的生产分工体系，较少依赖外部供应商，决定了新企业的进入比较困难。同时，大企业大量低自主性、单一、重复性的工作任务阻碍了企业家个性特征的培育。Rosenthal 和 Strange 用"小企业、大效应"表达小企业对于创业活动的重要性[52]。而国有企业的垄断地位则增加了企业的进入成本，不利于培育公平竞争的创业环境，这也论证了国有企业改革对于大众创业的重要性，这与倪鹏途和陆铭的结论一致[15]。

为了论证基准模型所得结论不受市场潜能测度形式的影响，本文分别使用了包含本地市场的 Harris 市场潜能，用常住人口、社会消费品零售总额、夜间灯光替代 GDP，改变 Harris 市场潜能的距离衰减参数等形式，考虑市场潜能可能存在的内生性问题，市场潜能的估计系数依旧显著为正。从而论证了基准模型结论的稳健性，即创业活动应该布局在市场潜能较大的地方。限于篇幅，本文未报告相关的估计结果。

4.2 改变创业活动的测度指标

（1）新生企业数

前文基准模型使用了企业进入率测度创业活动，虽然被解释变量表示 2008 年每万就业人数的企业个数，解释变量滞后到 2004 年，但仍存在 2008 年在位的企业其实是 2004 年之前成立的可能性，此时源自反向因果导致的内生性问题将使得市场潜能的参数估计不准确。为了克服这一问题，参考以往文献[5,52]，将被解释变量变换为新生企业个数，即 2004 年之后成立的企业个数①。

由于企业个数属于非负整数，传统的 OLS 估计将不再适用，基于新生企业个数的期望与方差之间的关系，选择采用泊松分布（Possion distribution）还是负二项分布（negative binomial distribution）估计模型有待进一步检验。具体而言，泊松分布假设期望与方差一定相等，被称为"均等分散"，但这个特征往往与现实情况不符。如果解释变量的方差明显大于期望，即存在"过度分散"，此时负二项分布是一致的估计。根据 Stata 提供的 LR 检验可确定应该选用何种估计类型，其原假设为"不存在过度分散，应使用泊松回归"[53]（结果见表 2）。模型（2）的 LR 检验拒绝了原假设，此时应该选择负二项分布估计，为了比较，我们也给出了泊松分布估计的结果（模型 1）。

不管是泊松还是负二项分布估计，市场潜能的估计系数均在 1% 的显著性水平下为正，这表明新生企业趋向于在市场潜能较大的地方选址，从而再次证明了基准模型结论的稳健性。此外，当我们把新生企业更加严格限定为 2008 年成立的企业时，估计结果依旧保持不变（模型 3、模型 4），只不过市场潜能的估计系数有所下降（表 2）。

表 2　市场潜能与新生企业数的估计结果

	2004 年之后成立		2008 年成立	
	（1）泊松分布	（2）负二项分布	（3）泊松分布	（4）负二项分布
lnmp	0.616 7***	0.690 9***	0.460 5***	0.521 9***
	（0.105 1）	（0.047 1）	（0.121 2）	（0.087 3）

---

① 当把被解释变量变为新生企业进入率，即每万就业人数的新生企业数时，市场潜能的估计系数依旧显著为正，估计结果备索。

续表

	2004 年之后成立		2008 年成立	
	（1）泊松分布	（2）负二项分布	（3）泊松分布	（4）负二项分布
lnden	0.681 9***	0.738 1***	0.629 0***	0.699 0***
	（0.040 6）	（0.021 5）	（0.050 0）	（0.035 5）
lnarea	0.888 6***	0.840 0***	0.809 2***	0.797 8***
	（0.033 8）	（0.022 9）	（0.041 0）	（0.037 7）
lndis	−0.053 0**	−0.016 5	−0.046 1	−0.032 3
	（0.026 3）	（0.014 0）	（0.032 0）	（0.032 1）
lnwage	0.566 0***	0.434 6***	0.655 5***	0.482 9***
	（0.106 8）	（0.056 7）	（0.121 8）	（0.130 1）
lnedu	0.335 3	0.622 3***	0.090 6	0.465 1***
	（0.359 7）	（0.098 9）	（0.454 4）	（0.176 1）
lninv	0.196 6***	0.113 8***	0.246 3***	0.164 9***
	（0.041 3）	（0.017 4）	（0.051 2）	（0.036 1）
lnbed	0.184 9**	0.058 2*	0.157 0	0.075 4
	（0.091 5）	（0.030 9）	（0.107 6）	（0.057 4）
big	−0.003 2*	−0.001 6*	−0.003 4	−0.002 7**
	（0.001 7）	（0.000 1）	（0.002 1）	（0.000 13）
soe	−0.015 6***	−0.011 9***	−0.015 3***	−0.012 3***
	（0.002 3）	（0.001 2）	（0.002 8）	（0.001 6）
urban	是	是	是	是
cons	−13.670 9***	−12.634 5***	−14.272 5***	−13.239 5***
	（1.644 4）	（0.688 7）	（1.869 0）	（1.496 3）
LR 检验	0.2425		0.321 5	
	［0.226 5，0.259 6］		［0.289 1，0.357 5］	
N	2 210	2 210	2 210	2 210
log-likelihood	−204 950.08	−14 504.029	−63 002.732	−11 409.282

注：括号中给出的是聚类到地级市的稳健标准误

***、**、*分别表示在 1%、5% 和 10% 水平下显著，［ ］内为 95% 的置信区间

（2）个人创业概率

前文主要从企业进入的角度论证了地区的创业活动，考虑到创业活动往往是个人特征与地区条件相互作用的结果，同时为了与以往的创业指标保持一致[14-15,20]，本文进一步使用个人的创业概率论证基准模型结论的稳健性。微观个人的数据来自 2010 年 CGSS 的城镇样本，根据个人工作类型信息定义"自己是老板（或者是合伙人）""个体工商户""自由职业者"三类受访者为企业家。关注的重点在于，当控制了一系列个人特征影响因素之后，论证地区层面的市场潜能是否能够

提高个人的创业概率。为此，本文设定了如下的 Probit 计量模型：

$$\text{Prob}（创业 _{ij}=1）= \varphi（\beta_1 \text{市场潜能}_{ij} + \beta_2 \text{个人}_{ij} + \beta_3 \text{城市}_{ij} + \delta_i）$$

其中，i 和 j 表示第 i 个城市中的个人 j。被解释变量是虚拟变量，如果个人正在从事创业活动，则赋值为 1，反之赋值为 0。方程的右边除了关键解释变量市场潜能之外（数据与基准模型一致），还控制了个人特征和其他的城市变量。其中，个人特征包含：性别虚拟变量（male），其中，男性赋值为 1；年龄（age）及其平方项（age^2）；民族虚拟变量（han），汉族赋值为 1，其他民族赋值为 0；个人受教育年限（edu）；政治面貌虚拟变量（party），其中，中共党员赋值为 1；户籍虚拟变量（hukou），其中，城镇户籍赋值为 1；婚姻状况虚拟变量（mar），其中，有配偶赋值为 1，这里将同居、已婚和分居均视为有配偶；受访前一年收入水平（lnincome）。其他的城市特征变量统一用 city 表示，限于篇幅，模型中仅作为控制变量处理。相关估计结果见表 3。

表 3　市场潜能与个人创业概率的估计结果

	（1）全部	（2）全部	（3）全部	（4）自我雇佣
lnmp		0.0460***	0.0331**	0.0320**
		（0.0162）	（0.0156）	（0.0144）
male	0.0132	0.0151	0.0161	0.0071
	（0.0160）	（0.0159）	（0.0161）	（0.0143）
age	0.0007	0.0009	0.0012	0.0007
	（0.0026）	（0.0026）	（0.0025）	（0.0021）
age^2	−0.0000	−0.0000	−0.0000	−0.0000
	（0.0000）	（0.0000）	（0.0000）	（0.0000）
han	−0.0384	−0.0503*	−0.0541**	−0.0366
	（0.0274）	（0.0281）	（0.0262）	（0.0247）
edu	−0.0000	−0.0003	−0.0003	−0.0024
	（0.0021）	（0.0021）	（0.0020）	（0.0017）
party	−0.0826***	−0.0814***	−0.0821***	−0.0576***
	（0.0280）	（0.0284）	（0.0283）	（0.0215）
hukou	−0.0390**	−0.0420***	−0.0419***	−0.0289*
	（0.0159）	（0.0158）	（0.0161）	（0.0149）
mar	−0.0037	−0.0026	−0.0024	−0.0095
	（0.0187）	（0.0189）	（0.0192）	（0.0154）
lnincome	0.0029**	0.0029**	0.0026**	0.0026**
	（0.0014）	（0.0013）	（0.0013）	（0.0011）
city	否	否	是	是

续表

	（1）全部	（2）全部	（3）全部	（4）自我雇佣
N	2146	2146	2146	2146
Pseudo R^2	0.0802	0.0872	0.0998	0.0897

注：括号中给出的是聚类到地级市的稳健标准误
***、**、*分别表示在 1%、5%和 10%水平下显著

表 3 报告了市场潜能对个人创业概率的 Probit 估计结果，估计系数显示的是各个解释变量的边际效应，即边际系数。模型（1）仅包含个人特征影响因素，模型（2）加入了关键解释变量市场潜能，模型（3）则是控制了所有解释变量的估计结果。模型（2）中市场潜能的估计系数为 0.0460，且通过了 1%的显著性检验。这表明，平均而言，地区的市场潜能每增加 1%，个人的创业概率将大约提高 4.6个百分点。即便控制了城市层面的其他影响因素，市场潜能依旧显著为正，只不过估计系数有所下降，变为 0.0331［模型（3）］。这进一步论证了基准模型的结论，即市场潜能越大的地方，个人创业的概率越高。经过计算，样本中自我雇佣类型（包含个体工商户和自由职业者）的创业占据主体地位，达到 79.06%，这表明我国的创业仍处于初期阶段。模型（4）进一步报告了市场潜能对自我雇佣的影响，估计系数依旧显著为正，即市场潜能也提高了自我雇佣的可能性。就个人特征而言，模型初步显示少数民族、非中共党员、外地户籍、个人收入水平显著提高了个人的创业概率，这与以往的结论类似。

5 进一步分析：市场潜能对创业活动的地理衰减效应

前文在论证市场潜能对创业活动影响时，假设任何一个县市的产品均有可能覆盖到全国市场。因此，市场潜能的计算考虑了除自己之外的所有样本，即 2209个邻居。然而，从理论上来看，受制于企业规模、技术水平、产品类型、运输成本等因素异质性影响，企业服务的市场需求是存在地理边界的。对于规模较大的企业而言，其产品可以满足相对更远距离的市场；而对于规模较小的企业而言，其所满足的市场需求往往是近距离的，甚至仅局限于本地需求。一般而言，受制于运输成本等因素，与较远距离的市场需求相比，近距离的市场需求对本地的影响更大。也就是说，随距离的增加，市场潜能的效应可能逐渐减小。虽然通过设

置权数与距离成反比关系，市场潜能指标已经体现了地理衰减效应，但不能解决有效的市场边界问题，因此需要进一步的经验检验。为了论证这一猜想，借鉴以往文献[52]，本文利用分圈层估计的方法，重点关注来自不同圈层的市场潜能对创业活动的影响，估计结果见表4。具体来看，我们将全国范围的 Harris 市场潜能划分为 400 千米等距的圈层，分别计算每个 400 千米圈层范围内的市场潜能；然后单独估计各个圈层的市场潜能对企业进入率的影响，其他的控制变量与基准模型保持一致①。

表 4　分圈层市场潜能的估计结果

	（1）0~400千米	（2）400~800千米	（3）800~1200千米	（4）1200~1600千米	（5）1600~2000千米	（6）2000~2400千米	（7）2400~2800千米	（8）>2800千米
lnmp	0.0887***	0.0781***	0.0529**	0.0053	−0.0262	−0.0488***	−0.0659***	−0.0691***
	(0.0263)	(0.0196)	(0.0218)	(0.0232)	(0.0257)	(0.0166)	(0.0121)	(0.0247)
city	是	是	是	是	是	是	是	是
N	2210	2210	2210	2210	2210	2210	2210	2210
R^2	0.7318	0.7314	0.7280	0.7246	0.7254	0.7289	0.7368	0.7288

注：括号中给出的是聚类到地级市的稳健标准误
***、**分别表示在 1%和 5%水平下显著

总体而言，随着距离的增加，市场潜能的估计系数逐渐下降，即市场潜能对创业活动的影响具有地理衰减效应。与较远距离的市场需求相比，源自近距离的市场需求关联对本地创业活动的促进作用更加显著。具体来看，在 1200 千米范围内，市场潜能显著提升了企业进入率，但随着距离的增加，市场潜能的促进作用逐渐减弱。在 400 千米范围内，这种源自市场需求的空间关联对创业活动的影响达到最大值，弹性系数为 0.0887。当考察超过 2000 千米的市场潜能效应时，市场潜能对创业活动的影响开始显著为负，且随着距离增加，这种负向作用越来越强烈。此时，市场潜能较大的地方反而不利于本地的创业活动。这表明，有效的市场需求具有一定的地理边界。在企业可承受的运输成本范围内，周边的市场需求起到了吸引企业进入的作用，且这种促进作用在近距离市场影响更大。当超过企业可承受的运输成本之后，企业趋向于选择在距离市场较近的地方布局，这样可以避免长距离的运输成本，此时市场潜能的效应开始由促进变为削弱。例如，对

① 选择 400 千米的原因是，确保样本中至少有一个邻居的最近距离是 300 多千米。即距离新疆维吾尔自治区的若羌县最近的县域是尉犁县，约为 324 千米。而一旦超过 2800 千米，就会出现 42 个没有邻居的样本，此时市场潜能等于 0。因此，我们将圈层的下限与上限分别设定为 400 千米与 2800 千米。

超过 2000 千米的圈层而言，市场潜能大的地方往往是中国的内陆边疆县市，这些地方的经济发展水平普遍较低，县级单位中的企业规模也相对较小，能到达如此远的市场空间的企业肯定越来越少。总之，分圈层市场潜能的估计显示，随着距离的增加，这种源自市场需求的空间关联对创业活动的影响逐渐减弱，且超过一定地理范围，反而不利于本地的创业活动。

为了论证结论的稳健性，本文还分别采用了空间误差模型尽可能减轻遗漏圈层之间相互作用导致的估计偏误，以及估计方程中同时控制各圈层市场潜能变量的方法，依旧可以得到市场潜能对创业活动的地理衰减效应。限于篇幅，本文未报告相关的估计结果。

6 结论与启示

在"大众创业"的背景下，探讨在哪里创业更有效率这一问题，关乎如何发挥大国的空间效率，以便支撑中国经济的可持续发展。为了进一步明确"大众创业"的空间内涵与实施方向，本文利用 2004 年、2008 年的全国经济普查数据，构建企业进入率指标度量创业活动，重点考察了表征空间关联效应的市场潜能对创业活动的影响。县市层面的经验研究表明，市场潜能显著提升了地区的创业活动，平均而言，市场潜能每提高 1%，每万就业人数的企业个数将增加 37.36%。改变市场潜能与创业活动的测度形式，以及考虑到市场潜能的内生性之后，上述发现依旧是稳健的。此外，分圈层市场潜能的估计显示，市场潜能对创业活动的影响具有显著的地理衰减效应。在 1200 千米之内，随着距离的增加，市场潜能的促进作用逐渐减弱。当超过 2000 千米时，考虑到运输成本等因素，市场潜能反而不利于吸引企业进入。即便考虑到圈层之间的相互作用，地理衰减效应的结论依旧是稳健的。

本文的发现为"大众创业"战略在全国的布局实施提供了方向。当前，应该谨防遍地开花式创业活动的潜在风险。进一步明确，"大众创业"并不等于"到处创业"，而是应该"有重点的、集中式"创业。具体而言，鉴于市场潜能是创业活动空间差异的重要原因，因此创业活动应该布局在市场潜能较大的地方，即大城市及其周边地区，这样才能真正利用大国的空间效率，也更容易取得创业的成功。这种布局模式也体现了发挥市场在资源配置中的决定性作用。在这一过程中，取消政府的不合理干预对于发挥集聚经济效应至关重要。本文的发现同时揭示了，对于创业活动处于较低水平的中西部地区而言，布局在大市场即区域性核心城市的创业活动更有效率。此外，地理衰减效应提示我们，企业定位不能一味地贪图扩大市场，而应该结合比较优势，开发与产品需求匹配的市场空间。

参考文献

[1] Acs Z J, Armington C. Entrepreneurship, Geography, and American Economic Growth. New York: Oxford University Press, 2006.

[2] Audretsch D B, Keilbach M C, Lehmann E E. Entrepreneurship and Economic Growth. New York: Oxford University Press, 2006.

[3] 李宏斌, 李杏, 姚先国, 等. 企业家的创业与创新精神对中国经济增长的影响. 经济研究, 2009（10）: 99-108.

[4] Fritsch M, Storey D J. Entrepreneurship in a regional context: historical roots, recent developments and future challenges. Regional Studies, 2014, 48（6）: 939-954.

[5] Glaeser E L, Kerr W R. Local industrial conditions and entrepreneurship: how much of the spatial distribution can we explain? Journal of Economics and Management Strategy, 2009, 18: 623-663.

[6] Jofre-Monseny J, Marín-López R, Viladecans-Marsal E. The mechanisms of agglomeration: evidence from the effect of inter-industry relations on the location of new firms. Journal of Urban Economics, 2011, 70（2）: 61-74.

[7] Ghani E, Kerr W R, O'Coneell S. Spatial determinants of entrepreneurship in India. Regional Studies, 2014, 48（6）: 1071-1089.

[8] 吴建峰. 经济改革、集聚经济和不均衡增长: 中国产业空间分布的经济学考察 1980—2010. 北京: 北京大学出版社, 2014.

[9] Glaeser E L, Kerr S P, Kerr W R. Entrepreneurship and urban growth: an empirical assessment with historical mines. Review of Economics and Statistics, 2015, 97（2）: 498-520.

[10] Stuetzer M, Obschonka M, Audretsch D B, et al. Industry structure, entrepreneurship, and culture: an empirical analysis using historical coalfields. European Economic Review, 2016, 86: 52-72.

[11] Fritsch M, Wyrwich M. The effect of entrepreneurship on economic development: an empirical analysis using regional entrepreneurship culture. Journal of Economic Geography, 2017, 17（1）: 157-189.

[12] Branstetter L, Lima F, Taylor L J, et al. Do entry regulations deter entrepreneurship and job creation? Evidence from recent reforms in Portugal. The Economic Journal, 2014, 124（577）: 805-832.

[13] Quatraro F, Vivarelli M. Drivers of entrepreneurship and post-entry performance of newborn

firms in developing countries. The World Bank Research Observer，2015，30（2）：277-305.

［14］陈刚. 管制与创业：来自中国的微观证据. 管理世界，2015（5）：89-99.

［15］倪鹏途，陆铭. 市场准入与"大众创业"：基于微观数据的经验研究. 世界经济，2016（4）：3-21.

［16］Rosenthal S S，Strange W C. Geography，industrial organization，and agglomeration. Review of Economics and Statistics，2003，85（2）：377-393.

［17］Glaeser E L，Kerr W R，Ponzetto G A M. Clusters of entrepreneurship. Journal of Urban Economics，2010，67（1）：150-168.

［18］Faggio G，Silva O. Self-employment and entrepreneurship in urban and rural labour markets. Journal of Urban Economics，2014，84：67-85.

［19］Simoes N，Moreira S B，Crespo N. Individual determinants of self-employment entry：what do we really know? Journal of Economic Surveys，2015.

［20］阮荣平，郑风田，刘力. 信仰的力量：宗教有利于创业吗？ 经济研究，2014（3）：171-184.

［21］吴晓瑜，王敏，李力行. 中国的高房价是否阻碍了创业？ 经济研究，2014（9）：121-134.

［22］尹志超，宋全云，吴雨，等. 金融知识、创业决策和创业动机. 管理世界，2015（1）：87-98.

［23］郭琪，贺灿飞，史进. 空间集聚、市场结构对城市创业精神的影响研究. 中国软科学，2014（5）：107-117.

［24］Stam E. Entrepreneurship，evolution and geography//Boschma R，Martin R. Eds. The Handbook of Evolutionary Economic Geography. Cheltenham：Edward Elgar，2010：307-348.

［25］Di Addario S，Vuri D. Entrepreneurship and market size：the case of young college graduates in Italy. Labour Economics，2010，17（5）：848-858.

［26］Sato Y，Tabuchi T，Yamamoto K. Market size and entrepreneurship. Journal of Economic Geography，2012，12（6）：1139-1166.

［27］吴一平，王健. 制度环境、政治网络与创业：来自转型国家的证据. 经济研究，2015（8）：45-57.

［28］Fujita M，Krugman P，Venables A. The Spatial Economy：Cities，Regions and International Trade. Cambridge：MIT Press，1999.

［29］Head K，Mayer T. The empirics of agglomeration and trade//Henderson V，Thisse J-F. Eds. Handbook of Urban and Regional Economics（volume 4）. Amsterdam：Elscvier-North Holland，2004：2609-2669.

［30］Combes P-P，Mayer T，Thisse J-F. Economic Geography：the Integration of Regions and Nations. Princeton and Oxford：Princeton University Press，2008.

［31］刘修岩. 市场潜能、经济集聚与地区差距：来自中国地级城市面板数据的证据. 南京：东南大学出版社，2009.

［32］Holl A. Market potential and firm-level productivity in Spain. Journal of Economic Geography，2012，12（6）：1191-1215.

［33］范剑勇. 产业集聚与区域经济协调发展. 北京：人民出版社，2013.

［34］Combes P-P，Gobillon L. The empirics of agglomeration economies//Duranton G，Henderson V，Strange W. Handbook of Regional and Urban Economics（volume 5），Elsevier-North Holland，Amsterdam，2015：247-348.

［35］Rosenthal S S，Strange W C. The geography of entrepreneurship in the metropolitan area. Federal Reserve Bank of Economic Policy Review，2005，11（2）：29-53.

［36］潘文卿. 中国的区域关联与经济增长的空间溢出效应. 经济研究，2012（1）：54-65.

［37］韩峰，柯善咨. 追踪我国制造业集聚的空间来源：基于马歇尔外部性与新经济地理学的综合视角. 管理世界，2012（10）：55-70.

［38］Modrego F，McCann P，Foster W E，et al. Regional market potential and the number and size of firms：observations and evidence from Chile. Spatial Economic Analysis，2014，9（3）：337-348.

［39］Fotopoulos G. On the spatial stickiness of new firm formation rates. Journal of Economic Geography，2014，14（3）：651-679.

［40］Harris C D. The market as a factor in the localization of industry in the United States. Annals of the Association of American Geographers，1954，44（4）：315-348.

［41］Redding S，Venables A J. Economic geography and international inequality. Journal of International Economics，2004，62（1）：53-82.

［42］Hanson G H. Market potential，increasing returns，and geographic concentration. Journal of International Economics，2005，67（1）：1-24.

［43］Breinlich H. The spatial income structure in the European Union-what role for economic geography. Journal of Economic Geography，2006，6（5）：593-617.

［44］Head K，Mayer T. Regional wage and employment responses to market potential in the EU. Regional Science and Urban Economics，2006，36（5）：573-595.

［45］Combes P-P，Lafourcade M. Transport costs：measures，determinants，and regional policy implications for France. Journal of Economic Geography，2005，5（3）：319-349.

［46］Hering L，Poncet S. Market access and individual wages：evidence from China. The Review of Economics and Statistics，2010a，92（1）：145-159.

［47］Hering L，Poncet S. Income per capita inequality in China：the role of economic geography and spatial interactions. The World Economy，2010b，33（5）：655-679.

［48］Baum-Snow N，Henderson J V，Turner M，et al. Transport infrastructure，urban growth and market access in China. Working Paper，2015.

［49］陆铭，倪鹏途. 缺企业家的城市：中国的教育没有推动创业的经验证据. 上海交通大学和复旦大学工作论文，2014.

［50］许政，陈钊，陆铭. 中国城市体系的“中心-外围模式”. 世界经济，2010（7）：144-160.

［51］Chinitz B. Contrasts in agglomeration：New York and Pittsburgh. The American Economic Review，1961，51（2）：279-289.

[52] Rosenthal S S, Strange W C. Small establishments/big effects: agglomeration, industrial organization, and entrepreneurship//Glaeser E L. Agglomeration Economics. Chicago: University of Chicago Press, 2010: 277-302.

[53] 陈强. 高级计量经济学及 Stata 应用. 第二版. 北京: 高等教育出版社, 2014.

Where to start a business?
—Market potential, distance-decay and entrepreneurship

Ding Song

(School of Urban and Regional Science, East China Normal University,
Shanghai 200241, China)

Abstract   Entrepreneurship is often regarded as a key factor for innovation and an engine for economic growth, and the spatial layout of entrepreneurial activity is crucial to better exploit the spatial efficiency of a large country and the successful implementation of national "mass entrepreneurship" strategies. Using data from the 2004 and 2008 economic censuses and the 2010 Chinese General Social Survey, this paper is the first attempt to take a market potential approach to analyze the spatial differences in entrepreneurial activity at the Chinese county level, and focuses on answering whether there is a geographic attenuation effect on the impact of market potential on entrepreneurial activity. We find that concentration of entrepreneurship in places with large market potential will be beneficial to achieve the spatial efficiency of China. This finding is still robust after changing the measuring indicators of market potential and entrepreneurship. What's more, the estimated results coming from different circles demonstrate that market potential has a significant distance-decay effect on entrepreneurship, and market potential beyond a certain spatial scale will be of harm to attract firm entering. The findings provide direction for the implementation of "mass entrepreneurship" strategies. "Mass entrepreneurship" does not mean "starting a business everywhere", but rather "starting a business concentrated somewhere".

Keywords   entrepreneurship; market potential; distance-decay

科研院所在产业技术创新中的
作用探究

——以上海电气机械产业为例

王秋玉　曾　刚　曹贤忠

摘　要　科研院所兼具市场主体和公共主体双重属性，人才和技术优势使其成为重要的技术创新主体。本文以上海电气机械产业为例，基于产业发明专利及深度访谈资料，借助 UCINET、Gephi 等定量分析工具，采用社会网络分析及案例分析方法，对科研院所推动技术创新的作用机制与作用效果进行分析。研究发现：复杂、综合性产业对主体创新基础和能力提出更高要求，拥有深厚技术积淀和较强研发实力的科研院所成为重要创新主体，上海电缆研究所在上海电气机械产业创新中占重要地位；上海电气机械产业创新网络呈现明显的层级式和模块化结构，科研院所凭借较强的创新水平和关系联结能力在创新网络中占据结构洞位置，并基于组织内紧密合作形成具有较高能级的创新社区；科研院所通过研发共性技术、制定行业标准、创造临时性集聚平台，为产业创新提供知识基础、创新边界与合作契机，从多角度助力和引导行业技术研发与创新合作。

关键词　科研院所；技术创新；共性技术；上海电气机械产业；上海电缆研究所

作者简介：王秋玉，1989 年生，女，河南周口人，华东师范大学中国现代城市研究中心，助理研究员，博士，研究方向为产业与区域创新。曾刚，1961 年生，男，湖北武汉人，华东师范大学中国现代城市研究中心，主任、教授、博士生导师，研究方向为产业集群与区域创新、生态文明与区域发展模式。曹贤忠，1987 年生，男，安徽宿州人，华东师范大学中国现代城市研究中心，副教授、博士，研究方向为创新网络与区域经济。

基金项目：国家自然科学基金青年项目（41901158）；中国博士后科学基金面上项目（2019M651428）；教育部人文社会科学研究青年项目（19YJC790138）；上海市科学技术委员会软科学重点项目（19692102400）。

1 引言

技术创新日益成为知识经济时代经济发展的根本动力和决定性力量，并成为经济地理学界的关注重点[1]。技术创新是指创新主体以科学技术知识及其创造的资源为基础进行应用创新或新技术开发，不同主体因社会属性、创新能级不同，在产业技术创新中的角色也存在差异。企业作为市场经济下技术创新的主导者[2]，随着技术的复杂程度和更新速度不断加强，企业技术创新受外部知识源和区域创新环境影响增强；高校作为重要的知识生产和输出机构，通过知识合作以编码化形式实现知识技术跨区域传播[3,4]；科研院所通常承担国家科技政策传达与执行任务，随着现代科研体制改革的不断推进，部分院所逐步参与市场竞争，被视为知识溢出的重要源泉和技术创新的重要辅助[5]。随着科研院所的市场角色不断深入，其所积累的人才和技术优势逐渐显现[6]。同时，由于科研院所兼具学术界和产业界的创新要素优势，逐渐由计划经济体制下配合企业、高校合作的"直线模式"转向协同各类要素合作创新的"网络"模式，在现代技术创新体系中甚至担当领导者或组织者的角色[7]。那么，科研院所在产业创新中的地位和作用如何，以及推动技术创新的作用机制和效果如何，与产业属性有何关联，这是尚待学术界回答的问题。

科研院所作为国家和区域创新体系的重要组成部分，是解决产业现有技术难题、开发新技术的重要主体[5]，即使在企业技术创新能力较高的发达地区和国家，对于产业创新升级仍具有重要意义[8]。现有对中国科研院所技术创新作用的相关研究零散分布在运行模式、绩效考核、社会责任担当等方面[6,9-11]，其推动技术创新的作用机制缺乏系统考量与深入剖析。电气机械产业作为新材料产业的重要组成部分，具有进入门槛较低、技术和产品更新周期较长的特点，是电力、装备制造及高新技术领域的支撑行业，科研院所因拥有政府支持、技术和人才积累等优势在电气机械产业创新中发挥重要参与者和组织者作用。上海电气机械产业在国内处于较高水平，在上海制造业中的产值比例稳定在 7%左右。因此，归纳上海电气机械产业创新特征、明确科研院所的技术创新作用及地位、摸清其创新作用方式及实现机制，对于探讨科研院所推动产业技术创新的作用机制具有重要理论和现实意义。

2 科研院所推动技术创新的理论框架

技术创新是创新主体基于资源禀赋与关系网络，在一定创新环境中自主研发或与其他主体合作创造新技术或新产品的过程，已有研究多从技术研发能力、创新合作实践及创新系统功能角度展开，探索各类主体对技术创新的推动作用[12]。科研院所作为产学研创新系统的三大主体之一，兼具市场主体与公共主体双重角色，拥有独特的技术和人才优势、行业服务与指导功能[7]。基于此，本文从技术研发、创新合作和创新服务角度展开，探索科研院所推动技术创新的理论框架，如图1所示。

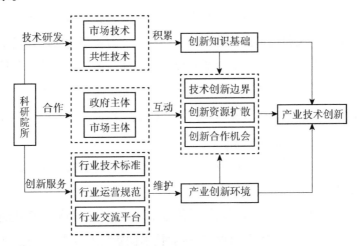

图1 科研院所推动产业技术创新的理论框架

2.1 技术研发

中国市场化经济不断发展催生科研院所的市场化改革，推动科技力量进入经济发展大循环[5]，科研院所作为市场主体直接参与产业创新，常被视为同高校一样的知识生产机构，是产学研创新系统中的技术供给方[13]；在响应国家需求的同时，很多转制科研院所进一步采取非公共职能"分体运行"机制，将产品制造和贸易相关部门剥离出来创建衍生企业，通过内部资源整合进行技术创新和产业服务，同时以企业身份参与市场竞争[14]。知识经济的蓬勃发展使得科研院所的市场角色不断深入，已成为我国基础研究和高技术领域发展的主力[15]，多样化的组织结构使其能够同时以企业和知识机构的主体身份参与技术创新。

与此同时，由于知识具有公有和私有两种属性，以基础理论为代表的共性知识难以转化为新的产品，市场主体缺乏投资研发的动力；但基础知识的突破往往能为上层的技术带来多样化的创新应用[16]，不仅能够解决产业当下发展阶段的技术瓶颈，还有可能研发出导致新产业的下一代技术[9]。随着科研院所、政府以及市场三者间的关系不断调整重构，科研院所替代政府部分科技资源配置作用，通过生产共性技术体现政府意志[17]，为产业升级创新提供重要支撑。

2.2 合作

科研院所因中国特殊的科技改革发展历程拥有深厚的创新资源沉淀，作为我国基础研究和高技术领域发展的主力，科研院所能够与自身价值取向不同但目标一致的其他创新主体建立合作关系，在产学研合作网络中占据一席之地。研究质量与研究导向被视为科研院所参与协同创新的重要影响因素，应用导向的研究与企业合作的倾向较为明显[18]，以获取企业对研究的经济支持，同时提高企业的技术开发、生产运作以及市场开拓能力，推动科技成果的转化[19]。同时，资源的价值信息主导其归属，专利等显性技术成果更容易集中于具有市场优势的企业主体，隐性技术则主要集中在基础研究能力较强的科研院所等研发密集型主体；高质量的技术扩散具有强黏滞性，创新能级较高的企业等主体与科研院所在原创技术领域的合作研发也为技术扩散提供了稳定渠道[20]。同时，很多主体在基础前沿研究中存在先天缺陷，在很大程度上需要将外部技术内部化，为创新成长创造条件，而技术扩散和传承也因此呈现复杂的网络化特征[20]，与科研院所的合作有助于弥补其技术基础的不足。

2.3 创新服务

欧洲创新研究小组强调区域创新环境的重要性，指出技术创新是各类主体基于市场关系、权力关系、合作关系所进行的集体学习的结果[21]，而科研院所通过设立行业技术标准、制定行业运营规范、建设行业交流平台为技术创新提供稳定的创新服务与合作环境。一方面，知识的创造并非仅仅由企业完成，现代社会高度的专业化分工使专业技术人员不一定需要知道与自己领域相关的所有的基础知识就能进行研发，科研机构主导下知识的系统性积累与再发展则是使这套分工有序而不至于崩溃的根本基础[22]。另一方面，在通过自主创新构建创新驱动型国家过程中，我国面临创新资源分散、分割、协同性差等问题[15]，而技术标准、产业规范作为技术创新升级、协同创新网络扩展的边界约束，不仅在制度和文化层面影响了创新实践，而且在传播完备性上影响了技术扩散[20]。

技术创新推动产业升级仅依靠创新主体的自发行动难以顺利实现，运行良好的区域创新生态系统对于技术开发、研发合作、成功转化至关重要，而科研院所参与企业竞争的市场属性以及执行政府职能的公共属性使其成为区域创新生态系统中的关键角色，服务产业创新升级。作为政府科技职能的代理，科研院所凭借基础研究优势、产业平台优势在技术创新中起组织与调节作用，通过召开产业会议、组建产业联盟、组织展会等方式为产业创新主体提供周期性的临时性集聚平台，为创新主体交流创新信息、捕捉创新趋势、建立信任关系提供契机，通过营造良好的创新生态环境推动创新主体的频繁交互、创新资源的有效整合及创新成果涌现[23, 24]。

3 研究方法与数据来源

3.1 研究方法

3.1.1 社会网络分析

社会网络分析方法将行动者之间的合作联系视为网络，对行动者、行动者联系及网络结构进行多层次分析。在此采用 UCINET 与 Gephi 软件，首先，对电气机械产业的专利合作网络进行可视化，直观分析网络的规模、密度、核心边缘结构，判断网络主体的重要性分布情况。其次，通过对网络指标进一步挖掘，探索网络中的主体中心度及其他网络结构指标，对产业创新网络进行量化分析。中心度反映了节点在网络中的中心地位，而中间中心度反映了主体在网络中的控制能力。式（1）中，节点 i 的中间中心度用 BC_i 表示，体现了个体在网络中充当"中介"角色的程度，用所有合作联结中的最短路径经过节点的次数来衡量。其中，g_{jk} 表示节点 j 和 k 之间存在的捷径数目，其中经过点 i 的捷径数目用 $g_{jk}(i)$ 表示。

$$BC_i = \sum_j^n \sum_k^n g_{jk(i)} \big/ g_{jk}, j \neq k = i, \text{且} \, j < k \qquad (1)$$

网络结构从等级性特征、模块化特征展开,核心-边缘结构的拟合优度反映了网络的等级性特征,拟合优度越高,网络的核心-边缘结构越明显,等级性越鲜明。社区发现则是凝聚子群的一种算法,对网络中联系紧密的小团体进行区分,通过对比实际网络与相应的随机网络的出现概率来进行挖掘,子网与随机网络之间的密度差值反映了子网偏离随机条件的程度,模块度 Q 值用所有偏离差值之和表示,值越大,子网越密集,网络社区发现越精准、网络模块化程度越高。式(2)展示采用 Louvain 算法的 Q 值计算方式,A_{ij} 代表了节点 i 和节点 j 之间关系的权重,k_i 代表与节点 i 相连的关系权重之和,c_i 是节点 i 的集群编号,$\delta(c_i, c_j)$ 是一个判断函数,如果节点 i 和 j 在同一个社区则为 1,否则为 0。

$$Q = \frac{1}{2m} \sum_{i,j} \left[A_{ij} - \frac{k_i k_j}{2m} \right] \delta(c_i, c_j) \qquad (2)$$

3.1.2 案例分析

鉴于"案例研究往往提供了在极其稀少或极端的情况下探究一种重要研究现象的机遇,更有利于探索、挖掘新的理论"[25],本文首先基于专利数据进行量化分析。在此基础上,通过调研和访谈获取的第一手资料进行质性分析。电线电缆是电气机械产业的重要组成部分,上海电缆研究所是中国唯一集电线电缆研究开发、工程设计、测试检验、信息会展服务及行业工作于一体的研究机构,拥有中国工程院院士 1 名、教授级高级工程师和高级工程师 80 余名,是我国电线电缆行业中一支综合实力较强的国家级队伍,绝大部分科研成果达到国内先进水平,科技成果应用率高达 75%,具有较高研究价值。笔者对上海电缆研究所进行了多次调研和访谈,以该研究所为典型案例探讨科研院所驱动技术创新的作用机制。

3.2 数据来源

专利作为科技研发的重要成果表现形式,已成为衡量主体技术创新水平的重要指标,而主体合作发明的专利是探讨知识共享与研发合作最为直接的方式[4,11,12]。国家重点产业专利信息服务平台(http://chinaip.sipo.gov.cn/)由国家知识产权局牵头构建,包含"装备制造业""汽车产业"等 10 个重点产业的专利数据,在"装备制造业"产业中,本文选取包含电机、发电机、输变电设备的"电工电器"细分行业作为电气机械产业的代表，专利数据的获取及处理过程如下：①2019 年 5 月，于国家重点产业专利信息服务平台获得上海"电工电器"细分行业的专利总数共 11 854 个，由于专利数据由申请到公告最多需要 18 个月的时间，因此，2017 年、2018 年的专利数据只代表当时统计量；②针对专利中的申请人，由于个人申请人无法判断其主体属性，故将此类申请人删除；③针对专利中的单位申请人，通过官方网站确定其主体属性，市场主体分类包括企业、高校和研究所，此外，将初等教育学校、水利电力部华东电业管理局（现为华东电网公司）等事业单位主体统称为社会机构。

为了进一步剖析科研院所在技术创新过程中的作用机制，笔者获取了大量第一手质性资料以进行深层次的探索。笔者在搜集产业调研报告、研究院官方网站及新闻报道的基础上，于 2017 年 5 月参加第十八届中国国际电线电缆及线材制品展览会、2018 年 9 月参加第八届中国国际线缆及线材展览会。以参加线缆行业顶尖博览会为契机，对 3 家企业进行了叙事性访谈、对 2 个研究院进行了以调研问卷为基础的深度半结构式访谈，获得第一手资料。

4 科研院所推动技术创新的作用机制

4.1 科研院所推动产业技术创新

上海电气机械产业的专利创新呈现稳步增加、合作研发较少、以本地创新为主等特征。从专利发明趋势看，如图 2 所示，1999 年之前，该产业发展缓慢，专利申请量较少；之后逐步提升，2010 年后稳定在 1000 个以上；其中 88 个科研院所参与发明了 640 个专利，是重要的创新主体。从主体合作发明情况来看，自主研发是专利最主要的实现形式，仅有 13.81%的专利通过合作完成；科研院所单独发明的专利数为 491 个，合作发明比率高达 22.43%，建立合作关系的倾向性高于一般主体。从主体空间分布来看，统计得知，来自 64 个城市的 2138 个主体中，92.42%的主体来自上海，参与实现了 94.12%的专利，上海的对外合作水平较低；其中，88 个科研院所来自上海的有 76 个，共参与发明了 96.56%的专利，在上海占绝对主导地位。

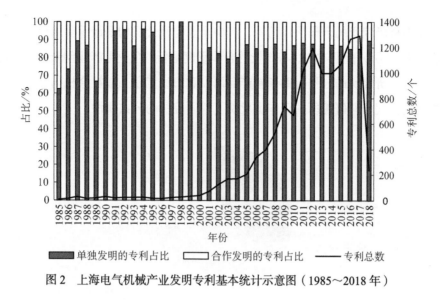

图 2　上海电气机械产业发明专利基本统计示意图（1985～2018 年）

上海电气机械产业进入门槛低、研发周期长、技术溢出效应强，产业创新因此呈现出主体平均创新水平较低、缺乏有效合作联结的特点。由于科研院所集中了国家重要科研力量[6]，拥有较一般主体更强的创新能力与联结能力，在产业创新中的表现较为突出。如图 3 所示，2010 年之后，电气机械产业中参与研发的主体平均发明专利数量稳定在 2 个左右，有合作意向的主体比例稳定在 13%，而科研院所平均发明专利数为 2.48 个，合作比例高达 21%。

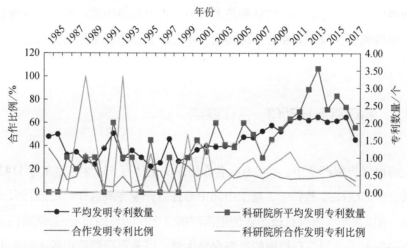

图 3　上海电气机械产业主体专利发明与创新合作演化示意图（1985～2018 年）

作为市场经济的重要参与者，科研院所通过自主研发、对外合作参与技术创新，同时作为政府科技职能的代理者又体现出公共属性。图 4 展示了上海电气机械产业中科研院所的合作伙伴结构，其中企业与社会机构是最重要的合作伙伴，均超过 1/3，研究院所次之，与高校的合作程度最低；企业是产业创新最重要的实践者，与科研院所的合作有助于新产品研发和市场竞争，而社会机构作为社会创新的代表，其与科研院所的合作也反映了科研院所的公共属性。

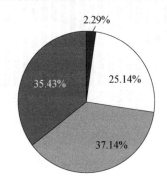

■高校 □研究所 ■企业 ■社会机构

图 4　上海电气机械产业中科研院所专利合作伙伴结构分布（1985～2018 年）

综上可知，电气机械产业具有进入门槛低、产业技术复杂度与合成度高、研发周期长的特点，导致产业主体虽多，但创新集中于具有深厚技术积淀、较强科研实力的少数几个核心主体，而产业对基础性研发的高需求使科研院所成为产业创新中的关键节点，科研院所的专利研发水平较高。与此同时，在电气机械产业创新网络中，科研院所拥有较高的技术权力，占据网络中核心地位，并拥有较强的关系建构能力，与企业和社会机构的合作反映了其市场主体与公共主体的双重属性。

4.2　科研院所推动创新合作联结

上海电气机械产业中，参与专利合作研发的主体有 534 个，建立有 1142 条合作关系。在 UCINET 软件中，基于中间中心性对产业专利合作网络进行可视化获得图 5。可以发现，电气机械产业的创新网络呈现出明显的核心-边缘结构，企业中的上海市电力公司，高校中的上海交通大学，以及科研院所中的上海电力研究所有限公司、上海电缆研究所和上海磁浮交通工程技术研究中心在网络中起关键联结作用，科研院所在核心节点中的比例较高。

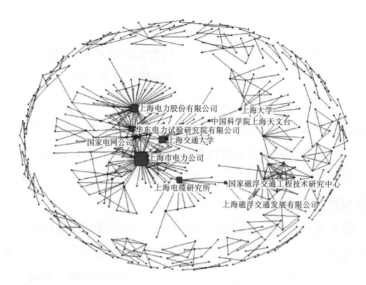

图5　上海电气机械产业专利合作网络示意图（1985~2018年）

通过指标计算可知，上海电气机械产业创新网络的核心-边缘拟合优度高达0.764，进一步挖掘发现，网络创新能力最强的前10个主体参与了过半专利，而发明专利数少于10个的主体高达471个，不同主体的创新水平差异巨大。在UCINET中进行中间中心度计算，获得排名前十的主体，如表1所示。这些主体是创新网络中联结或中介能力最强的代表者，可以发现，以上海电缆研究所、上海磁浮交通工程技术研究中心为代表的科研院所在网络联结中具有关键桥接作用，处于网络结构洞位置。

表1　上海电气机械产业创新网络中中间中心性排名前10主体（1985~2018年）

排序	主体名称	绝对中间中心度	相对中间中心度
1	上海电力股份有限公司	10 237.967	7.221
2	上海市电力公司	5 340.755	3.767
3	上海交通大学	4 524.233	3.191
4	华东电力试验研究院有限公司	3 614.556	2.549
5	上海电缆研究所	3 388	2.39
6	国家电网公司	1 615.178	1.139
7	国家磁浮交通工程技术研究中心	1 392	0.982
8	中国科学院上海天文台	1 225	0.864
9	上海大学	1 071	0.755
10	上海磁浮交通发展有限公司	1 061	0.748

在复杂网络中普遍存在的社区结构反映了关系更为密切的节点集合以及较为疏远的社区间联系，通过实际网络与随机网络对比来挖掘网络社区。在Gephi软

件中，将 Resolution 设为 1，基于 Louvain 算法对网络进行社区挖掘，模块化 Q 值高达 0.768，体现出上海电气机械产业专利合作网络具有明显的模块化特征，有强烈的小团体合作倾向；最终获得 134 个子社区，社区中的创新主体通过专利研发合作形成紧密的创新小团体，但仅有 4 个社区节点数量大于 10，而合作发明的专利总数高达 47.8%，占绝对主导地位，如表 2 所示。鉴于社区规模及创新能级差异巨大，对领衔社区的挖掘能够反映创新网络的主导创新模式。对 4 个领衔社区主体进行信息查询后发现，同一社区内的主体多同属于一个企业集团或在组织架构上具有相关性，受组织邻近性影响较大。

其中，除 2 号社区外，在其他 3 个社区中，科研院所凭借较强的专利研发水平和关系构建能力，在社区中处于权力中心地位。上海电缆研究所凭借技术和人才优势，迄今已投资建立 13 家高新技术企业，与研究所本部分体运作，研究所与其所属企业上海特缆电工科技有限公司、上海赛克力光电缆有限责任公司等均处于 3 号社区，在产业创新网络中组成第二大社区，形成以上海电缆研究所为中心节点的紧密合作小团体。

表 2　基于 Louvain 方法得到的 4 大社区及节点信息

社区编号	主体数量	专利数量（合作）	主要创新主体 （发明专利数量前五位，下划线为科研院所及关联企业）
1	14	77	<u>上海电器科学研究所（集团）有限公司</u>；上海电器股份有限公司人民电器厂；<u>上海电器科学研究院</u>；上海电科电机科技有限公司；上海亿盟电气自动化技术有限公司
2	15	196	上海置信电气股份有限公司；上海置信电气非晶有限公司；上海日港置信非晶体金属有限公司；江苏宏源电气有限责任公司；重庆市亚东亚集团变压器有限公司
3	21	49	<u>上海电缆研究所</u>；中国科学院上海微系统与信息技术研究所；<u>上海特缆电工科技有限公司</u>；上海新上化高分子材料有限公司；上海磁浮交通发展有限公司
4	134	465	上海良信电器股份有限公司；上海市电力公司；上海交通大学；<u>华东电力试验研究院有限公司</u>；同济大学

电气机械产业知识的复杂性、长期投入性特征决定了该产业创新主体等级性明显，这一点在典型的核心-边缘创新网络结构中得到体现。其中，以上海电缆研究所为代表的科研院所等凭借较强的关系构建能力拥有较高的中间中心度，在网络中占据结构洞位置。同时，科研院所的分体运作体制使其通过创办企业实现科研院所的基础知识研发和企业的应用创新和成果转化，基于组织邻近的合作紧密，在网络中形成创新等级较强的社区，且主导了整体网络的创新发展。并且，上海

电缆研究所与企业的合作愈加密切，上海市属国有企业申能集团与上海电缆研究所于 2019 年 7 月 19 日举行联合重组工作会议，以期通过重组促进产业集团与科研院所融合发展，申能集团能借助上海电缆研究所研发能力加强创新，而上海电缆研究所能依托申能集团的资金和业务资源，进一步加大新材料新工艺的研发投入，拓宽电线电缆新技术应用领域，加速推动高温超导行业发展，从而助力上海全球科创中心建设。科研院所参与创新合作的方式不断多元化，创新强度和深度不断提升。

4.3 科研院所推动创新服务完善

电气机械产业创新呈现核心主体创新水平较高、主体平均创新水平较低、产业内技术权力分化严重等特征，创新与合作能力较为出色的科研院所处于创新网络核心地位，并拥有提供产业创新管理与服务的实力和优势，代替政府发挥公共科技职能[17]。以上海电缆研究所为例，它是全国唯一的集电线电缆研究开发、工程设计、测试检验、信息服务于一体的研究机构。如表 3 所示，多个国家级技术创新平台、国家级行业协会、行业标准委员会、行业检测中心等平台均依托上海电缆研究所建立，且大都具有较长历史，在上海乃至中国电气机械产业发展历程中，均起到关键的引导、规范作用。

表 3 上海电缆研究所所提供的平台服务

平台服务	平台列表	成立年份
国家级技术创新平台	特种电缆技术国家重点实验室	2010
	超高压及特种电缆技术创新服务平台	2011
	国家技术转移示范机构	2011
	国家能源电线电缆及材料评定中心	2013
国家级行业协会	亚洲线缆合作组织主席及秘书处单位	2012
	中国电器工业协会电线电缆分会	1988
	中国电工技术学会电线电缆专业委员会	1987
行业标准委员会	全国电线电缆标准化技术委员会	1995
	国际电工委员会架空线标准化技术委员会（IEC/TC7）	2003
	全国裸电线标准化技术委员会	2008
	全国电缆标委会绕组线分技术委员会	2011
行业检测中心	国家电线电缆质量监督检验中心	1990
	机械工业电线电缆专用测试设备检测中心、机械工业第二十二计量测试中心站	1999
	机械工业电工材料及特种线缆产品质量监督检验中心	2000

综合网络数据及调研访谈资料可知，上海电缆研究所基于以企业市场化经营反哺公共职能的"两栖"机制，坚持自身作为技术商品和技术服务经营主体的企业身份，参与技术研发与市场竞争，保持对市场发展趋势的灵敏嗅觉。与此同时，上海电缆研究所凭借自身在产业服务、管理和规范平台的领导地位，通过以下三种方式提供产业创新服务：研发共性技术、充实产业知识基础；制定行业标准、引导产业价值链升级；提供交流平台、推动产业创新网络升级。

首先，上海电缆研究所通过供应产业共性技术为产业发展提供坚实基础，担负起社会有需求而市场调节存在缺失的共性技术研发与服务的公共职能。共性技术研发和服务功能，是追踪螺旋式上升、交叉式渗透、跨越式发展的行业技术更新轨迹，是产业更新换代的种子和土壤。上海电缆研究所积极争取国家重点科技项目，调研得知，其仅在2014年就开展了30多项共性技术研发项目，研发经费在3000万元以上，在电缆行业前沿技术、共性技术方面填补了一系列国内技术和标准的空白，开发出具有国内领先或国际先进水平的电缆产品，并实现技术转移，从多方面提升了科研院所的整体公共服务能力，从而进一步吸引更多的共性技术合作服务。基于此，上海电缆研究所的创新能力不断提升，而产业知识基础不断增加，为产业主体的本地创新提供了坚实支撑，也为行业突破式创新的出现提供了发展基础。

其次，上海电缆研究所通过制定行业技术标准参数、执行产品质量监督检测、进行工程监理和职业鉴定等方式，在行业内形成一定程度的标准垄断，为行业技术研发设定规则，组织、协调价值链各环节、各主体的价值创造活动。作为国家创新型企业，在国家知识产权局查询的数据显示，其仅2012年申请专利数就高达37项，授权专利数高达35项。在调研中，相关人员也提及，2012年完成制定或修订的国家级行业标准有10余项，作为相关技术归口单位，同时还是国家电线电缆、电工材料及特种线缆产品等质量监督检验中心，兼具标准制定者和监督者双重身份，对于引领行业标准发展趋势、对标国际作用巨大。处于行业技术中心地位使上海电缆研究所成为技术创新链条中关乎产业核心竞争力、行业整体自主创新能力和部分国家安全的技术研发和转化的重要环节，引导价值在不同主体间的分配[26]。上海电缆研究所调研人员对自身的行业引领地位给予充分肯定，并强调创新实力的不断提升对于产业规范和引导能力的辅助作用。

"全国范围的线缆行业大会都是我们来组织，也是国际电工委员会的秘书处，我们所的应启良先生还是国际电工协会的秘书……参与我国线缆行业大部分技术标准设置……职业培训也做，职业鉴定的标准就是我们把关的。"

——上海电缆研究所，2018年9月

最后，上海电缆研究所通过组织召开商业展览会、组织召开行业大会、组织期刊出版、建立网站等信息传播方式向行业公布、宣传电缆领域相关前沿技术和产品信息，同时为行业内主体交流供需、对外合作提供稳定平台。上海电缆研究所在加强国内专业公共服务平台的基础上，多次举办中国国际线缆及线材展、亚洲电线电缆行业合作组织主席团会议、中国电线电缆行业大会等大型会议，构筑国际化合作与服务平台，开展行业内外技术交流、技术共享、标准化协调等服务以及大量对外技术交流活动，召集并吸引行业内各主体参与交流信息并寻求合作，解决了中小企业自主寻求合作伙伴时在信息获取、信任建立、建立联结等方面遇到的问题，推动产业内更为紧密、更多数量的合作创新。由此可见，上海电缆研究所已经成为上海电气机械产业的技术守门员和明星创新主体，对于建立全球创新管道、在本地蜂鸣中实现逆向溢出起到关键作用[27]。

"就 2012 年一年，我们常规的仲裁、许可证之类的检验业务就有 8000 多次，包括中石油在内的一些国家重点工程的检测也是我们完成的……国外认证我们也有一定地位，与荷兰 KEMA 实验室还有美国 UL 实验室都有合作。"

——上海电缆研究所，2017 年 5 月

5　结论与展望

技术创新已成为产业升级的决定性力量，挖掘产业技术创新的关键驱动力量来自何处并探索驱动路径，有助于为产业技术创新提供助力，精准判断产业发展重点方向。由于中国科技创新系统的特殊发展路径，科研院所兼具市场主体与公共主体的双重属性，在技术创新中的地位和作用与一般主体不同，逐渐在现代技术创新体系中担当领导者或组织者的角色[7]。本文以上海电气机械产业为例，从技术创新内容、创新合作及创新服务等方面展开，探讨科研院所推动技术创新的作用路径及实现机制，为探索技术创新提供了新的思考方向。

通过理论总结与实证分析，本文得到主要结论如下：①在技术研发方面，电气机械产业技术的复杂性、综合性特征对技术创新主体的知识积累程度、研发水平、资本厚度提出较高要求，而科研院所因拥有较丰富的技术与人才积累和研发实力，较一般主体拥有更强的技术研发水平与协同合作能力，成为电气机械产业重要的创新主体，而企业与社会机构是主要合作伙伴。②在推动创新合作方面，

上海电气机械产业的创新网络呈现典型的层级化和模块化特征，网络内部技术权力分化严重，极少数的核心主体主导了整个产业的创新发展方向，小团体合作成为创新网络主要构建模式，而以上海电缆研究所为代表的科研院所在产业创新中处于权力核心位置，且通过企业分体运作形成紧密合作社区。③在提供创新服务方面，一方面，上海电缆研究所等科研院所以依附其成立的技术研发机构、检测中心、标准委员会等公共服务机构为载体，通过研发共性技术、提供产业服务、制定产业技术标准和规范等方式，提供产业创新知识基础及技术研发边界，服务并引导技术研发行为；另一方面，科研院所通过组织行业协会、周期性召开产业发展会议和展览会等临时性集会，驱动创新资源的共享、整合与重组，促进创新网络的拓展和技术创新的实现。

总体来看，产业属性影响不同主体在技术创新中的作用[28]，科研院所通过技术研发、创新合作和创新服务，深度参与产业技术创新及合作，不仅从多角度强化了行业技术创新水平，同时极大地提升了上海电缆研究所的企业品牌效应和国内外的行业地位。科研院所在我国创新主体中是比较特别的存在，其相互之间有一定的借鉴价值。但本文也存在以下研究不足，即如何精准刻画中国不同地区、不同产业的科研院所在技术创新中的异同，如何挖掘科研院所在区域创新系统、全球创新网络中的地位和作用以及背后所蕴藏的经济地理学理论基础与科学规律，这些将成为未来进一步深化研究的方向。

参考文献

[1] 侯光文，薛惠锋. 集群网络关系、知识获取与协同创新绩效. 科研管理，2017，38（4）：1-9.

[2] Wang C，Lin G. Dynamics of innovation in globalizing China：regional environment，inter-firm relations and firm attributes. Journal of Economic Geography，2013，13（3）：397-418.

[3] Jensen M，Johnson B，Lorenz E，et al. Forms of knowledge and modes of innovation. General Information，2007，36（5）：680-693.

[4] 邹琳. 区域知识网络演化研究. 华东师范大学博士学位论文，2018.

[5] 罗娇. 科研院所科技创新能力评价研究. 福州大学硕士学位论文，2014.

[6] 曹彬. 科研院所社会责任担当研究. 苏州大学硕士学位论文，2015.

[7] 梁帅，李海波，李钊. 科研院所主导产学研联盟协同创新机制研究——以海洋监测设备产业技术创新战略联盟为例. 科技进步与对策，2017，34（18）：1-6.

［8］Hsu C W. Formation of industrial innovation mechanisms through the research institute. Technovation, 2005, 25（11）: 1317-1329.

［9］Intarakumnerd P, Goto A. Role of public research institutes in national innovation systems in industrialized countries: the cases of Fraunhofer, NIST, CSIRO, AIST, and ITRI. Research Policy, 2018, 47（7）: 1309-1320.

［10］安丽真. 科研院所绩效评价方法研究. 华东师范大学硕士学位论文, 2017.

［11］张树满, 原长弘, 徐海龙. 转制科研院所如何加速科技成果转化? 科学学研究, 2018, 36（8）: 1366-1374.

［12］吕国庆. 中国装备工业创新网络研究. 华东师范大学博士学位论文, 2016.

［13］陈劲. 协同创新的理论基础与内涵. 科学学研究, 2012, 30（2）: 161-164.

［14］郭向远. 我国科研院所改革的实践与思考. 行政管理改革, 2012（4）: 15-17.

［15］董恒敏, 李柏洲. 基于知识三角的科研院所协同创新活跃度研究. 科研管理, 2017, 38（5）: 107-114.

［16］徐尧. 公益类科研院所定位与运行机制研究. 大连理工大学硕士学位论文, 2009.

［17］王福涛, 潘振赛, 汪艳霞. 科研院所改革政策主体演化研究. 科学学研究, 2018, 36（4）: 673-683.

［18］D'Este P, Patel P. University-industry linkages in the UK: what are the factors underlying the variety of interactions with industry? Research Policy, 2007, 36（9）: 1295-1313.

［19］Mowery D C. The U.S. national innovation system: origins and prospects for change. Research Policy, 1992, 21（2）: 125-144.

［20］李苗, 刘启雷. 产学研协同创新系统的技术扩散与资源配置关系——基于内资与在华外资高技术企业的比较. 科技管理研究, 2018, 38（23）: 19-25.

［21］Bathelt H, Glückler J. The Relational Economy: Geographies of Knowing and Learning. Oxford: Oxford University Press, 2011.

［22］封凯栋. 公共研发部门发展模式亟待调整. 科技日报, 2011-08-22, 1 版.

［23］储宵. 社会影响力视角下研发与转化功能型平台绩效评估研究. 华东师范大学硕士学位论文, 2018.

［24］李瑞. 区域性创新功能型服务平台的构建与思考. 科技与创新, 2017（10）: 3-5.

［25］Eisenhardt K M, Graebner M E. Theory building from cases: opportunities and challenges. Academy of Management Journal, 2007, 50（1）: 25-32.

［26］文婷. 技术标准中专利分布影响下的价值链治理模式研究——以移动通信产业为例. 中国工业经济, 2007（4）: 119-127.

［27］徐迪时. 从硅谷到漕河泾: 全球科创中心城市建设的枢纽与引擎. 中国战略新兴产业, 2018（44）: 7-9.

［28］Asheim B T, Moodysson J, Coenen L. Explaining spatial patterns of innovation: analytical and synthetic modes of knowledge creation in the Medicon Valley life-science cluster. Environment & Planning A, 2008, 40（5）: 1040-1056.

Research on the role of the research institute in industrial technological innovation
—An empirical analysis based on Shanghai electrical machinery industry

Wang Qiuyu，Zeng Gang，Cao Xianzhong

（The Center for Modern Chinese City Studies，East China Normal University，Shanghai 200062，China）

Abstract As market and public actors, research institutes act as important industrial technological innovators accounting for its talent and technological advantages. This study takes Shanghai electrical machinery industry as the case and has achieved the patent data from Chinese patent information service platform for key industries from 1985 to 2018, as well as research and interview data about Shanghai Electric Cable Research Institute from industrial conference and trade shows. With the help of some sophisticated data analysis software like UCINET and Gephi, this study has analyzed the mechanism and effect of research institutes in promoting technological innovation. The research found that the complexity of the knowledge of electrical machinery industry has proposed high standards on participator's repository and R&D ability. And research institutes have a higher innovation and cooperation ability above average level, which makes it a key actor in industrial technological innovation. Shanghai electrical machinery industry innovation shows obvious hierarchical and modular structure, the research institutes acted as the structure hole in the innovation network and has constructed small innovation groups with its affiliated enterprises. Meanwhile, research institutes provide knowledge base, innovation boundary and cooperation opportunities for industrial innovation by researching and developing generic technologies, setting industry standards and creating temporary gathering platforms, and facilitate industrial technology R&D and innovation cooperation from multiple perspectives.

Keywords research institutes; technological innovation; generic technology; Shanghai electrical machinery industry; Shanghai Electric Cable Research Institute

东北城市的空间相互作用
与东北振兴的地理学思考
——以辽宁省为例

郎悦岑　孙斌栋

摘　要　为了从经济地理视角探索东北振兴之路，本文以辽宁省43个县和县级市为例，以到各等级大城市地理距离为核心解释变量，定量分析大城市对小城市经济增长的影响。结果显示，沈阳经济区和辽宁沿海经济带核心城市的辐射和带动作用不足，其中，沈阳对小城市无显著空间作用，大连市对小城市存在虹吸效应；一般地级市对周围小城市经济增长存在积极溢出效应；近距离小城市之间互补效应大于竞争。基于此，振兴东北需要强化核心大城市对小城市的功能带动作用，小城市要发挥比较优势实现专业化分工协作，通过政府引导扭转资源过度集中局面以及最终让市场机制发挥资源配置作用是大中小城市协调发展的关键。

关键词　东北振兴；大城市；小城市；空间相互作用；增长溢出；辽宁省

1　引言

改革开放后，尤其是20世纪90年代之后，随着大量国企陷入困境，昔日共

作者简介：郎悦岑，1997年生，女，辽宁抚顺人，华东师范大学城市与区域科学学院，学生，主要从事区域经济问题研究。通讯作者：孙斌栋，1970年生，男，华东师范大学中国行政区划研究中心、中国现代城市研究中心、城市与区域科学学院，教授，博士生导师，研究方向为城市地理与区域经济。

基金项目：国家自然科学基金项目（41471139）；国家社会科学基金重大项目（17ZDA068）；教育部人文社会科学重点研究基地重大项目（16JJD790012）；上海市哲学社会科学规划课题（2014BCK003）。

和国"长子"东北地区经济陷入谷底。2014年之后，东北经济增长再度失速，经济塌陷迹象明显。人们往往把东北地区经济下滑归因于产业结构单一[1]、政治体制僵化等因素，同时把东北振兴寄希望于产业结构升级和市场化。东北问题背后的原因是多方面的，从单一角度分析是不全面甚至是有偏差的。任何社会经济活动都以空间为载体，空间合理布局对于区域振兴至关重要。2016年印发的《东北振兴"十三五"规划》中提到要壮大中心城市，发挥规模效应和带动效应；促进大中小城市和小城镇合理分布、协调发展；依托沈阳、大连，增强沈阳经济区和辽宁沿海经济带整体竞争力，积极推动辽中南地区协同发展，可以看出中央充分肯定城镇协调发展在东北振兴中的重要作用。在十九大报告中，"以城市群为主体，构建大中小城市和小城镇协调发展的城镇格局"的发展理念再次被提及。

深入认识大中小城市间的协调发展首先要从城市间相互作用入手，相关理论提供了分析框架。相关理论表明，大城市对周边小城市具有集聚和扩散的双重作用，且大小城市间的相互作用是由经济发展阶段和大小城市距离共同决定的。从经济发展阶段来看，缪尔达尔"回波-扩散"理论，赫希曼"极化-涓滴"理论与弗里德曼"核心-边缘"理论等均认为发展初期，大城市会吸收周边小城市要素，通过集聚效应加快自身发展，同时使其周边小城市发展速度降低，而发展后期，小城市会受益于大城市的扩散效应，整个区域逐步达到空间的相对均衡。从距离来看，新经济地理学者提出"集聚阴影"理论，即小城市靠近大城市反而不利于其自身发展，而"中心-外围"模式则指出小城市经济增长和到大城市的地理距离存在"⌣"形非线性关系[2]。

国内对城市间相互作用的实证研究多集中在长三角、京津冀等城市群，而且不同地区城市间相互作用存在较大差异。来自长三角城市群的证据表明，邻近大城市能促进小城市的经济增长[3]；而对京津冀城市群的实证研究显示，核心城市抑制了周边小城市的经济增长，存在明显的虹吸现象[4]。相比之下，东北地区的城市间相互作用较少被讨论，学者们对其缺乏足够的经验认识。辽宁省作为东北地区整体发展水平最高也是经济衰退最严重的省份，其城市间相互作用尤其值得研究。

目前对于辽宁省内城市间关系研究主要集中在城镇体系方面。一是对城镇体系结构的描述。赵永革和周一星指出辽宁都市区和都市连绵区以特大城市、大城市为主体，小城市和镇数量少，城镇体系呈现出严重的"头重脚轻"结构[5]；赵映慧等通过测度两两间发送和接收的百度指数，提出辽宁省形成了以沈阳为主导城市、大连为次级主导城市、其他城市为从属城市的网络层级结构[6]。二是对空间过程的测度。陈如铁和马健论证了辽宁中部城市群内城市分布密集，空间相互作用衰减更为明显，中心城市影响最大，这与全国其他城市体系中"最近城市"影响力最大有所不同[7]；李秀伟和修春亮发现东北地区的城镇系统较之一般意义的区域经济系统，具有更强烈的空间极化过程[8]；孙平军等的研究表明东北地区地级城市的差异和极化指数明显要高于县级城市，且地级城市的非均衡性和极化情况呈现出不规则的倒 U 形，而县级城市情况则恰好相反[9]。三是对城市间功能的分析。例如，王士君和吴嫦娥认为在辽中南城市群内部，供给计划几乎与 20 世纪 80 年代前城市之间的结构和功能义务关系无异，这种状态某种程度上已经成为东北老工业基地振兴中的机制性瓶颈[10]。四是对未来发展方向的建议。王彬燕等认为辽中南城市群虽发育相对成熟，但其核心与外围关系尚不健全，未来应在强化"双核"（鞍山和营口）的同时培育增长极[11]；刘继生和陈彦光考察发现辽宁省城市规模分布具有双分形结构，城市体系等级结构二元化。未来可以适当扩大中下级城市人口规模，最好以沈阳为核心、以沈阳—铁岭为半径建立一个"大沈阳体系"，从而增强整个省区城市分布的整体性[12]；杨青山等通过研究得出东北地区应促进人口和经济向首位城市和县城集中的结论[13]。

综上所述，东北地区大小城市间的相互作用还缺乏系统的实证研究，这与中央充分肯定城镇协调发展在东北振兴中的重要作用是不相称的。为此，本文以辽宁省为例，对大城市与周边小城市的空间相互作用展开分析，探寻辽宁省城市协调发展的问题和规律，力求从地理空间视角为东北振兴提出思考和建议。

2　研究方法、研究区域与数据来源

本义使用描述分析与计量分析相结合的方式来分析辽宁省内大城市对小城市经济增长的影响。描述部分主要是对辽宁省内各县市 2010 年人均 GDP 与 2000～2010 年人均 GDP 增长率进行可视化并加以对比。计量部分借鉴孙斌栋和丁嵩的做法[3]，运用经济增长模型进行回归分析，检验大城市对小城市的空间作用。辽宁省内城市按照行政等级分为 4 类：省会城市（沈阳市）、计划单列市（大连市）、一般地级市（12 个），以及县和县级市（44 个）。在本文中县和县级市被定义为功能上的小城市，其他城市即一般地级市及以上城市被定义为大城市。

本文在 Barro 提出的长期经济增长模型[14]基础上加入小城市到不同等级城市

最近地理距离作为核心解释变量，建立模型的基本形式如下：

$$gdprate=\alpha+\beta_1 dis+\beta_2 pgdp+\beta_3 den+\beta_4 inv+\beta_5 lab+\beta_6 urb+\beta_7 fdi+\beta_8 gov+\beta_9 edu+\beta_{10} ame+\varepsilon$$

其中，因变量 gdprate 是 2000～2010 年各小城市的人均 GDP 增长率。解释变量 dis 表示小城市到其他城市的地理距离。为检验不同等级城市对小城市的影响，对小城市到其他城市的距离进行如下划分：到最近小城市距离；到最近一般地级市距离；到大连市距离；到沈阳市距离；到最近的地级市或大连市距离；到大连市或沈阳市最近距离；到最近地级及以上城市距离。其他自变量包括 2000 年各小城市常住人口人均 GDP（pgdp），以测度其初期经济发展水平及是否存在条件收敛；人口密度即每平方千米常住人口数（den），作为经济集聚的度量；固定资产完成额占 GDP 比重（inv），反映资本要素对于经济增长的作用；剔除农林牧渔业就业人口占总人口比重（lab），反映劳动力投入对经济增长的重要性；城市化率即非农业人口占总人口比例（urb）；实际利用外资额占 GDP 比例（fdi）；剔除科教文卫的政府财政支出占 GDP 比率（gov），以衡量城市经济增长对政府投入的依赖程度；常住人口平均受教育年限（edu），作为人力资本代理变量；每万人医院卫生院床位数（ame），以测度生活质量。该模型相对避免了城市增长对城市特征影响造成的内生性问题，同时刻画城市初始特征对城市增长的长期影响。

本文研究对象为辽宁省的 43 个小城市，时间跨度为 2000～2010 年，行政区划统一按照 2010 年的边界划分，由于大连市长海县由岛屿组成，离陆地上其他城市有一定距离，故从样本中剔除。本文使用经济类数据主要来自 2001 年及 2011 年《辽宁统计年鉴》[15,16]、2001 年《中国县（市）社会经济统计年鉴》[17]；人口数据来自第五次和第六次全国人口普查数据；距离数据是基于国家基础地理信息系统 1:400 万底图，通过 ArcGIS 软件计算各级政府驻地间欧氏距离得出。部分县市实际利用外资额数据不可得，采用多重插补法估计得到。

3　描述性分析、回归分析与检验

3.1　描述性分析

图 1 显示了辽宁各城市经济发展水平的差异，各大城市市区范围为 2010 年行政区划下的市辖区范围。从辽宁省 2010 年人均 GDP 空间分布情况来看，东部经

济发展水平整体高于西部，省内沈阳和大连市区人均 GDP 水平高于周边小城市[18]。此外，鞍山市、盘锦市人均 GDP 较高。从 2000～2010 年人均 GDP 增长率来看，经济水平较低的辽宁西部呈现出高增长率的稳定发展态势，可以初步判断辽宁省经济增长呈收敛趋势，即经济水平发展较高的城市，经济增长趋缓。

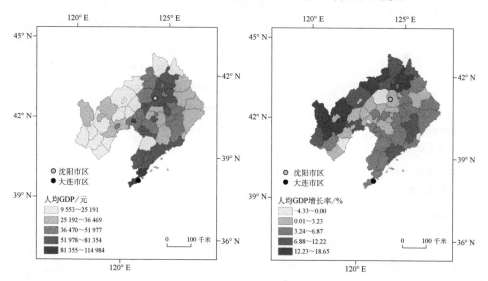

图 1　辽宁各城市 2010 年人均 GDP 和 2000～2010 年人均 GDP 增长率

3.2　回归结果

表 1 是回归分析结果。为了使结果稳健可信，不断变换变量组合，其中模型 5 变量最全面，是基准模型。模型 1 的核心解释变量是到地级市及以上等级城市的最近距离，结果显著且呈负相关，说明当不区分城市等级时，大城市对小城市的经济发展具有积极的溢出效应。模型 2 将这一距离分成到最近地级市距离和到大连或沈阳的最近距离，检验发现一般地级市显著促进周围小城市经济增长。模型 3 分析了到沈阳距离和到地级市或大连最近距离，结果显示省会城市沈阳对周边地区的经济有带动作用。模型 4 分别测度了到最近地级市、大连和沈阳的距离对小城市经济的影响，结果反映了一般地级市的扩散效应和大连市的极化效应。考虑到距离对经济增长可能存在非线性关系[2]，在对各距离二次项进行去中心化处理后，在模型 4 的基础上分别添加各距离二次项，结果如模型 5 所示，沈阳对周边作用不显著，大连存在虹吸效应，而到小城市距离二次项显著，即在一定距离内，与邻近的小城市合作带动来的积极影响胜过相互恶性竞争带来的不利影响。

表 1　对人均 GDP 增长率回归的基准模型

变量	模型 1	模型 2	模型 3	模型 4	模型 5
小城市间距离	−0.000 418	−0.000 537	−0.000 586	−0.000 524	−0.000 843*
	（0.000 431）	（0.000 427）	（0.000 459）	（0.000 378）	（0.000 458）
到最近地级市距离		−0.000 445**		−0.000 426**	−0.000 482**
		（0.000 206）		（0.000 202）	（0.000 200）
到大连距离				0.000 204*	0.000 183**
				（0.000 104）	（8.55e−05）
到沈阳距离			−0.000 232**	−1.77E−05	−1.80E−05
			（0.000 100）	（0.000 138）	（0.000 122）
到地级市或大连最近距离			−0.000 297		
			（0.000 198）		
到大连或沈阳最近距离		−0.000 145			
		（0.000 141）			
到地级市及以上最近距离	−0.000 466**				
	（0.000 216）				
小城市距离二次项					5.34E−05**
					（2.12E−05）
到地级市距离二次项					−5.21E−06
					（4.15E−06）
到大连距离二次项					5.02E−07
					（4.86E−07）
到沈阳距离二次项					4.18E−07
					（7.45E−07）
县级市虚拟变量	−0.004 17	0.003 62	0.006 94	0.006 76	0.014 6
	（0.015 3）	（0.014 5）	（0.012 9）	（0.012 3）	（0.012 4）
初始经济水平	−3.84E−06	−3.07E−06	−3.39E−06	−6.35E−07	1.16E−06
	（2.44E−06）	（2.53E−06）	（2.32E−06）	（2.60E−06）	（2.62E−06）
人口密度	−9.47E−05	−8.92E−05	−6.77E−05	−7.07E−05	−9.97E−05*
	（5.67E−05）	（5.32E−05）	（4.98E−05）	（5.33E−05）	（5.39E−05）
固定资产投资完成额	0.200*	0.211*	0.180	0.126	0.171
	（0.113）	（0.119）	（0.122）	（0.121）	（0.114）
劳动力数量	−0.035 5	−0.062 2	−0.050 7	0.030 5	−0.108
	（0.188）	（0.202）	（0.171）	（0.171）	（0.172）
城市化水平	0.116	0.140	0.119	0.031 9	0.051 8
	（0.087 2）	（0.089 7）	（0.087 2）	（0.104）	（0.104）

续表

变量	模型 1	模型 2	模型 3	模型 4	模型 5
实际利用外资	1.922***	1.769***	1.740***	2.302***	2.176***
	(0.597)	(0.589)	(0.509)	(0.522)	(0.719)
政府财政支出	0.824***	0.947***	0.984***	0.972***	1.113***
	(0.200)	(0.214)	(0.203)	(0.198)	(0.197)
人均受教育年限	0.028 5	0.000 377	−0.016 1	0.005 44	0.013 0
	(0.022 3)	(0.032 2)	(0.028 7)	(0.033 5)	(0.028 7)
基础设施水平	0.001 06	0.001 28	0.001 47*	0.001 26*	0.000 728
	(0.000 873)	(0.000 874)	(0.000 812)	(0.000 698)	(0.000 551)
常数项	−0.199	0.014 4	0.143	−0.112	−0.151
	(0.163)	(0.247)	(0.221)	(0.268)	(0.220)
样本量	43	43	43	43	43
R^2	0.739	0.761	0.781	0.818	0.863

注：括号内数值为稳健标准误

***、**、*分别表示在 1%、5%和 10%水平下显著

从其他解释变量来看，实际利用外资额、政府财政支出对经济发展有显著促进作用。固定资产投资在部分模型中显著正相关，说明了投资的重要性。人口密度在部分模型中显著负相关，说明辽宁省内人越多反而越不利于经济增长。初始经济水平、劳动力数量、城市化水平、人均受教育年限、基础设施水平在模型中均未呈现显著的结果。

3.3　稳健性检验

根据 Tobler 1970 年提出的"地理学第一定律"，即"所有事物都与其他事物相关联，但较近的事物比较远的事物关联性更强"，空间依赖性可能导致 OLS 模型有偏或无效。以表 1 基准模型 5 为例，其全局莫兰指数为 0.34749，说明该模型存在空间自相关现象。因此，对该模型进行稳健性检验。在对比空间滞后模型（SLM）和空间误差模型（SEM）后，发现 SEM 模型结果更优，相关结果如表 2 模型 1 所示。

另外，部分文献指出辽宁省市场分割[10]与产业同构[1,19]现象阻碍经济发展，因此在表 2 模型 1 基础上，模型 2 加入行政虚拟变量，以测度小城市与最近地级市是否存在行政隶属关系对其经济增长的影响；模型 3 和模型 4 分别加入第二和第三产业占 GDP 比重、第二产业与第三产业产值比变量，以衡量产业结构对辽宁

省经济发展影响；模型 5 加入少数民族虚拟变量，用来比较辽宁省少数民族县与非少数民族县经济增长差异。结果显示，所加变量均不显著，核心解释变量显著性提高，方向并未改变，证明前面已有结论是稳健可信的。

表2　对人均 GDP 增长率回归的空间误差模型

变量	模型 1	模型 2	模型 3	模型 4	模型 5
小城市间距离	−0.001127***	−0.000992***	−0.001187***	−0.001117***	−0.001073***
	−0.000320	−0.000333	−0.000341	−0.000343	−0.000313
到最近地级市距离	−0.000421***	−0.000504***	−0.000425***	−0.000420***	−0.000352***
	−0.000101	−0.000120	−0.000101	−0.000102	−0.000108
到大连距离	0.000305***	0.000342***	0.000305***	0.000307***	0.000313***
	−6.27E−05	−6.71E−05	−6.26E−05	−6.49E−05	−6.13E−05
到沈阳距离	8.56E−05	0.000140	7.86E−05	8.72E−05	0.000107
	−8.94E−05	−9.71E−05	−9.00E−05	−9.12E−05	−8.73E−05
小城市距离二次项	7.09E−05***	6.67E−05***	7.43E−05***	7.01E−05***	6.83E−05***
	−1.38E−05	−1.39E−05	−1.54E−05	−1.63E−05	−1.34E−05
到地级市距离二次项	−4.09E−06	−3.00E−06	−4.06E−06	−4.19E−06	−2.59E−06
	−3.22E−06	−3.28E−06	−3.22E−06	−3.47E−06	−3.28E−06
到大连距离二次项	2.34E−07	4.17E−07	2.74E−07	2.34E−07	3.23E−08
	−3.49E−07	−3.76E−07	−3.57E−07	−3.49E−07	−3.61E−07
到沈阳距离二次项	3.19E−08	1.12E−07	2.41E−09	2.49E−08	−1.75E−07
	−4.13E−07	−4.09E−07	−4.18E−07	−4.21E−07	−4.16E−07
行政虚拟变量		−0.011704			
		−0.009693			
第二、第三产业占 GDP 比重			0.017270		
			−0.034654		
第二产业与第三产业产值比				0.000951	
				−0.011656	
少数民族虚拟变量					−0.016505
					−0.011845
常数项	−0.230749	−0.318628	−0.241432	−0.235246	−0.263823
	−0.198570	−0.207170	−0.199336	−0.205825	−0.194819
其他控制变量	是	是	是	是	是
样本量	43	43	43	43	43
R^2	0.897582	0.902260	0.897922	0.897620	0.905161

注：括号内数值为稳健标准误

***、**、*分别表示在 1%、5%和 10%水平下显著

4 结论与讨论

通过描述性分析与计量分析相结合的方式，本文对辽宁省城市间相互作用分析得出如下结论：一般地级市促进了周围小城市的经济增长，但核心城市沈阳和大连均未对周边小城市的经济发展产生显著的溢出效应，尤其是大连对周边小城市经济发展以极化效应为主。在一定距离内，小城市与邻近小城市合作带动来的积极影响胜过相互恶性竞争带来的不利影响，这与 Alonso 提出的"互借规模"（borrowed size）[20]的概念相一致，即地理位置邻近且联系密切的小城市由于互相靠近获得了更大的根基，因此拥有与同等规模的大城市相同的城市功能。

根据以上结论，可以从地理学角度为东北振兴提出如下政策建议。

（1）发挥核心城市对小城市的辐射和带动作用，同时小城市补充大城市的发展，形成良性循环。东北地区城市群发育不够成熟，仍处于大城市对要素的吸纳和集聚占主导地位的阶段，与长三角、珠三角等城市群发达地区相反，大城市的增长反而降低了小城市的增长[21]，在这种背景下，东北的城市发展只会强者更强，弱者更弱。因此，应该增强核心城市的辐射功能，强化大城市要素溢出与渗透作用。东北的发展不仅仅是沈阳、大连等个别大城市的发展，大城市不应一味地吸取小城市优势资源，反过来，大城市优势要素要往外走。在发挥大城市对小城市经济带动作用的同时，小城市应对大城市的发展做有益的补充，优势互补，推动东北实现经济最大化总量增长和大中小城市协调发展的城市格局。

（2）小城市应发挥各自的比较优势，分工协作，实现共赢。小城市经济发展是未来东北地区经济发展的动力和经济增长的突破口，众多的小城市要找准自己在区域经济中发展的定位，借鉴长三角、珠三角城镇的专业化分工经验，走差异化的整合发展道路，规模互借，形成合力[22]。以开发辽宁沿海经济带为例，各小城市间存在重点产业趋同、港口重复布局等现象，影响了整体联动效应的发挥。在招商引资和发展经济过程中，不同小城市应发掘并利用自身竞争优势，有侧重地建立发展其主导产业，如装备制造业、现代物流业等，完善利益分享机制，打造特色村镇，提高协同发展的整体水平。

（3）政府有效引导，让市场机制成为大中小城市协调发展的主要力量。为解决大城市对小城市的虹吸效应，政府应主动出击，积极引导，通过出台经济发展规划等方式对全省经济发展进行宏观统筹调控，扭转当前优势资源过度集中的非理性结果。在过渡阶段，政府放手不管是不现实的，而当经济发展步入正轨后，政府应让市场发挥更大的作用，转变政府职能，减少对资源的直接配置和对微观经济活动的直接干预，使经济发展逐步摆脱对政府投资的依赖性，把市场机制能有效调节的经济活动交给市场[23]，消除隐形壁垒，充分释放市场活力。政府与市场作用实现平衡，是盘活东北经济的关键一步。

致谢：感谢华东师范大学城市与区域科学学院张婷麟博士和陈玉硕士在此研究中提供的点点滴滴的帮助！

参考文献

[1] 刘晓光，时英. 东北应走出"单一经济结构困局". 宏观经济管理，2016（6）：46-50.

[2] 许政，陈钊，陆铭. 中国城市体系的"中心-外围模式". 世界经济，2010，33（7）：144-160.

[3] 孙斌栋，丁嵩. 大城市有利于小城市的经济增长吗？——来自长三角城市群的证据. 地理研究，2016，35（9）：1615-1625.

[4] 陈玉，孙斌栋. 京津冀存在"集聚阴影"吗——大城市的区域经济影响. 地理研究，2017，36（10）：1936-1946.

[5] 赵永革，周一星. 辽宁都市区和都市连绵区的现状与发展研究. 地理学与国土研究，1997（1）：37-44.

[6] 赵映慧，高鑫，姜博. 东北三省城市百度指数的网络联系层级结构. 经济地理，2015，35（5）：32-37.

[7] 陈如铁，马健. 辽宁中部城市群城市体系中规模与距离关系的研究. 地理科学，2017，37（6）：841-849.

[8] 李秀伟，修春亮. 东北三省区域经济极化的新格局. 地理科学，2008，28（6）：722-728.

[9] 孙平军，修春亮，丁四保，等. 东北地区域发展的非均衡性与空间极化研究. 地理科学进展，2011，30（6）：715-723.

[10] 王士君，吴嫦娥. 东北城市组群整合关系及其调控机制——以长春市、吉林市为例. 地理学报，2004，59（s1）：116-124.

[11] 王彬燕，王士君，田俊峰. 基于城市流强度的哈长与辽中南城市群比较研究. 经济地理，2015，35（11）：94-100.

[12] 刘继生，陈彦光. 东北地区城市体系分形结构的地理空间图式——对东北地区城市体系空间结构分形的再探讨. 人文地理，2000（6）：13-20.

[13] 杨青山，杜雪，张鹏，等. 东北地区市域城市人口空间结构与劳动生产率关系研究. 地理

科学，2011，31（11）：1301-1306.

[14] Barro R J. Inequality and growth in a panel of countries. Journal of Economic Growth，2000，5（1）：5-32.

[15] 辽宁省统计局. 辽宁统计年鉴 2001. 北京：中国统计出版社，2001.

[16] 辽宁省统计局. 辽宁统计年鉴 2011. 北京：中国统计出版社，2011.

[17] 中华人民共和国国家统计局农村社会经济调查总队. 中国县（市）社会经济统计年鉴 2001. 北京：中国统计出版社，2001.

[18] Wei Y D，Danlin Y U，Chen X. Scale，agglomeration，and regional inequality in provincial China. Tijdschrift Voor Economische En Sociale Geografie，2011，102（4）：406-425.

[19] 姜晓丽，张平宇，郭文炯. 辽宁沿海经济带产业分工研究. 地理研究，2014，33（1）：96-106.

[20] Alonso W. Urban zero population growth. Daedalus，1973，102（4）：191-206.

[21] Ke S，Feser E J. Count on the growth pole strategy for regional economic growth? Spread-backwash effects in Greater Central China. Regional Studies，2010，44（9）：1131-1147.

[22] 孙斌栋，丁嵩. 多中心空间结构经济绩效的研究进展及启示. 地理科学，2017，37（1）：64-71.

[23] 王佳菲. 正确认识和运用"看不见的手"和"看得见的手"——学习习近平总书记关于政府和市场关系的系列论述. 经济研究，2016，51（3）：46-48.

Research on the Economic Interactions among Cities in Northeast China and Suggestions for Revitalization of Liaoning Province

Lang Yuecen[1], Sun Bindong[1, 2]

（1. School of Urban and Regional Science，East China Normal University，Shanghai 200241，China；2. The Center for Modern Chinese City Studies，East China Normal University，Shanghai 200062，China；3. Research Center for China Administrative Division，East China Normal University，Shanghai 200241，China）

Abstract　Under the background of the economic growth stall in Northeast China and the revitalization of Northeast China on the agenda，it is of great significance to clarify the economic interactions among cities in Northeast China in promoting the coordinated development of the Northeast region. However，most of the previous empirical literature was concentrated on the Yangtze River Delta，the Pearl River Delta，and Beijing-Tianjin-Hebei region，less discussed in Northeast China. And the studies of large cities and small cities in Liaoning Province mainly focused on the urban system and lacked systematic and empirical tests of city interactions. From the perspective of economic geography, this paper takes 43 small cities in Liaoning Province as study sample to analyze the impacts which large cities have on the economic growth of small cities around them, by adding geographical distance to different hierarchy cities into classical economic growth model. The result reveals that Shenyang, the capital city of Liaoning, has no significant spillover effect on the economic development of the surrounding small cities. Dalian, the secondary central city in Liaoning Province, curbs the economic growth of small cities nearby. Compared with domestic developed urban agglomerations, the radiating function of the core cities in both Shenyang Economic Zone and Coastal Economic Belts of Liaoning is not sufficient, and the gaps among cities in each urban agglomeration are widening. Furthermore, prefecture-level cities promote the economic growth of the adjacent small cities and there is a U-shaped relationship between the economic development of small cities and the distance to the nearest small city. The policy implications include: strengthening the spillover and radiating effect of large cities; promoting the labor division among small cities based on comparative advantages; reversing the irrational over-concentration of resources in large cities with the effective guidance of the government; establishing coordinated spatial structure among large, medium-sized, small cities as well as small towns, with market mechanism as the major force.

Keywords   revitalization of Northeast China; large cities; small cities; spatial interaction; growth spillover; Liaoning Province

重庆市制造业竞争力的演变特征
及提升对策研究

殷为华 曾 刚 栾雨慧

摘 要 提升城市工业竞争力是老工业基地实现可持续发展目标的重要举措之一。通过采用动态偏离-份额分析法，本文对 2005～2014 年重庆市制造业及其主要行业的竞争力演变特征及提升对策进行研究。实证结果表明：重庆市制造业总体竞争力呈现上升趋势，仍需要加强竞争力的稳定性、结构的优化程度及转换能力；以汽车制造为主的交通运输设备制造业发展高于全国平均水平，需以产品结构优化为重点增强综合竞争实力；电子设备制造业具有较强的竞争优势和发展潜力，扩大产值规模和提升内部结构效率需并重；医药制造业的增长速度和结构层级高于全国平均水平，未来需提高产品附加值及加强规模化生产。

关键词 动态偏离-份额分析；制造业竞争力；演变特征；重庆

重庆是新中国成立后建设的六大工业基地之一和国家长期重点投资建设的综合性工业基地之一[1]。自改革开放以来，重庆逐步形成了门类齐全、协作配套完整的城市工业体系。随着国家"西部大开发"、"长江经济带"及"一带一路"倡议的相继实施，重庆经济社会发展进入重要历史机遇期。2011－2015 年，重庆作为长江上游地区的中心城市和西南地区的重要工业基地，GDP 保持了 10% 以上的快速增速，位列全国第一[2]。然而，重庆的工业经济长期面临结构调整和优化升级的严峻挑战。在中国经济转向创新驱动的内涵式增长背景下，重庆急需围绕"提

作者简介：殷为华，1973年生，女，华东师范大学中国现代城市研究中心/长江流域发展研究院，副教授，研究方向为产业竞争力与区域经济韧性；曾刚，1961年生，华东师范大学中国现代城市研究中心主任，男，教授，博士生导师，研究方向为经济地理与区域创新体系；栾雨慧，1992年生，女，华东师范大学城市与区域科学学院，硕士研究生，研究方向为经济地理与城市产业结构。

基金项目：教育部人文社会科学重点研究基地重大项目（16JJD790012）；上海市人民政府决策咨询研究项目（2015-GR-06）

升传统制造业质量、促进制造业转型升级"的目标，以供给侧结构性改革切实促进提升城市制造业发展质量[3-5]。为此，在加快构建现代产业体系的战略要求下，探讨重庆直辖 20 年来的制造业竞争力的演化特征及其提升策略，具有重要的现实意义。

增强以制造业为主的工业竞争力是学术研究和政府政策的关注焦点。它主要衡量工业内部结构的合理化、高级化及其对城市经济增长的影响[6]。目前，相关研究主要侧重分析某一区域工业的相对竞争优势。它是对区域产业竞争优势研究的一种新尝试[7]。例如，工业行业及其子行业的竞争力越强，则区域工业整体竞争力就越强；工业中强竞争力的行业及其子行业数量的比重越大，那么该区域工业整体竞争力也越强。因此，要分析某区域的工业竞争力，既要分析该区域工业整体竞争力，还需分析各行业在全国市场和全球市场的竞争力[8]。国外对区域工业竞争力的研究成果，主要集中在对发展中国家或地区的工业技术追赶策略上[9-11]。而国内学者多采用静态方法和设计评价指标体系，进行工业竞争力的综合评价研究[12-14]。部分学者利用定量方法，分析城市工业结构升级的主要制约因素和驱动力[15-18]。国内外现有的研究成果较多重视区域工业竞争力的静态实证分析和竞争力排序，而较少对老工业基地城市的制造业竞争力演化进行深入剖析[19-22]。本文采用动态偏离-份额分析法，以重庆工业经济发展现状为基础，重点实证 2005～2014 年重庆市制造业及其主要行业的竞争力演化特征及存在问题，提出重庆制造业实现"高加工度化、高技术化、高附加值"转型升级目标的对策建议，以期推进老工业基地竞争优势再造的理论研究和实践探索。

1 重庆市工业发展的基本现状

重庆市地处我国长江上游，面积 8.24 万千米 2，包括 23 个市辖区、11 个县及 4 个自治县。它既是我国长江经济带的重要经济中心城市，也是我国西部地区最大的工业城市。重庆是"一带一路"与长江经济带的重要联结点，具有承东启西、牵引南北的独特区位优势。工业在重庆城市经济发展中具有重要的支撑作用。重庆工业发展拥有科技教育、人才集聚、产业技术、经济腹地、交通条件等综合优势，已经形成了电子和汽车"双轮驱动"以及装备、化工、医药、材料、能源、轻纺等"多点支撑"的发展格局。

1.1　工业增长速度国内领先

重庆通过实施加强供给侧结构性改革及扩大开放和创新驱动战略，工业经济获得强劲发展动力。其中，制造业稳定发展，质量效益有所提升；有效投资增速较快，带动作用增强。重庆已经成为我国内陆对外开放发展的重要产业高地，坚持实施新型工业化发展战略，推动工业发展向中高端迈进。2005～2014 年重庆工业增加值呈逐年递增趋势。虽然受 2008 年国际金融危机的滞后影响，重庆工业总体增速出现回落。然而，在全国经济由中高速增长转为低速增长的背景下，重庆的工业经济仍然保持了超过 10%的年均增长速度。2014 年工业增加值达到 5175.80 亿元（占全市生产总值比重 36.3%），对城市生产总值增长的贡献率超过四成。

重庆紧跟全球科技前沿和依托工业技术资源积累，先进制造业的创新发展获得了强大的增长动力。自实施城市工业研发千亿的投入计划后，重庆的工业企业专利授权总量增长 13%，稳居西部第一。2005～2014 年，以光机电一体化、电子信息、新能源、新材料等为主的高新技术产业占全市规模以上工业总产值的比重、对工业经济增长的贡献率均达到了 30%左右[23]。截至 2014 年，拥有市级及以上重点实验室 95 个、企业技术中心及行业技术中心 200 余家、工程技术研究中心 328 个。制造业的研发投入占全市生产总值的 1.33%。近年来，战略性新兴产也不断发展壮大，其产业增加值增速超出规模以上工业企业平均增速 7.4 个百分点[24]。

1.2　工业集群化发展趋势加强

随着重庆全面推进实施市域 46 个重点工业园区平台建设，其已经形成电子信息、汽车、装备、化工、材料、能源及劳动密集型的消费品产业等产业集群（图 1）。主要包括："两江"和"一圈"园区的汽摩产业集群，两个保税区和渝西园区的电脑产业集群，长-涪-万的化工产业集群，北部新区和九龙等的汽车、装备制造、有色金属、物联网国家新型工业化示范基地。其中，电子信息产业和汽车制造业对工业增长的贡献率已达 60%。前者已经形成品牌商、代工商、零部件企业垂直整合集群发展的态势，后者正在建成全国最大汽车生产基地。渝北、沙坪坝、九龙坡、涪陵等区的规模工业总产值均已达到千亿元以上，南岸、江津、璧山等 9 个区县突破 500 亿元[25]。以上区县作为先进制造业发展的重要空间载体，其规模以上工业占全市的比重、对全市工业增长的贡献率均达到80%以上。

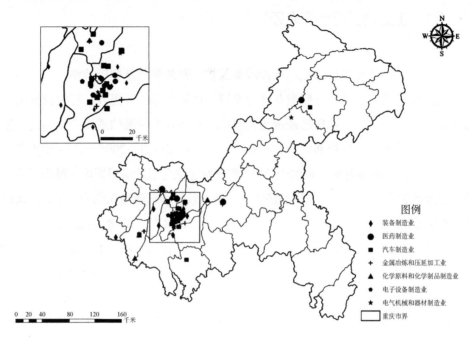

图1　重庆市主要制造业集群分布

1.3　工业创新能力持续提升

重庆市紧跟全球科学技术前沿，依托城市工业技术资源积累，先进制造业的创新发展获得了强大的增长动力。自"十二五"时期实施"新产品滚动研发计划"以来，城市工业投入累计达千亿元，重庆的工业企业专利授权总量增长13%，稳居我国西部第一[26]。

2　研究方法和数据来源

2.1　动态偏离-份额分析法

2.1.1　基本原理

偏离-份额分析法（Shift-Share Method，SSM）是由美国经济学家丹尼尔·B. 克雷默提出，后经多个学者完善而成为分析产业结构特征及其竞争力的普遍方法[27-31]。它以研究区域的上级区域经济发展为参照，将某一时期经济的总增长量分解为三个分量，即份额分量（N）、结构偏离分量（P）和竞争力偏离分量（D）。由于该方法考察的是特定区域的现期相对于基期的经济总量变化，而不能充分解释考察期内各时间段的具体变化及其对总体的影响程度，故属于一种相对静态的分析方法。然而，根据研究发现，偏离分量在较短时限的微小变化亦会产生显著的动态变化[32,33]。为此，有必要建立动态的时间序列数据模型，以避免因忽略产业结构性变化的显著信息而导致的实证结果偏差影响。

动态偏离-份额法（Dynamic Shift-share Method，DSSM）继承了上述方法的基本原理，通过动态考察每个时间段内产业部门对区域经济增长的贡献、发展趋势及其变化的主要原因，更科学地评价区域产业的优劣势和竞争力，并合理地识别区域具有相对竞争优势的行业部门。

2.1.2 建立模型

该方法假设某区域在经历了时间 t 之后，经济总量和产业结构均已发生变化。设初始期的区域经济总规模为 b_0，末期经济总规模为 b_t。同时，依照一定的规则，区域经济划分为 n 个产业部门，以 $b_{j,0}$，$b_{j,t}$（$j=1, 2, \cdots, n$）分别表示区域第 j 个产业部门在初始期和末期的规模；并以 B_0，B_t 表示区域所在上级区域（或全国）在相应时期的初始期和末期经济总规模，以 $B_{j,0}$ 与 $B_{j,t}$ 表示其上级区域初始期和末期第 j 个产业部门的规模。构建如下方程。

（1）区域第 j 个产业部门在 $[0, t]$ 时间段的变化率为 $r_j = \dfrac{b_{j,t} - b_{j,0}}{b_{j,0}}$（$j=1,2,\cdots,n$）；

（2）区域所在上级区域 j 产业部门在 $[0, t]$ 内的变化率为 $R_j = \dfrac{B_{j,t} - B_{j,0}}{B_{j,0}}$（$j=1,2,\cdots,n$）；

（3）区域所在上级区域经济总量在 $[0, t]$ 内的变化率为 $R = \dfrac{B_t - B_0}{B_0}$；

（4）以 G 表示区域总增长量，N 表示份额分量，P 表示产业结构偏离分量，D 表示区域竞争力偏离分量，则表达式如下：
$$G_j = r_j b_{j,0} = R_j B_{j,0} + R_j(b_{j,0} - B_{j,0}) + b_{j,0}(r_j - R_j)$$
令 $N_j = R_j B_{j,0}$，$P_j = R_j(b_{j,0} - B_{j,0})$，$D_j = b_{j,0}(r_j - R_j)$，
则有

$$G = \sum_{j=1}^{n} G_j = \sum_{j=1}^{n} N_j + \sum_{j=1}^{n} P_j + \sum_{j=1}^{n} D_j$$

不同于静态偏离-份额方法，动态偏离-份额是通过将研究周期分成若干个时间段（如相邻两个年份之间），并对每个时间段均进行偏离-份额的计算，从而构成连续的动态数据序列。在时间 $[0, t]$ 的 $t+1$ 年内，增长总量可以分解为 t 个分量，以上标 m 表示第 m 年相对于前一年的增量，则有

$$G_j = \sum_{m=1}^{t} G_j^m = \sum_{m=1}^{t} N_j^m + \sum_{m=1}^{t} P_j^m + \sum_{m=1}^{t} D_j^m$$

其中，

$$N_j = b_{j,0}R = b_{j,0} \times \frac{B_t - B_0}{B_0}$$
$$= b_{j,0} \times \frac{(B_t - B_{t-1}) + (B_{t-1} - B_{t-2}) + \cdots + (B_1 - B_0)}{B_0}$$
$$= \sum_{m=1}^{t} b_{j,0} \times \frac{B_m - B_{m-1}}{B_0} = \sum_{m=1}^{t} N_j^m$$

因此

$$N_j^m = b_{j,0} \times \frac{B_m - B_{m-1}}{B_0}$$

同理可得

$$P_j^m = b_{j,0} \left(\frac{B_{j,m} - B_{j,m-1}}{B_{j,0}} - \frac{B_m - B_{m-1}}{B_0} \right); \quad D_j^m = b_{j,0} \left(\frac{b_{j,m} - b_{j,m-1}}{b_{j,0}} - \frac{B_{j,m} - B_{j,m-1}}{B_{j,0}} \right)$$

其中，G_j 代表区域 j 产业的总增长量。该值越大表明区域 j 产业综合竞争实力越强。份额分量 N_j^m 代表区域的第 m 年 j 产业部门按上层区域总量比例分配，区域 j 产业规模发生的变化。结构偏离分量 P_j^m 代表产业结构效应，指区域的第 m 年 j 产业部门按上层区域 j 产业比重的差异引起的增长偏差，即地区产业部门比重相对上层区域增长率产生的偏差。如 P_j^m 的值为正，说明区域经济发展以快速增长型产业为主，产业结构优于全国产业结构，且其值越大表明对区域经济结构效应的贡献度越大。反之，则说明以慢速增长型产业为主，区域产业结构落后于全国平均水平，对区域经济增长的贡献度弱。产业竞争力偏离分量 D_j^m 代表区域产业的竞争份额效应，即指区域的第 m 年 j 产业部门与上层区域同一部门增长速度不同引起的偏差，反映案例区域的 j 产业相对于全国的竞争能力。如 D_j^m 的值为正，说明区域的 j 产业竞争力高于全国平均水平，且其值越大表明对区域产业竞争力的贡献度越大。反之，则说明区域的 j 产业部门的竞争力低于全国平均水平和对区域产业竞争力的贡献度弱。

2.2 数据来源

本研究以重庆市为案例区域,以全国整体水平为参照系,实证分析的基础数据是重庆市和全国 38 个工业制造业门类的工业总产值。鉴于数据的可得性和可比性,本文研究数据主要来源于 2006~2015 年的《重庆统计年鉴》、《中国统计年鉴》、《中国工业统计年鉴》及《中国汽车工业年鉴》等。鉴于上述统计年鉴中的相关数据均为当期价格,根据重庆市和全国各年度的环比指数,将所有数据处理为以 2014 年不变价格计算的可比数据。

3 重庆市制造业竞争力的实证分析

3.1 综合竞争力

根据 2005~2014 年的 38 个制造业门类的工业总产值数据及上述计算模型,绘制出重庆市制造业动态偏离–份额表(表 1)和曲线图(图 2)。

表 1　2005~2014 年重庆市工业结构的动态偏离–份额

指标	2005 年	2006 年	2007 年	2008 年	2009 年	2010 年	2011 年	2012 年	2013 年	2014 年
G	161.1	273.0	251.0	318.2	271.4	462.5	740.4	570.4	451.5	543.7
N	177.5	222.3	350.7	341.7	190.3	429.4	505.6	326.3	353.6	476.8
P	31.3	22.3	−16.7	0.9	−87.2	32.5	2.8	−100.5	−132.0	−287.7
D	−47.7	28.4	−83.0	−24.5	168.3	0.6	232.0	344.6	229.9	354.5

首先,重庆市制造业的总增长量 G 趋于增加,后半段时期工业增长的波动幅度较大。其中,2005~2008 年的总增长量呈现平稳增长特点,而受国际金融危机等内外部环境的不利影响,经过 2009 年的增长量减少后,2010~2011 年的制造业总增长量明显加快,并达到最高值 740.4。随后因结构偏离分量的负增长影响而转入"稳增长、调结构"的中高速发展阶段。虽然重庆工业经济的综合竞争力有所提升,但尚需加快技术进步和重点发展以高新技术产业为主的增长型产业,以提高制造业的可持续增长能力[34]。

其次，重庆市制造业的份额分量 N 与制造业的总增长量 G 具有基本相似的增长曲线。份额分量 N 自 2005～2008 年逐年增长，经历 2009 年的增幅短暂缩减后，较为稳定地保持在 326.3～505.6。这说明，伴随工业投资、技术等资源要素的集聚程度上升，重庆制造业的规模显著扩张[35]。重庆凭借领先于全国平均水平的生产规模扩张优势，有力地支撑了重庆制造业的总增长量上升。

最后，2010 年成为重庆市制造业的结构偏离分量 P 和竞争力偏离分量 D 的重要分水岭。2005～2010 年二者的增长曲线均在 0 附近波动，制造业发展的结构效应和竞争力效应正向作用不显著，对重庆市制造业总增长量的贡献度偏弱。这深刻地表明，重庆市制造业总增长量仍以规模扩张快速、结构调整缓慢为主要特点[36, 37]；自 2011 年起，二者表现出明显的差异化演变特点。重庆市制造业的结构偏离分量 P 保持下降趋势（多为负值），2014 年达-287.7，对重庆市工业产值增长总量的贡献率趋于减小。以钢铁、化工等为主的慢速增值型产业的增长率相对上升，导致制造业的结构性优势低于全国平均水平，依然面临结构调整和升级压力[38]。与此相反，制造业的竞争力偏离分量 D 则呈现快速增加的趋势。自 2012 年起其与份额分量 N 的贡献度差距渐趋缩小，并于 2014 年达到最高值 354.5（而 2010 年仅为 0.6）。重庆市制造业保持了全国第一的增长速度，进一步增强了工业经济的竞争优势。

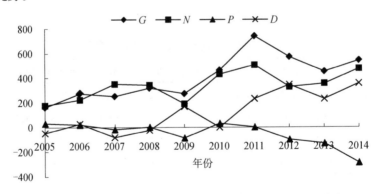

图 2　2005～2014 年重庆市制造业结构的动态偏离-份额曲线

3.2　行业竞争力

自 2000 年起，根据国家支持老工业基地调整与改造的重大决策，重庆市抓住先进制造业发展的难得机遇，通过加快技术创新和扩大对外开放，重点发展装备制造业和战略新兴产业。其中，以汽车为重点的交通运输设备制造业、以电脑和通信产品为主的电子设备制造业及医药制造业得到了快速发展（表2）。

表2　2005～2014年重庆市主要制造业门类的工业总产值　（单位：亿元）

主要行业	2005年	2006年	2007年	2008年	2009年	2010年	2011年	2012年	2013年	2014年
交通运输设备制造业	862	1133	1563	1850	2274	2929	3318	3517	4333	5346
其中：汽车制造业	790	1020	1271	1262	1320	1689	1851	2331	3042	3919
电子设备制造业	29	34	50	74	101	216	790	1460	2150	2865
医药制造业	66	72	94	133	157	170	204	247	308	376

3.2.1　交通运输设备制造业

交通运输设备制造业是重庆的重要优势产业之一。它主要涵盖：汽车制造、铁路、船舶、航空航天和其他运输设备制造。2005～2014年，交通运输设备制造业的规模快速扩张，专业化集聚生产优势不断加强。根据2004～2015年交通运输设备制造业的动态偏离-份额曲线（图3），样本时限内该产业的总偏离份额 G_1 值均为正值，除2008年和2012年出现下降外，总体呈平稳上升趋势。这说明重庆市交通运输设备制造业的综合竞争力具有全国优势。其中，份额分量 N_1 对 G_1 的贡献度大于结构偏离分量 P_1、竞争力偏离分量 D_1，而后两者是基本接近全国平均水平且波动性较大。该产业的综合经济实力主要因较稳定的总量规模增长而趋于增强，结构优势和竞争优势接近全国平均水平；后期该产业尽管增长率并不稳定，但结构偏离分量的贡献度明显加大。凭借强大的综合配套能力和规模集聚效应，该产业中的快速增长型产品开始发力，对全国的结构性优势得到一定增强[39,40]。

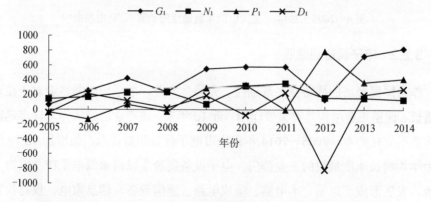

图3　2005～2014年重庆市交通运输设备制造业的动态偏离-份额曲线

汽车产业是衡量一个国家工业水平、经济实力和科技创新能力的重要产业之一。作为交通运输设备制造业的核心部门，汽车制造业已经成为带动重庆市工业经济全面、快速、健康发展的"火车头"。2014 年重庆市汽车生产达 263 万辆，同比增长 22%。根据重庆市汽车制造业的动态偏离-份额曲线（图 4），2005～2011 年汽车制造业的总偏离量 G_2 以小幅正增长为主要特点，呈现小幅波动式增长态势；2012～2014 年 G_2 与 D_2 均呈现出类似的增长波动性。这表明重庆汽车制造业的总增长量虽然高于全国平均水平，具有一定的发展潜力，然而，由于市场竞争不断加剧，该产业的增长速度成为影响重庆汽车产业综合竞争力的显著性因子，相对于全国的增长率水平，亟须增强产业竞争力优势的可持续性。汽车产业的份额分量 N_2 呈现相对平缓的小幅增长态势，而结构偏离分量 P_2 维持在 0 附近波动。这说明，重庆汽车产业虽仍是增长型产业，但其生产规模扩张的经济贡献度已经比较有限，而且其结构性效应也不具显著的全国优势。主要原因在于，汽车产业的自主创新和研发设计能力弱，以中低端产品为主，产品附加值和企业经济效益相对较低，零部件制造水平滞后于整车生产[41]。

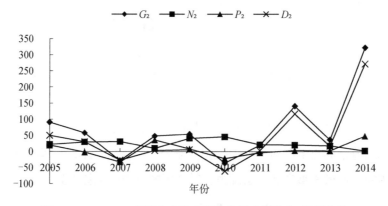

图 4　2005～2014 年重庆市汽车制造业的动态偏离-份额曲线

3.2.2　电子设备制造业

作为国民经济的战略性、基础性、先导性产业，电子设备制造业对于拉动经济增长、调整工业结构具有重要作用。近 10 年来，该产业已经成为重庆市迅速崛起的重要支柱产业。2005～2014 年重庆市电子设备制造业总产值增加 98.79 倍，成为年均增长速度最快的工业部门。电子设备制造业以西永微电子产业园为主要基地，发展形成了以笔记本电脑、集成电路、通信设备、信息家电、仪器仪表等为重点的产业格局[42]。根据 2005～2014 年的电子设备制造业动态偏离-份额曲线

（图 5），2005～2008 年总增长量 G_3、份额分量 N_3 和竞争力偏离分量 D_3 在 0 附近呈现小幅波动变化，而结构偏离分量 P_3 正处于 0 下方附近。这表明，此阶段重庆电子设备制造业总体发展水平、规模总量、竞争力等居于全国平均水平，且工业结构效应基本上低于全国平均水平。然而，因受 2008 年国际金融危机的滞后影响，2009～2010 年该产业的 G_3 和 D_3 呈现下降态势。之后，二者由负转正。虽然 2012～2013 年出现增幅下降，但 2014 年二者开始快速上升，并形成了基本相同的增长趋势。竞争力偏离分量贡献率（D_3/G_3）达 90%以上，成为带动重庆制造业增长的重要力量。该阶段重庆电子设备制造业的增速显著快于全国平均水平，开始形成突出的全国性竞争优势[43]。与此相反，份额分量 N_3 和结构偏离分量 P_3 仍于 0 附近波动。这表明该产业的生产规模增长、快速增长型的产品对经济总量的贡献度增长比较有限。主要原因在于，除笔记本电脑制造外，相关软硬件产品的规模化生产滞后，而且缺乏龙头企业的辐射带动和 R&D 资金及人才的有力支撑[44]。因此，重庆电子设备制造业需要以扩大产值规模为基础，加强优化产业链和产品链结构。

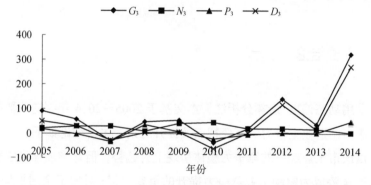

图 5　2005～2014 年重庆市电子设备制造业的动态偏离–份额曲线

3.2.3　医药制造业

作为战略性新兴产业，重庆市医药制造业的总产值取得较快发展。2005～2014 年重庆市医药制造业实现了从 100 亿元到 200 亿元再到 300 亿元的产值规模跃升。根据医药制造业的动态偏离–份额曲线（图 6），其总偏离分量 G_4 总体呈上升趋势。其中，2005～2010 年 G_4 经历了先升后降，份额分量 N_4 和结构偏离分量 P_4 均为正值并呈现相对平稳增长。2011～2014 年医药制造业的结构偏离分量 P_4 增加明显，而份额分量 N_4 小幅减少。与此不同，其竞争力偏离分量 D_4 出现了 20～ −20 的较大波动幅度。这表明，重庆市医药制造业的综合竞争力领先于全国平均水平，逐渐以快速增长型产品的为主，结构性优势趋于增强。然而，生产规模优势总体趋于弱化，快速持续的增长所形成的竞争力处于显著劣势。重庆市医药制造业面临提升规模化专业生产能力和加强高附加值医药产品的双重挑战[44]。

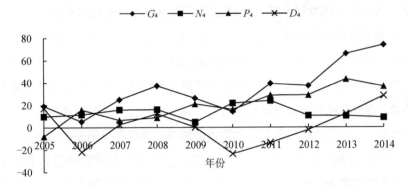

图 6　2005～2014 年重庆市医药制造业的动态偏离-份额曲线

4　结论及建议

4.1　主要结论

通过采用动态偏离-份额分析法，本文基于 2005～2014 年制造业数据，实证分析了重庆市制造业竞争力的演变特点及提升对策。主要结论如下。

（1）重庆市工业经济的竞争力整体呈现上升趋势，但有待加强稳定性。规模扩张和增速优势成为驱动工业竞争力提升的重要因素；对比于全国平均水平，自 2010 年以来先进制造业的增速优势已转化成工业竞争力，而原材料、化工等传统制造业因规模偏大和增速下降影响了结构高度化水平，尚未有效转化为工业竞争力。

（2）交通运输设备制造业的综合竞争力高于全国平均水平，但亟须增强结构优势和巩固竞争优势。前期的产值规模增长优势比较突出，后期的结构优势和竞争优势有所增强。其中，汽车制造业先后经历了平稳增长和波动增长，长期面临规模优势和结构优势的贡献度偏低问题。

（3）以计算机、通信为主的电子设备制造业具有较强的竞争力，但承受着扩大产值规模和提升结构效率的双重压力。

（4）医药制造业总体领先于全国平均发展水平，但需要继续促进内部结构合理化，大力扩张产业规模和增强产业竞争优势。

4.2 对策建议

作为国家现代制造业基地和西部地区重要增长极，重庆工业发展水平尚处于向工业化中后期快速演进阶段。在我国经济新常态背景下，"一带一路"倡议和长江经济带建设将为重庆工业经济带来新的发展机遇。未来重庆制造业应当走"发挥优势、稳定增长、优化结构、节能降耗"的转型发展之路。

（1）以加快结构优化为重点提升重庆制造业的综合竞争力。根据"高加工度化、高技术化、高附加值"的转型升级要求，以提高重庆制造业整体竞争素质为目标，依托产业基础和资源优势，围绕产品创新、技术突破和市场需求，将资金、技术、人才和政策等重点配置于国内外市场需求大、增长速度快的工业行业及产品，使其投入结构和产出结构均优于全国乃至制造业增长较快的省份，促进实现重庆市工业经济的快速优质发展。通过改造提升传统优势产业、培育发展战略性新兴产业、推动信息技术与制造业的深度融合等战略举措，以产业链和创新链为纽带，加强高端资源要素的集聚，重点培育一批辐射带动能力和自主创新能力强的企业、重点发展若干具有集约高效、协调优化、配套完整、动能持续的竞争型产业集群。

（2）以增强结构优势和持续增长率提升重庆交通运输设备制造业竞争力。依托强大的协作生产能力和完善的基础设施体系，充分发挥重庆交通设备制造业的产业集聚和科技优势，紧跟国内外市场需求和技术前沿，基于"资金和技术密集型"的产业特点，以汽车制造业为核心门类，用中高端技术改造传统产品，增强企业技术自主创新能力，重点聚焦交通设备的智能化制造、新能源开发以及核心零部件的研发，以进一步增强该产业的结构性优势和高新技术产品的竞争优势。

（3）以扩大产值规模和增强结构优势提升重庆电子设备制造业竞争力。重庆以"信息港"工程建设和电子信息产业集群战略为引领，电子设备制造业发展迅速。今后应以扩大产值规模和提升结构效率为核心，针对产品科技含量、企业发展潜力，产业可持续性等薄弱环节，加大升级低端电子设备产品，积极"引资和引智"发展高端电子制造，重点开发芯片、5G 和 4D 等核心技术，培育有自主知识产权的关键零部件和智能终端设备，增量扩张和存量优化并重，形成产品链与价值链高度耦合的世界级电子设备制造业集群。

（4）以增强规模化生产能力和打造高附加值产品提升重庆医药制造业竞争力。

虽然重庆医药制造业的规模扩张加快和精加工度显著提高，但原料-初级药品的占比较大、企业规模小及研发投入不足，导致行业尚未形成持续的竞争能力。从加快由低水平重复转向创新型发展的要求，重庆医药制造业应积极打造高技术附加值药品的研发-生产-销售的生态链，以生物医药"跨越翻番"计划为实施抓手，制定鼓励医药企业加大研发投入、完善融资服务、引进技术人才等的扶植政策，依托太极集团、西南合成制药股份有限公司等著名医药企业集团的品牌效应和辐射能力，打造更高水平的基础研究—技术开发—中试孵化—规模生产—营销物流的现代生物医药体系，促进增强医药制造业的专业化生产的规模优势和高附加值产品的市场竞争力。

参考文献

[1] 杨庆育. 加快重庆老工业基地调整和改造的思路. 经济研究参考，2003（53）：41-48.

[2] 王佳宁，罗重谱，胡新华. 重庆经济持续快速发展探因、理论阐释及其基本判断. 改革，2016（2）：6-19.

[3] 陈效卫，倪涛，陈丽丹，等. 提质增效，中国经济蕴藏巨大潜力. 人民日报，2015-04-28，3 版.

[4] 中华人民共和国国民经济和社会发展第十三个五年规划纲要. http：//www.xinhuanet.com/politics/2016lh/2016-03/17/c_1118366322.htm［2016-03-18］.

[5] 陈纪平. 西部经济增长中产业结构变迁绩效——重庆直辖以来为例的分析. 经济管理，2013（1）：162-170.

[6] 孙智君，粟晓珊，刘蕊涵. 超大城市工业内部结构变迁的实证研究——以北京和上海为例. 中国软科学，2017（3）：84-98.

[7] 商月平，袁志远. 河北省工业结构竞争力分析. 经济与管理，2004，18（3）：16-17.

[8] 杨国安. 东北三省区域工业结构和竞争力分析. 中国科学院研究生院学报，2005，22（3）：371-379.

[9] Peneder M. Industrial structure and aggregate growth. Structural Change & Economic Dynamics，2003，14（4）：427-448.

[10] Zaccomer G P. Shift-share analysis with spatial structure：an application to Italian industrial districts. Transition Studies Review，2006，13（1）：213-227.

[11] Castellacci F. Innovation and the competitiveness of industries：comparing the mainstream and the evolutionary approaches. Technological Forecasting & Social Change，2008，75（7）：984-1006.

[12] 杨伟，凌起. 基于 SSM 的泉州市工业结构研究. 经济地理，2003，23（4）：534-537.

[13] 方一平. 成渝产业带产业结构的相似性及其结构转换力分析. 长江流域资源与环境，2000，

9（1）：22-27.

［14］崔如波. 构建内陆开放经济产业结构新格局——重庆产业结构调整新思路. 探索，
2008（6）：99-103.

［15］李庆. 论西部大开发中重庆产业布局调整及发展战略. 经济地理，2003，23（5）：677-680.

［16］刘小利，刘定祥. 重庆经济增长与产业结构的灰色关联分析. 统计与决策，2010（13）：122-
124.

［17］黄晓勇，刘伟，温菲. 西部地区产业升级的动力机制分析——以重庆市为例. 管理现代化，
2012（5）：47-49.

［18］张建华，苏悦，张豪. 中国地区工业增长动力与TFP溢出效应分析——基于上海市的实证
研究. 学习与实践，2015（11）：5-16.

［19］史春云，张捷，高薇，等. 国外偏离–份额分析及其拓展模型研究述评. 经济问题探索，2007
（3）：133-136.

［20］吴继英，赵喜仓. 偏离–份额分析法空间模型及其应用. 统计研究，2009，26（4）：73-79.

［21］李丽萍，左相国. 动态偏离–份额分析空间模型及湖北产业竞争力分析. 经济问题，
2010（9）：117-122.

［22］刘晓红，李国平. 基于区位商分析的区域产业结构实证研究. 统计与决策，2006（5）：78-
79.

［23］林中元. 高新技术产业对重庆工业经济发展影响的实证分析中国高新技术企业，2012（1）：
1-4.

［24］重庆市市统计局，国家统计局重庆调查总队.2014年重庆市国民经济和社会发展统计公报.
http://tjj.cq.gov.cn/zwgk_233/fdzdgknr/tjxx/sjzl_55471/tjgb_55472/202002/t20200219_527445
3.html[2021-02-19]

［25］重庆市经济和信息化委员会.2013年重庆工业经济发展概况.http：//jjxxw.cq.gov.cn/zwgk_
213/zqgygk/202003/t20200321_5933575.html[2020-03-30].

［26］雍黎. 重庆工业"十四五"发展目标：总量突破3万亿元. http://www.stdaily.com/index/
kejixinwen/2021-02/19/content_1081875.shtml[2021-02-19].

［27］Barff R A，Lii P L K. Dynamic shift-share analysis. Growth and Change，1988，19（2）：1-
10.

［28］Sirakaya E，Uysal M，Toepper L. Measuring the performance of South Carolina's tourist industry
from shift-share analysis：a case study. Journal of Travel Research，1995，34（2）：55-62.

［29］Tumpel-Gugerell G，Mooslechner P. Economic Convergence and Divergence in Europe.
Cheltenham，Northampton：Edward Elgal Publishing Limited，2003.

［30］张乔，田婧. 基于偏离份额分析法的山西省工业竞争力研究. 科技和产业，2013，13（11）：
37-40.

［31］Wang Z H，Zhang X P. Competitiveness of high-tech industries in Beijing based on dynamic
shift-share analysis. Journal of the Graduate School of the Chinese，2011，28（5）：604-610.

［32］刁培莲，邓智团. 基于动态偏离–份额模型的武汉市产业结构演变研究. 统计与决策，

2013（8）：106-109.

［33］赵喜仓，邹威华，曹明. 镇江市高新技术产业竞争力及产业结构研究——基于动态偏离-份额空间模型的分析. 科技进步与对策，2014（3）：55-60.

［34］重庆市经济和信息化委员会. 2012 年工业和信息化发展情况. https：//jjxxw.cq.gov.cn/zwgk_213/zqgygk/202003/t20200321_5933573.html［2020-05-12］.

［35］王照. 重庆市工业产业集聚水平测度分析. 经济研究导刊，2015（25）：107-108.

［36］张贡生，陈奎. 工业综合竞争力评价——基于我国 12 省数据的分析. 经济问题，2012（5）：93-98.

［37］靖学青. 京津沪渝四直辖市工业结构与竞争力评析——基于偏离份额分析的实证研究. 学习与实践，2010（2）：5-11.

［38］周明，喻景. 创新驱动工业结构优化升级、转换能力及影响因素的实证研究——以重庆市为例. 中国科技论坛，2016（3）：62-68.

［39］重庆市人民政府. 2014 年重庆市国民经济和社会发展统计公报 http：//wap.cq.gov.cn/zqfz/gmjj/tjgb/202001/t20200114_4623163.html［2020-05-12］.

［40］毛琳，吴江. 重庆市工业发展现状分析. 经济研究导刊，2014，224（6）：223-225.

［41］文洁，司书姗. "一带一路"背景下提高重庆市汽车制造业竞争力的对策. 重庆理工大学学报（社会科学），2017，31（9）：51-57.

［42］唐松. 电子设备及信息产业撑起重庆工业一片蓝天. 世界和重庆，2016（1）：16-21.

［43］黄友兰，余颜. 基于灰色关联度分析的电子信息产业集群综合竞争力提升研究——以重庆为例. 科技管理，2014，34（3）：180-183.

［44］何悦. 基于偏离份额法的重庆工业结构调整分析. 重庆工商大学学报（自然科学版），2012，29（11）：17-21.

Evolutionary Characteristics of Manufacturing Competitiveness in Chongqing and its Promotion Countermeasures

Yin Weihua[1,2], Zeng Gang[1], Luan Yuhui[3]

（1. The Center for Modern Chinese City Studies，East China Normal University，Shanghai 200062，China；2. Institute of the Yangtze Basin Development，East China Normal University，Shanghai 200241，China；3. School of Urban and Regional Science，East China Normal University，Shanghai 200241，China）

Abstract Improving manufacturing competitiveness is one of the important measures to achieve the goal of sustainable development of old industrial bases. This paper uses dynamic shift-share analysis method to study the characteristics of Chongqing's manufacturing competitiveness from 2005 to 2014 and proposes the measures to improve its potential competitiveness. The results of analysis show that: Chongqing's manufacturing competitiveness presents an upward trend overall, while it need to enhance the stability to improve the competitiveness and further optimize its sectoral structure to strengthen transformation capabilities. Specifically, the development of transportation equipment manufacturing is higher than the national average level with an urgent task of structural optimization. Besides that, the electronic equipment manufacturing has stronger competitive advantages and development potential, while it still needs to expand the output scale and increase the structural efficiency. Finally, although the growth rate and structure level of the pharmaceutical manufacturing are higher than the national average level, it is necessary to develop higher added-value of products and boost scale production of the whole sector.

Keywords　dynamic shift-share analysis; manufacturing competitiveness; evolutionary characteristics; Chongqing

水质性缺水与水环境压力对区域发展的影响研究

——以太湖流域为例

曾明星　曾　群

摘　要　太湖流域地处丰水区，按理不存在缺水问题，但人口、产业的高度集聚及水质污染的加重，使其成为"强需性"缺水和"水质性"缺水的典型区域。本区人均水资源量仅占全国的 17.21%，Ⅴ类与劣Ⅴ类水长期占 60% 以上，水质性缺水极大地影响了水资源供给，导致严重的产业功能性缺水。太湖流域水环境压力指数普遍较高，且还呈上升趋势，2011 年化学需氧量（COD）污染压力指数最低为 1.68，氨氮（$NH_3\text{-}N$）、总磷（TP）均在 2.5 以上，大部分区域属于中度甚至重度污染压力区。太湖流域担负着我国经济、社会发展与国家战略实现的双重任务，水环境治理形势紧迫，需要有新思路、新举措。当下的关键任务是理顺人口、产业与生态发展间的关系，以产业结构优化和限排控制为突破口，实现经济、生态的和谐发展。

关键词　水质性缺水；水环境压力；区域发展；太湖流域

1　引言

水既是一种生产、生活资源，又是重要的生态、景观和文化资源，它处于经

作者简介：曾明星，1971 年生，男，江西会昌人，华东师范大学社会发展学院副教授，博士，硕士生导师，主要研究方向为区域人口管理与经济发展；曾群，1974 年生，女，江西瑞金人，江西省瑞金市第四中学教师。

基金项目：本文为国家社会科学基金一般项目"新型城镇化背景下多山地区'空巢村'人口合理再分布问题研究"（项目编号：14BRK018）的阶段性成果。

济、社会发展的核心地位。一个地区的可利用水量不能满足生产、生活及生态环境等用水的需要就表现为水资源短缺。根据任鸿遵[1]、彭岳津等[2]、刘昌明和何希吾[3]及翁文斌等[4]学者的研究，我国不同地区的缺水情况可分为资源型缺水、工程型缺水和污染型缺水三种类型。同时，在某些地区尽管水资源条件较好，但由于人口、产业高度集中和发展，可能形成"过载型缺水"[5]。岳书平等在其他学者研究的基础上又提出"管理型缺水"和"发展型缺水"等问题[6]。太湖流域雨量充沛，又有两大河流（长江、钱塘江）的过境流量，从水资源丰度而言，不存在资源性缺水问题，因而本区的缺水矛盾主要是因人口、产业的快速增长而形成"强需"水，由水质严重污染和发展的"强需性"引起的，实质是由"强需"而产生的"发展型缺水"。因此，水资源短缺总体上可分为资源性缺水、污染性缺水、工程性缺水、管理型缺水及发展型缺水五大类，其中"污染性缺水"就是本文要探讨的"水质性缺水"。

水质性缺水问题，很早就被提出，其含义亦很明确，但至今仍未有一个比较公认的界定。一般认为，水质性缺水就是"守着水缸没水喝"，其实质是一种"功能性缺水"。据吴赳赳等的定义，水质性缺水是指有可资利用的水资源，但受到各种污染的影响水质恶化而不能被利用所导致的缺水[7]。张保会和宋建民也认为，水质性缺水就是水质被污染后失去使用价值而造成的缺水状况[8]。由于居民生活、工农业及其他经济活动对水质的要求不同，水质性缺水不仅指生活用水，同时还包括"产业水质性缺水"，如李洪良等提出的"农业水质性缺水"就是这一情况[9]。另外，《地表水环境质量标准》（GB3838—2002）中对不同产业所需水质的规定，也可视为不同产业水质性缺水的一种功能界定。因此，从成因而言，水质性缺水是由水体污染导致一定区域内的人口生活、生产、生态、景观及文化活动等需水供应不足而形成的功能性缺水。

水资源是人类赖以生存和发展的基础，在当前水环境压力日益严重的情势下，水资源的供需压力往往不是来自水资源总量的不足，而更多的是受水质的影响。太湖流域经济、产业和人口的高度集聚，加剧了本区对水资源的需求，水环境污染的加重则影响了水资源的供给，造成水资源的供需矛盾。从气候和降水而言，太湖流域无疑是丰水区域，但从可利用水资源的人均占有量看，又是一个缺水区域。当前需进一步探讨的是，太湖流域的缺水是否是由水环境污染引起的"水质性缺水"？随着人口、产业的发展，其水环境压力状况又将发生怎样的变化？而解决这些问题需要哪些新思路？所有这些，是本文也是学者们需继续探讨的重要问题。

2 研究区域概况

太湖流域位于长江三角洲地区，总面积 3.69 万千米^2，其中江苏、浙江、安徽和上海分别占流域面积的 52.6%、32.8%、0.6% 和 14.0%。区域内雨水丰沛，多年平均降水量为 1177.3 毫米（1956～2000 年）。整个流域以太湖为中心，河道水网密集，湖泊星罗棋布，水域面积达到 5551 千米^2，占总面积的 15.04%，河道总长约 12万千米，河网密度达 3.3 千米/千米^2，是典型的平原河网地区[10]。温润富饶的鱼米之乡，造就了太湖流域城镇经济的快速发展和人口的高度聚集。目前太湖流域已成为我国经济最发达、大中城市最密集的地区之一，并形成了等级齐全、产业结构日趋合理的城镇体系。2010 年全流域人口为 5724 万人，地区生产总值达到4.29 万亿元，占全国 4.19% 的人口创造了全国 10.8% 的 GDP，城镇化率达到72.6%，三次产业结构为 1.8∶49.5∶48.7[①]。高密度的人口与产业使太湖流域的水资源和水环境面临着前所未有的压力与挑战，大致有以下几个方面。

（1）水资源人均占有量低，可利用率不高。2010 年，太湖流域水资源总量 209.8亿米^3（不包括区外调水），人均水资源量为 366.53 米^3，仅占全国人均占有量的17.21%。同时，由于水质污染的影响，具有利用价值的水资源更为有限，按 I～V 类水最大可利用率计，2019 年太湖湖区水资源可利用率为 81.60%，非湖区为88.30%[②]，加之未来人口、经济的快速发展，水资源供需压力将进一步加大。

（2）水质性缺水问题得到重视，但水体污染状况堪忧。近 30 年来，特别是 20世纪八九十年代开始，由于太湖流域经济的高速增长和乡镇企业的繁荣，加上治理理念的偏差及治理措施相对滞后，大量污水未经处理直接排入河湖，水体污染极为严重，整个流域基本为劣于 Ⅲ 类的水质，特别是 COD、高锰酸盐指数（$CODMn$）、NH_3-N 及石油类污染物等严重超标[③]。同时，TP、TN 长期过度积累，造成了严重的富营养化问题，致使 2007 年 5 月太湖大面积的"蓝藻"爆发，使区域水质更加恶化。太湖流域水体污染非常严重，使本来短缺的水资源更为缺乏，

---

① 据 2011 年太湖流域相关城市的统计年鉴数据计算。
② 据水利部太湖流域管理局《太湖流域省界水体水资源质量状况通报》（2019 年 7 月）数据计算。
③ 据太湖流域水资源保护局 2010 年 4 月编制的《太湖流域水资源保护规划报告》（pp:9-24），2007 年全流域 2508.6 千米主要河段水质评价中，达到或优于 Ⅲ 类水的仅为 14.3%，其余均为Ⅳ～劣Ⅴ类，其中劣Ⅴ类水占 64.2%。

最终造成严重的"水质性缺水"问题。但庆幸的是，在大规模的"蓝藻事件"后，太湖流域污染整治工作得到了充分的重视，此后水质也逐步好转。2007～2011年，流域内Ⅱ、Ⅲ类水比重有所回升，特别是劣Ⅴ类水比例从2007年的峰值64.2%下降到2011年的44.5%，但总体上水资源污染状况仍然令人担忧。

（3）水质性缺水大大加剧了水资源供需矛盾，并最终损害水生态系统。太湖流域经过多年的挖潜、整治与综合利用，可利用的水资源总量从2003年的110.6亿米^{3}增加到峰值248.1亿米^3（2009年）。但生产、生活需水量的不断攀升，致使水资源供需矛盾依然突出。近年来由于区外调水量的加大，水资源总量短缺得到一定的缓解，但缺口仍然较大，到2011年供需缺口为60.9亿米^3（表1）。值得注意的是，本区火电用水量巨大，这类水的消费一般是作为冷却水进行的，若能提高其回用率，则水资源供应量还有较大的潜力可挖。由于水质污染较为严重，近50%的水资源不能直接利用，这也大大加深了水资源的供需矛盾（表1）。同时，这种因水质状况而导致的不同类型水资源短缺的现象，还将产生更深层次的生态后果。在水资源不足的情况下，它将使水生态系统中的各主体对水资源需求产生向下的"挤占"，即要求Ⅲ类及以上水质的主体可能只有Ⅳ类水可补充，要求Ⅳ类的实际只能获得Ⅴ类水来代替，因而水质性缺水客观上对对水质要求更低的下游生态链所产生的影响更为巨大。在人口、产业、生态三大需水子系统中，尽管生态需水在社会经济发展中也非常重要，但生态需水往往作为人口、产业系统的后备需求，当人口、产业用水未得到满足时水资源将首先被挤占，因此水质性缺水最终损害的是水生态系统，并形成恶性循环。

表1　太湖流域各类水资源及水质影响下的供需平衡状况　　（单位：亿米^3）

年份	区域自产水资源量					水质影响下的供需平衡				调水后总供需状况*
	Ⅱ、Ⅲ类	Ⅳ类	Ⅴ类	劣Ⅴ类	合计	Ⅱ、Ⅲ类	Ⅳ类	Ⅴ类	合计	
2003	10.4	20.2	16.5	63.5	110.6	−34.3	−12.3	−84.6	−131.2	−111.2
2004	8.2	19.3	17.6	80.8	125.9	−40	−28.8	−93.7	162.5	−122.2
2005	14.3	18	19.4	82	133.7	−34.9	−33.9	−81	−149.8	−134.2
2006	19.7	17.4	17.1	92	146.2	−31.2	−33.6	−76.9	−141.7	−126.2
2007	24.7	18.3	18.8	110.9	172.7	−29.7	−34.1	−64.2	−128	−98.1
2008	29.5	27.1	31.7	111.1	199.4	−28.2	−22.7	−45.4	−96.3	−63.9
2009	29.2	47.4	45.9	125.5	248.1	−30.8	0.1	−32.4	−63.1	−21.3

续表

年份	区域自产水资源量					水质影响下的供需平衡				调水后总供需状况*
	Ⅱ、Ⅲ类	Ⅳ类	Ⅴ类	劣Ⅴ类	合计	Ⅱ、Ⅲ类	Ⅳ类	Ⅴ类	合计	
2010	26.2	44.5	47.6	91.5	209.8	−34.6	−4	−32.1	−70.7	−36.5
2011	32.4	43.9	32	86.8	195.0	−30.8	−3.3	−44.2	−78.4	−60.9

资料来源：2003～2011 年《太湖流域及东南诸河水资源公报》

注：本表中Ⅱ～劣Ⅴ类水资源量是根据当年太湖流域主要河段的长度全年期水质类别比重和水资源总量计算而得的

* 为调水后的可利用水资源量与区域需水总量之差

3 水质性缺水对区域发展及资源利用的影响

3.1 自来水难以解决第二、第三产业用水问题

当前有一种观点认为，对于工业、服务行业等的用水要求，只要能保证自来水供应就不存在水质性缺水问题，因为这些行业所用的水与饮用水共网，其水质取决于自来水水质。其实，情况并非如此。从用水结构看，工业等用水比重最大的是地表水，其次是重复用水，自来水位居第三，地下水比重最小。2010 年，太湖流域用于工业、第三产业等生产活动的自来水量占自来水供水总量的 30% 左右，比重高的苏州、嘉兴及湖州超过了 50%[①]。而 2010 年太湖流域第二、第三产业用水总量为 231.2 亿米³，其中自来水用量为 18.6 亿立方米，仅占用水量的 8.04%，即便扣除火电用水，其所占比重也仅为 28.70%[②]。因此，自来水难以解决工业、第三产业等的用水问题。

3.2 水质性缺水极大地影响了自来水的供应

2010 年太湖流域自来水供应总量达到 61.1 亿米³，其中居民生活用水为 28.9 亿米³，水资源总需要量为 355.4 亿米³。据预测，至 2020 年，太湖流域除第一产业需水量有一定下降外，其他产业及居民生活用水均呈现较大的增长态势，自来

---

① 据水利部太湖流域管理局《太湖流域及东南诸河水资源公报 2010》第 12 页。

② 据水利部太湖流域管理局《太湖流域及东南诸河水资源公报 2011》数据。

水供应量将增加 7 亿米³，增幅为 11.54%，其中每年需增加近 1%，用水总需求量将达到 362.3 亿米³[1]。因此，一方面是水质污染的不断加剧，另一方面是用水需求的大幅增加，这将给未来自来水用水供应形成巨大的挑战。

同时，从地表径流、地下径流及水资源储存量而言，在当前的技术条件下不管怎样挖潜，太湖流域均难以满足未来对水资源的需要，因此进行区外调水及倡导节约用水和中水回用是其必然选择。从地下水供给看，太湖流域地表水资源的缺口较大，导致局部地区地下水超采，发生地面下沉。这不仅降低了已建水利工程的防洪标准，并使含水层地下水储量减少，水质变坏，同时还造成咸水上溯、滩涂资源减少等问题。由于径流季节分配不均，钱塘江洪枯水流量悬殊，而在金山以东水域盐度横向分布不均；由于潮流作用，枯水季盐侵可上溯到杭州以上，直接影响杭州的工农业和生活用水。由于盐侵、潮汐的影响，杭州以下河段水资源的利用程度较低[11]。因此，太湖流域的水资源不足亦难于通过"引江济太"等区外调水方式得到完全解决。

3.3　水质性缺水严重影响饮用水源地的迁移变动

太湖流域各城市水源地均发生过一定程度的迁移，而以上海最为典型。上海开埠后饮用水源地不断搬迁，其实质是一部上海水质不断遭污染的历史。从上海中心城区供水的百余年发展史来看，上海水源地经历了"从苏州河到黄浦江再到长江口，从黄浦江下游到中游再到上游，从单水源到双水源再到多水源，从就近取水到保护区取水再到水库取水的变迁过程"[2]。因此，水质性缺水对区域用水供需产生着巨大的影响。

4　水质性缺水引起的水环境压力测度分析

4.1　基于水资源污染的水环境压力界定

水环境压力，也称水污染压力，它与水资源污染而形成的水环境承载力有密切

---

① 据"太湖流域水资源保护与社会经济发展关系研究"（2012）课题组预测数据。
② 据蒋泽. 上海自来水百年历史变迁：百年水厂五换水源地，东方网，2010-12-30。

的关系。水环境承载力是一个容量概念，而水环境压力是水体受污染物作用而形成的相对饱和程度。根据王媛等的定义，水环境压力就是单位水资源中的污染物排放量[12]，它是一种浓度的含义。袁洪锋[13]、顾晓薇等[14]、张培和田富姣[15]则认为水环境压力是影响人口、社会与经济持续发展的阻力，是由人类活动造成环境服务功能退化而对人类活动形成的影响力或扰动力。因此，水环境压力是一个综合概念，它具有环境、资源及生态等属性，对其进行深入分析，需从水资源数量、质量及自然和人类活动等各方面进行综合考虑。为了研究的方便，笔者把水环境压力定义为单位水体内实际污染物排放量与其纳污能力间的对比关系，也是一个相对概念。

4.2 水环境压力测度及其等级划分

对水环境压力的计量，需从水环境承载力分析入手。焦雯珺等[16]利用污染足迹与污染承载力比值来衡量区域水环境压力，从而把水环境压力概念从容量、密度等绝对量纲引入相对量纲中。王家骥等[17]和邓伟明等[18]则提出"水环境承载率"对水环境压力进行界定，它是通过水环境容量与进入水域污染物量的比值来反映水环境污染压力，还有学者利用人类活动行为、足迹及相关产业发展对其进行探索。水环境压力关系到区域人口和经济发展规模，环境、生态及代际可持续发展的前景，涉及面广、内容复杂，对其进行统一界定的难度较大，正如贺瑞敏等指出的那样，目前国内外尚无统一和成熟的方法对其进行评价[19]，即便如此，但我们还可以采用比较法对它进行相对界定。

根据焦雯珺等[16]的定义，水环境承载力是区域能够吸纳人类活动产生污染物的土地面积总和，而世界自然基金会（WWF）则把它界定为"污染足迹"（pollution footprint）[①]。真正吸纳污染的载体是水体，因此在操作中可用水域面积代替土地面积作为承载力指标，其具体可表示为

$$PPI = \frac{PF}{PC} \tag{1}$$

式中，PPI 为区域水环境压力指数；PF 为区域污染足迹；PC 为区域污染承载力，用区域水域面积表示。

式（1）中，PF 表示为

$$PF_i = \frac{P_i}{NY_i} \tag{2}$$

---

① 本概念来源于 2004 年世界自然基金会在《2004 地球生态报告》中提出的"生态足迹"（ecological footprint）一词。

式（2）中，P_i 为区域流入水体的 COD、NH₃-N 和 TP 等污染物量；NY_i 为区域水体对 COD、NH₃-N 和 TP 等污染物的平均吸纳能力。

焦雯珺等的污染压力计量方法在分析污染物的区域分布时很有效，也很直观，但是他们把对污染物的承载力简单地看成水域面积，是值得商榷的。因为水体是立体的不是平面的，其纳污能力与水体体积紧密相关。为弥补这一指标的不足，高永年等构建了"水环境载荷率"对水环境压力进行评估[20]。其综合结构如下：

$$OR_i = \frac{PL_i - WC_i}{WC_i} \times 100\% \qquad (3)$$

式中，OR_i 为污染物的水环境载荷率；PL_i 为污染物的入水体（河流、湖泊、水库等）的量；WC_i 为污染物的水环境容量①；i 表示可能的污染物类型。这一指标未涉及"污染足迹"的计算，利用起来更为便捷。

概而言之，不论是焦雯珺模型还是高永年模型，提出的水环境压力指数均为一种相对数值，前者为水足迹或面积间的相对量，后者则为污染物量的比值。因此，笔者为简便起见，把水环境压力指数界定为入河污染量与纳污能力间的相对比值关系。其形式如下：

$$PI_i = \frac{Q_i}{M_i} \qquad (4)$$

其中，PI_i 为污染物的压力指数；Q_i 为污染物的入水体（河流、湖泊、水库等）的量；M_i 为水体纳污能力，它表示区域环境最大自净能力下，水体所能容纳污染物的最大数量，它与水质（本底）、水环境净化能力及环境保护状况有密切的关系；i 表示污染物类型，这里主要分析 COD、NH₃-N 和 TP，因为这三类污染物是工业污染和生活污染的主要污染物，对水体质量和生产、生活影响最大。

PI_i 的值越小，表明水体还能容纳的污染物越大；PI_i 的值越大，则水污染压力越大，能容纳的污染物量越小。其不同等级的界定如下②：

1）如果 $PI_i \leqslant 1$，则进入水体的污染物可以通过水循坏系统进行自净而降解消耗，表明该区域无污染压力；

2）如果 $1 < PI_i \leqslant 2$，则该区域未来水质将变坏，存在较轻度的水污染压力；

3）如果 $2 < PI_i \leqslant 3$，则该区域存在中度水污染压力；

4）如果 $PI_i > 3$，则区域存在重度水污染压力。

① 水环境容量指在满足水环境质量的要求下，水体容纳污染物的最大负荷，又称为纳污能力。
② 指数等级划分是"太湖流域水资源保护与社会经济发展关系"课题组通过对太湖流域各市多年水环境状况与污染物容纳能力相关数据的统计分析而确定的。

5 水质性缺水导致的太湖流域水环境压力及水环境问题

水资源和水质数据主要来源于 2003～2011 年《太湖流域及东南诸河水资源公报》，特别是水质数据为各年份流域内界河监测断面的水质监测数据；经济、产业数据为太湖流域中的上海、南京、苏州、无锡、常州、镇江、杭州、嘉兴和湖州 9 个主要城市的多年统计年鉴数据；而 COD、NH_3-N 和 TP 等污染物入河湖量及水功能区纳污能力等为太湖流域管理局 2012 年 9 月内部发布的《太湖流域水功能区分阶段限制排污总量核算报告》数据。本研究在分析太湖流域水质性缺水状况及其相关问题的基础上，根据水环境污染压力模型并借助 ARCINFO 等软件，对太湖流域水环境污染压力指数进行计算，最后通过综合分析得出相关的研究结论。

5.1 太湖流域的纳污能力与水环境压力关系分析

（1）不同水资源区的纳污能力与能力密度。水环境压力指数是水体容纳污染物承载能力的直接体现，它由纳污能力决定。纳污能力因水体条件、水量、流速及排污状况的不同，表现出较大的区域差异性。2011 年太湖流域 COD、NH_3-N、TP 纳污能力分别为 54.71 万吨、3.75 万吨、0.36 万吨，同时单位面积土地对其纳污能力（纳污能力密度）也有较大差距，纳污能力大，其能力密度不一定大。例如，COD 纳污能力最大的是杭嘉湖区，达到 12.29 万吨，其次是浦西区，为 10.52 万吨，但纳污能力密度则浦西区最大，达到 48.60 吨/千米^2，其次是浦东区，为 24.57 吨/千米^2；对于 NH_3-N，其纳污能力最大的是阳澄淀泖区，为 0.84 万吨，但纳污能力密度最大的却是浦西区，为 3.17 吨/千米^2；TP 纳污能力最大的是阳澄淀泖区，达 771 吨，纳污能力密度最大的是浦西区，为 0.33 吨/千米^2。[①]总的看来，太湖流域下游区域的纳污能力密度比上游区域大，这主要是因为纳污能力是由水量、污染物初始浓度和水质目标的大小决定的，下游区域一般水量较大同时由于长期污染较为严重而在设计未来水质目标时要求更低，一定程度上对污染可能会有更强的容忍性。

（2）水环境压力指数及其压力等级。总体上太湖流域水环境压力较大，特别是 TP 污染压力在大部分区域达到重度等级，2011 年压力指数平均为 3.12。从不

---

① 据《太湖流域水资源公报 2011》数据计算。

同区域看，水环境压力最大的是武澄锡虞区，COD、NH₃-N、TP 三类污染物压力指数为中度或重度，最高的达到 3.6 以上；其次是湖西区，属于中度压力区，而压力最小的浦东区和浦西区（图 1～图 3）。笔者在分析苏州河和黄浦江各水质监察点数据时也发现，苏州河与黄浦江上海段经过十几年的水环境整治，水质显著提高，但其上游的江苏、浙西由于经济的迅速成长，加上治理相对滞后，水质反而比下游差，一定程度上变成了下游区域的污染源，因而其水污染压力更为巨大。

图 1　2011 年太湖流域水资源区 COD 水污染压力指数

图 2　2011 年太湖流域水资源区 NH₃-N 水污染压力指数

图3　2011年太湖流域水资源区 TP 水污染压力指数

5.2　太湖流域的水环境状况及问题

历年《太湖流域及东南诸河水资源公报》数据显示，2007 年太湖流域 COD 和 NH_3-N 入河湖量达到近十几年最大值，与 2000 年相比，涨幅分别为 13.92%和 23.86%，而 TP 则下降了 30.91%。但分区域来看，与其他区域不同的是，近年来黄浦江区各项污染物指标均有下降的趋势（图4）。COD 入河湖量的增加，主要是工业排污造成的，严重时水体污浊发臭，大大影响水生生物生长，而且可经过食物链的富集进入人体，引起慢性中毒和多种病变。NH_3-N 和 TP 则主要来源于生活污水、化肥、有机磷农药及洗涤剂所用的磷酸盐增洁剂等，其中磷是藻类生长需要的关键元素，过量的磷将造成水体污秽发臭，使河湖发生富营养化。2000～2007 年太湖流域有大量的磷入河，以致 2007 年太湖爆发大规模的蓝藻事件，严重影响流域水环境。

同时，与 2007 年相比，2011 年太湖流域主要污染物入河量呈现较大的下降趋势，其中 COD、NH_3-N、TP 入河量分别减小 236 941 吨、12 880 吨和 2560 吨。分区域来看，浙西区、浦东区入河污染物仍在增长，而其他地区则出现较大的下降趋势，特别是武澄锡虞区和阳澄淀泖区降幅较大。因此，水环境压力指数也呈现相应的变化趋势，2000～2007 年压力指数递增，而 2007～2011 年则有一定的下降，但总体上压力指数依然很大（图5）。尽管进入水体的污染物能在一定程度上得到降解，但由于污染物总量巨大，降解后滞留水体的污染物仍远超 I 类可利用水的临界浓度，2011 年具有利用价值的水资源能容纳 COD、NH_3-N、TP 等的量仅占其新进入量的 3.14%、1.44% 和 5.95%[①]。未能及时分解的污染物将在水体中进一步聚集，因此未来较长时间内，太湖流域水环境压力仍呈一定的上升态势，水环境治理形势严峻。

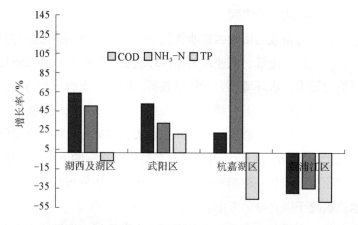

图 4　2000～2007 年水资源区入河湖污染物增长率

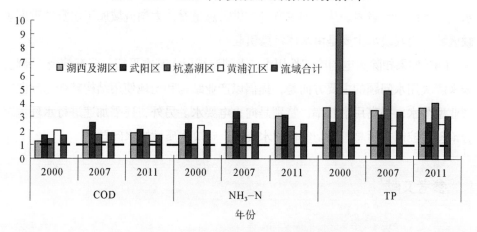

图 5　2000～2011 年水资源区水污染压力指数变化

5.3　结论与探讨

通过太湖流域水质性缺水和水环境污染压力指数分析，本文发现以下几个方面值得重点关注。

---

① 据 2011 年太湖流域管理局"太湖流域水资源保护与社会经济发展关系"研究结果。

（1）水质性缺水并非仅人口的生活性缺水，即使是水资源紧缺的地区人口生活用水也能基本保证，因而它更多地指产业功能性的缺水，即由于水环境污染，某一类或某几类产业不能得到与其水质要求相符的水资源量，因而用"守着水缸没水喝"来界定水质性缺水，虽然形象但从这一意义上并不准确。同时，水质性缺水还隐含着一个基本前提，就是它一般是指丰水或次丰水区内的缺水类型，而资源性缺水区域不在此讨论之列。

（2）水环境压力指数的影响因素非常复杂，不但与流域纳污能力有关，还与本底水质、水质目标、流量、流速及其他水环境状况等有关。当水质目标定位较低时，纳污能力较大，水环境压力指数就较低。例如，上海浦东与浦西区每平方千米土地的纳污能力远比上游区域的大，而所计算的水环境压力指数反而较低，这一定程度上是由于下游的浦东、浦西区水量大、离海近、污染物滞留时间较短而使其具有较大的自净能力，近年这一区域各项水质指标的下降也体现了这一点。同时，水环境压力指数是一种相对指标，对它进行具体分析时，还需结合研究区域的实际水质状况予以充分的考虑。

（3）在目前的水质和生产、生活状况下，太湖流域水资源已在高负荷运行，水生态系统异常脆弱。从人均占有量和供需总量看，太湖流域属于水资源重度短缺区域，而其缺水主要是由水体污染引起的。

（4）如果扣除火电的冷却性用水，太湖流域用水基本平衡并略有结余。因此，未来解决用水问题的主要方向是，提倡以产业结构和土地使用结构转变为导向的产业型节水，提高用水效率，特别是向火电要水。另外，还需加速进行水环境综合治理，控制排污总量，切实保护水资源，解决水质性缺水问题。

参考文献

［1］任鸿遵. 我国缺水问题分析//刘昌明，何希吾，等. 中国水问题研究. 北京：气象出版社，1996：13-18.

［2］彭岳津，黄永基，郭孟卓. 全国主要缺水城市缺水程度和缺水类型的模糊多因素多层次综合评价法. 水利规划，1996（4）：20-24.

［3］刘昌明，何希吾. 中国21世纪水问题方略. 北京：科学出版社，1998：75-180.

［4］翁文斌，王忠静，赵建市. 现代水资源规划——理论，方法和技术. 北京：清华大学出版社，2004.

［5］王晓青. 中国水资源短缺地域差异研究. 自然资源学报，2001，11（6）：516-520.

［6］岳书平，张林泉，张树文，等. 可持续发展视角下山东省缺水类型定量评价及其空间特征研究. 农业系统科学与综合研究，2008，5（2）：236-242.

［7］吴赳赳，黄自勤，严红. 我国水质性缺水状况及对策. 广西土木建筑，2002，3：55-59.

［8］张保会，宋建民. 解决水质性缺水应是我国"十二五"重要环保任务. 环境保护，2009（8）：42-44.

［9］李洪良，黄鑫，邵孝侯. 农业水质性缺水的现状、原因和农业水资源保护. 江苏农业科学，2006（4）：186-188.

［10］水利部太湖流域管理局. 太湖流域水资源保护规划及研究. 南京：河海大学出版社，2011：9-20.

［11］郭伟明. 钱塘江太湖流域引水及航运综合工程的探讨//节能环保，和谐发展——2007 中国科协年会论文集（二），2007.9：1-9.

［12］王媛，王伟，徐锬，等. 中国水环境压力与水污染防治能力的区域差异. 环境科学与技术，2008（4）：13-16.

［13］袁洪锋. 我国水环境压力及其特征分析. 浙江大学学报（理学版），2002，2（29）：219-224.

［14］顾晓薇，王青，刘敬智，等. 环境压力指标及应用. 中国环境科学，2005，3（25）：315-319.

［15］张培，田富姣. 基于 GIS 的区域水环境压力分区研究. 水土保持研究，2011，10（5）：14-19.

［16］焦雯珺，闵庆文，成升魁，等. 污染足迹及其在区域水污染压力评估中的应用——以太湖流域上游湖州市为例. 生态学报，2011，10：5599-5606.

［17］王家骥，姚小红，李京荣. 黑河流域生态承载力估测. 环境科学研究，2000（2）：44-48.

［18］邓伟明，雷坤，苏会东，等. 2008 年滇池流域水环境承载力评估. 环境科学研究，2012（4）：372-376.

［19］贺瑞敏，张建云，等. 水环境承载能力及评价方法研究. 内蒙古农业大学学报，2007，6（2）：217-220.

［20］高永年，高俊峰，陈坰烽. 太湖流域典型区污染控制单元划分及其水环境载荷评估. 长江流域资源与环境，2012（3）：335-340.

Study on the Impact of Water Shortages Due to Water Quality and the Pressure of Water Environment on Regional Development—Taking the Taihu Lake Basin as an example

Zeng Mingxing[1], Zeng Qun[2]

（1. School of Social Development, East China Normal Univesity, Shanghai 200241, China; 2. Ruijin Fourth Middle School, Jiangxi 342500, China）

Abstract　Taihu Basin is located in the water-rich area in China, and could not reasonably have problems of water scarcity, however, due to the high degree concentration of population, industry and water pollution aggravation, making it a typical region of the strong demand of water and water shortages due to water quality. Water resources per capita in this area accounted for only 17.21% of the country's, and the water of class V and inferior class V is more than 60% for a long time, the water shortages due to water quality greatly affects water supply, leading to serious water shortage in the industry functionality. Taihu Basin Water Environment pressure index is generally higher, and there is an upward trend, the index of COD minimum to 1.68, NH$_3$-N and TP are above 2.5, even more than 5.0, most of the area belongs to the moderate or even severe pollution pressure zone. The region charged with the dual task of its economic and social development and national strategies to achieve, the situation of Water environment governance is very urgent, the task is arduous. This requires new ideas, new initiatives, so the key is to straighten out the relationship between population, industry and ecosystems, and effectively optimize the industrial structure, change the mode of development and strictly implement the total control of limit pollutants emissions, ultimately achieve social, economic and ecological harmony and civilization.

Keywords water shortages due to water quality; pressure of water environment; regional development; Taihu Basin